大学生素质教育创新研究

郭婧 史峥 著

天津出版传媒集团
天津科学技术出版社

图书在版编目(CIP)数据

大学生素质教育创新研究／郭婧,史峥著. -- 天津：天津科学技术出版社,2020.4
ISBN 978-7-5576-7772-5

Ⅰ.①大… Ⅱ.①郭… ②史… Ⅲ.①大学生-素质教育-研究 Ⅳ.①G640

中国版本图书馆CIP数据核字(2020)第065973号

大学生素质教育创新研究

DAXUESHENG SUZHI JIAOYU CHUANGXIN YANJIU

责任编辑：张　婧

出　　版：	天津出版传媒集团
	天津科学技术出版社
地　　址：	天津市西康路35号
邮　　编：	300051
电　　话：	(022)23332400
网　　址：	www.tjkjcbs.com.cn
发　　行：	新华书店经销
印　　刷：	北京军迪印刷有限责任公司

开本 710×1000　1/16　印张 12.5　字数 250 000
2021年3月第1版第1次印刷
定价：60.00元

目 录

第一章 大学生素质教育概述 … 1
- 第一节 素质的内涵与特征 … 1
- 第二节 素质教育的特征 … 6
- 第三节 大学生素质教育的现状和特征 … 11

第二章 大学生政治素质教育的培养 … 20
- 第一节 政治素质的内涵 … 20
- 第二节 大学生政治素质教育的要求 … 26
- 第三节 大学生政治素质教育的途径 … 28

第三章 大学生道德素质教育 … 31
- 第一节 道德素质的内涵 … 31
- 第二节 大学生道德素质教育的要求 … 33
- 第三节 大学生道德素质教育的方法 … 45
- 第四节 大学生道德思想素质教育相关问题 … 50

第四章 大学生科学素质教育 … 59
- 第一节 大学生科学素质的内涵 … 59
- 第二节 科学素质与科学精神的关系 … 64
- 第三节 科学精神与人文精神的关系 … 69
- 第四节 大学生科学素质教育相关问题 … 72

第五章 大学生创新创业素质教育 … 77
- 第一节 大学生创新创业素质教育概述 … 77
- 第二节 大学生创新素质教育 … 79
- 第三节 大学生创业素质教育 … 89
- 第四节 大学生创新创业素质教育实践 … 99

第六章 大学生文化素质教育 … 105
- 第一节 文化及大学生文化素质教育 … 105
- 第二节 坚持先进文化是文化素质教育的政治原则 … 111
- 第三节 大学生人文精神教育 … 117

第四节　大学生文化素质教育相关问题 …………………………………… 123
第七章　大学生传统文化素质教育 …………………………………………… 128
　　第一节　传统文化与大学生传统文化素质 ………………………………… 128
　　第二节　大学生传统文化素质教育的基本原则 …………………………… 132
　　第三节　大学生传统文化素质教育的基本内容 …………………………… 135
　　第四节　大学生传统文化素质教育的途径 ………………………………… 137
第八章　大学生心理素质教育 ………………………………………………… 145
　　第一节　大学生心理素质概述 ……………………………………………… 145
　　第二节　心理素质教育的特征 ……………………………………………… 150
　　第三节　大学生心理素质教育的原则 ……………………………………… 155
　　第四节　大学生的心理特征 ………………………………………………… 157
　　第五节　大学生心理素质教育中相关问题 ………………………………… 162
第九章　大学生创造性思维的培养 …………………………………………… 168
　　第一节　大学生思维概述 …………………………………………………… 168
　　第二节　大学生创造性思维的基本内容 …………………………………… 170
　　第三节　大学生创造性思维教育的意义 …………………………………… 176
　　第四节　发展大学生创造性思维的方法、途径 …………………………… 178
第十章　大学生身体素质教育 ………………………………………………… 184
　　第一节　从体育到身体素质教育 …………………………………………… 184
　　第二节　大学生身体素质教育的基本要求 ………………………………… 185
　　第三节　身体素质教育的意义 ……………………………………………… 190
参考文献 ………………………………………………………………………… 194

第一章　大学生素质教育概述

一个国家、一个民族、一个社会的文明程度和进步速度,主要取决于人的素质,而人的素质的提高,在很大程度上取决于这个国家、民族、社会教育事业的发展水平。任何教育按其本质来说,都是按照社会的要求,依据教育自身发展的特点,去培养人、塑造人和改造人。大学生作为未来社会的建设者,其素质程度如何,对社会的发展、民族的复兴有着很大的影响作用。按照全面建设小康社会的目标要求,与时俱进,开拓创新,不断改进教育工作,切实提高大学生的政治道德素质、科学文化素质和身体心理素质,是摆在每位教育工作者面前的一个重要课题。

第一节　素质的内涵与特征

为了清晰地了解素质教育,我们必须准确地把握素质的含义及其特征,立足当前大学生的素质现状,理清实施素质教育的思路。

一、素质的基本内涵

作为人的素质来说,其本意是指人们与生俱来的某些解剖生理特征,即所谓"遗传素质"。其基本含义是:"一般指有机体天生具有的某些解剖和生理的特性,主要是神经系统、脑的特性,即感官和运动器官的特性,是能力发展的自然前提和基础。"

"素质"是先天的,教育是后天的,后天的教育培养不出先天的素质。但是,许多学者认为,先天的素质只是提供人的发展的生理基础,后天的环境与教育可以发展先天的潜能,提高和完善人的素质结构。教育界提出的素质教育的"素质",是先天遗传的禀赋与后天环境影响、教育作用的结合而形成的相对稳定的基本品质结构。

《辞海》(1999年版)对此作了较好的解释:"人或事物在某些方面的本来特点和原有基础。人们在实践中增长的修养,如政治素质、文化素质。在心理学上,指人的先天的解剖生理特点,主要是感觉器官和神经系统方面的特点。是人的心理发展的生理条件,但不能决定人的心理内容和发展水平。某些素质上的缺陷可以通过实践和学习获得不同程度的补偿。"

《教育大辞典》（顾明远主编）提出了符合素质教育理论与实践要求的说明："个人先天具有的解剖生理特点，包括神经系统、感觉器官和运动器官的机能特点。通过遗传获得，故又称遗传素质，亦称禀赋。对人的能力形成和发展具有重大影响指公民或某种专门人才的基本品质，如国民素质、民族素质、干部素质、作家素质等，都是个体在后天环境、教育影响下形成的。"

由此可知，人的素质不仅是指某一方面的知识或能力，而且是指人的内在品质的总和，是人通过学习、训练和内化等过程形成的稳定的基本品质结构，包括人的思想、知识、身体、心理品质等。

二、素质的主要特征

1. 遗传性与习得性

从素质的来源看，它既具有遗传性，又具有习得性。更确切地说，素质是遗传性与习得性的统一。遗传性，又可称为先天性。人的一部分素质主要是先天具有、与生俱来的，也就是说，它是生物遗传的结果，如自然素质所包含的解剖生理特点便是。应当说，素质生来即有的自然特点部分具有遗传性。习得性，又可称为后天性。人的另一部分素质并非由遗传而来，而是在遗传的基础上，通过教育、环境与实践活动的影响而逐步习得的。应当说，素质习得的品质部分具有习得性。因此，从整体来看，素质是遗传性与习得性的统一。遗传性是基础，习得性是发展。只有以遗传性素质为基础，才能形成习得性素质，即只有二者的统一，才能形成完整的素质。

2. 自然性与社会性

自然性与先天性相联系。正因为人的素质的一部分来自遗传，所以它具有自然性的特点，即这些特点反映了生物因素的内容，打上了自然影响的烙印。社会性与后天性相联系。正因为人的素质的一部分来自学习，所以它具有社会性的特点，即这些特点反映了文化因素的内容，打上了社会影响的烙印。因此，从整体来说，素质乃是自然性与社会性的统一。自然性与社会性的关系同遗传性与习得性的统一关系基本上是一致的。

3. 内潜性与外显性

所谓内潜性，是指素质往往以潜能形式潜藏在主体内部，尚未表现出来，等待予以开发。潜能并不神秘，它是人的心理、养成素质形成与发展的可能性。只有创造必要的条件,把人的潜能开发出来,即把素质的内潜性充分发挥出来,才能使此种可能性转化为现实。人的素质一旦形成之后,它往往又会在人的活动中与行为上表现出来,他人只要注意观察,就可以了解某个人的素质水平的高低与优劣。可以说,一个人的为人处世、待人接物均可以反映出其素质状况,而一个人的素质状况也可以表现出其真正的为人。这乃是素质外显性的具体内涵。因此,从整体来说,素质乃是内潜性与现实性的统一,这个统一也就是可能性与现实性的统一。可能性是现实性的前提,现实性则是可能性的转化,只有二者的统一,才能形成完全意义的素质。

4. 稳固性与可塑性

所谓稳固性,就是无论是素质先天具有的自然特点,还是后天习得的社会品质,都是不大容易变化的,而且它在人的一生中,会产生较为长期的稳定效应。可塑性又称发展性,即素质产生与形成后,虽然有一定的稳固性,但它并非一成不变,而是在一定的条件下,也可以发生某种程度的改变。明清之际著名思想家王夫之关于人性发展所说的两句话:"未成可成,已成可革",也完全适用于素质。正因为素质是可以改变的,发展的,所以它就具有"可塑性"。因此,从整体来说,素质乃是稳固性与可塑性的统一。稳固性是可塑性的基础,可塑性是对稳固素质的改变与提高;可塑性是形成稳固性的手段,稳固素质是可塑手段所追求的目标。二者的如此统一,就可以不断地提高人的素质水平。

5. 整体性与个别性

素质的整体性有两种含义:一是各种素质密切联系、相互渗透,使素质构成一个有机整体;二是素质发挥整体功能。这两个含义实质上是一回事,即正因为素质是一个有机整体,所以它才会产生整体效应。素质的个别性也有两种含义:一是各种素质虽然密切联系而不可分割,但它们又具有相对的独立性;二是各种素质各自发挥作用。这两个含义实质上是一回事,即各种素质是相对独立的,所以它们才会各有各的功能。因此,从整体来说,素质乃是整体性与个别性的统一。因此,我们既要看到素质整体性的一面,让它发挥整体效应,又要看到其个别性的一面,让各种素质独自发挥功能。只有如此把二者统一起来,才能充分发挥出素质在人生中的价值。

6. 群体性与个体性

所谓群体性,即群体具有共同的素质。因此,素质的群体性又可叫作素质的共同性。正是在这个意义上,我们才有民族素质、国民素质、公民素质、干部素质、教师素质等说法。这诸种素质即群体素质或素质的群体性。个体性指各个人具有不同的素质。因此，素质的个体性又可叫作差别性。例如，张三的素质不同于李四的素质，李四的素质也不同于王五的素质；又如，政治素质、思想素质、文化素质、科学素质等，在某种意义上也可以说是个体素质或素质的个体性。因此，从整体来说，素质乃是群体性与个体性的统一。而这个统一，实质上就是共同性与差别性的统一。众所周知，共同性与差别性是难以分割的，即共同性中包含有差别性，差别性中亦蕴藏有某些共同性。只有如此看待二者，才能理解与把握素质的真谛。

三、素质的类别与关系

1. 素质的类别

素质的类别是一个重要而复杂的问题，但也是一个应当认真讨论以取得共识的问题。我们拟就三类六种素质的类别划分如下：

(1)身体素质，亦称生理素质。它指人们与生俱来的感知器官、运动器官、神经系统，特别是大脑在结构(解剖)与机能(生理)上的一系列稳定特点的综合。身体素质还应当包含人们生来即有的一些本能在内，如吃喝本能、防御本能和性本能等。由于这些解剖生理特点与本能都是遗传得来的，因而可以说，身体素质乃是一种先天因素占主导的素质。

(2)心理素质。它是人们以身体素质为基础，在教育与环境的影响下，通过学习等实践活动而获得的一系列稳定的心理品质，主要包括认识-智力因素品质与意向-非智力因素品质。由于人们的心理品质是以身体素质为基础在后天的生活与活动中习得的，所以可以说，心理素质乃是先天因素与后天因素的"合金"。

(3)养成素质，包括文化素质、科学素质、道德素质、政治素质。它们是人们在选择、适应与改造社会环境的过程中逐步形成起来的一系列稳定社会性品质的综合，由于这种种品质都是在实践活动中获得的，因而可以说，养成素质乃是后天因素占主导的素质。

2. 三类素质之间的辩证关系

三类素质之间的关系，可用相互联系和相互影响来表示。三类素质虽然各自具有相对的独立性，但三者并非截然分割的，而是紧密联系的。其实，在身体素质中就蕴含有一定心理的、养成的成分，如本能，它属于身体素质，但也是心理的东西；又如，人脑的种种特点当然是身体素质的重要组成部分，但人脑也蕴含有养成性，人类世世代代所积累的社会经验在人脑的长期进化中就有所积淀，可以说，人脑的养成性乃是它不同于动物脑的根本标志。马克思主义指出，在人的身上已没有纯粹的自然本性,它打上了社会本性的烙印。这一观点充分地肯定了身体素质与养成素质的影响性。养成素质本质上就是心理素质,为了强调人们选择、适应与改造社会环境的心理能力的重要性,把这一部分从心理素质中抽取出来,总称之为养成素质。心理素质是以身体素质为基础,在不断接受文化教育、社会环境的影响中形成的,这就表明心理素质与身体素质、养成素质具有难以分割的关系。

3.三类素质的地位和作用

三类素质中,身体素质是基础层,心理素质是中介层或核心,养成素质是最高层。这就把三类素质在素质结构中的地位与作用揭示了出来。

(1)身体素质是其他素质的基础。身体素质是另两类素质形成和发展的物质基础,没有这个牢固的基础,一切素质的高楼大厦都是不可能高耸入云的。古语说:"皮之不存,毛将焉附?"可以比喻说,身体素质是"皮",其他素质是"毛",没有身体素质这张"皮"的存在,其他素质之"毛"又生长在何处呢?古罗马谚语云:"健康的精神寓于健康的体魄。"又从正面阐明了身体素质乃是各类素质赖以形成和发展的基础。很明显,必须有健康的感觉器官,才会有正常的感知;必须有健全的运动器官,才会有正常的活动;也只有具备健康并健全的神经系统与大脑,人的一切心理活动才会健康,综合素质才会保持良好状态。

(2)心理素质是其他素质的中介或核心。所谓中介,一般有两个含义:一是事物各阶段从低级向高级发展的中介,没有这个中介,事物就无法从此阶段飞跃到彼阶段,这个中介可以称为过渡环节;二是事物各组成因素相互联系的中介,没有这个中介,各因素就会像一盘散沙,无法被组合在一起,这个中介可以称为中间环节。素质像一切事物一样,既有纵向联系,也有横向联系。在这两种联系中,心理素质都发挥着中介的作用,即在纵向结构中,心理素质是身体素质发展到养成素质的中介;在横向结构中,心理素质又是两类素质相互联系的中介。无论从它的哪种中介作用来看,心理素质都处于核心地位,发挥着核心作用。

(3)养成素质是其他素质的调节者。养成素质是素质结构的最高层。一方面,它建立在身体素质与心理素质的基础之上,即身体素质是它的物质基础,心理素质是它的心理基础;另一方面,它一经形成之后,又反转来支配、调节人的身体素质与心理素质。众所周知,世界观是属于养成素质范畴的,而世界观又是人的一切心理与行为的最高调节者。据此,完全可以顺理成章地说,人的养成素质乃是人的身体素质与心理素质的最高调节者。

第二节 素质教育的特征

一、素质教育的含义

人的素质不但涉及人的生理遗传表现出来的特征,如肌肉发达水平、速度耐力、肺活量等,更重要的指后天经过学习所获得的各种社会属性,如观念意识、思想品德、价值取向、情操情趣、文化修养等的综合反映。我们所说的素质教育就是建立在对素质的这种社会性理解上,因此,素质教育本质上应是面向全体学生的教育,素质教育的目的也就是"教人成为社会的人","人是一切社会关系的总和"在素质教育中能得到最为充分的体现。因而,我们可以据此得出素质教育的概念,即是指依据人的发展和社会发展的实际需要,全面贯彻党的教育方针,以全面提高全体学生的基本素质为根本目的,以培养学生的创新精神和实践能力为重点,通过各种科学有效的途径,造就"有理想、有道德、有文化、有纪律"的德智体美等全面发展的社会主义事业的建设者和接班人。

素质教育有三个要义:其一是面向全体学生;其二是德、智、体、美全面发展;其三是让学生主动发展。

二、素质教育的重点

教育是人类生存本能的延伸。国际上有一种观点:"教育就是学会生存。"在这个充满竞争的世界里,在这个"信息爆炸"的时代里,每个人都要从人类未来社会的生存与发展着眼调控自己的行为,着力开发智力,培养人格,即不仅要关心自己和家庭,还要关心国家、民族,关心他人,关心人类道德,关心地球和宇宙真理。20世纪末,联合国教科文组织继《学会生存》《学会关心》之后,又集世界当代教育与科学最新认识之大成,提出了21世纪教育的战略性思路与行动建议,发表了题为《学习:内在的财富》的专题报告,高度评价了教育在社会与人发展中的基础性作用,认为"教育的使命是使每个人(无例外地)发展自己的才能和创造性潜力",以公平为基本价值取向,崇尚提高人的素质,培养学生发现问题、研究问题、解决问题的能力,已成为世界教育改革的主流。21世纪的教育将是从学会生存到学会关心再到学会创造,既为物质文明建设服务,同时也为精神文明建设服务。

1. 重视教育对象主体能动性的发挥

实施素质教育,就是充分发挥教育对象的主观能动性、创造性,为学生今后步入社会生活准备各种发展的可能。就要设计多种方案发挥教育对象在诸如运动、观察、实践、思考、审美等方面的主观能动性,唤醒学生的自主意识,并通过自身的创造性活动,不断开辟未来、塑造自我。

2. 重视非智能因素的培养

非智能因素是指与心智(认识)过程直接相关的情感过程和意志过程,它们都是心理现象中不同过程的内在统一。人的成熟与发展,除了智能因素外,还有非智能因素的影响,而且非智能因素是智力发展的可靠保证。正是非智能因素的差异,如兴趣的浓厚程度如何、意志的坚强程度如何、道德品质的高低等造成个体智力发展的不均衡。可以说,非智能因素是影响智能发展的重要条件。当然,实施素质教育并非只是把非智能因素作为提高教育对象智能水平的手段,非智能因素本身的培养也是素质教育的目的,如文学艺术教育中的情感因素、科学研究中的创新精神、道德伦理中的理想情操等,都是教育对象应该具有和不断完善的。

3. 重视学生创造思维能力的培养

素质教育所指的创造能力,是指外在的因素或条件在教育训练的过程中,内化为教育对象自觉进行思维活动的一种内在力量,更准确地说是一种勇于创新的意识,一种勇于创新的内在需求,最重要的是创造性思维和创造性想象。素质教育对于创造能力的培养,首先要注意培养学生的基本能力,具体包括观察和发现问题的能力、自学能力、想象能力、实践能力。其次要在学习和研究的方法上培养创新能力。现代高等教育中非常重视归纳法,特别是以此方法培养学生的创新能力。摆一堆材料或罗列一些现象,不作提示或只作必要的提示,让学生自己去思考,自己去寻找其中的联系并得出结论。学生在这种探索中观察能力、组织能力等得到锻炼,创新的兴趣和动力也被激发和培养起来了。因此,素质教育在教学方法上除了重视演绎方法外,更应该重视归纳方法的运用,以利于教育对象创新能力的培养。

4. 重视学生健康人格的培养

所谓人格,是指"现实中有特色的个人,是人经由社会化获得的,具有内在统一性和相对稳定性的个人特质结构,是人思想和行为的总和。"现代大学生健康人格,是一个以进取性为重要特征的,由进取性、创造性、协调性三个精神要素有机组合而成的,具有若干优良品格的全面发展的人格。

人们常说:"不会做人,何以做事",大学教育首先应该教给学生学如何做人,如何做一个有理想、有道德、有社会良知和社会责任感的人。在学生群体中,确实存在着"不会做人"和"太会做人"的现象,对这两种现象人们都不满意,对前者人们认为大愚、太傻、太呆,对后者则认为太油、太滑。怎样使这两部分人在做人方面实现有机的结合,这就需要我们去言传身教做人的准则,做人的标准,做人的道德规范,进而把教育学生如何做人的过程变成实施健康人格教育的过程。学生通过健康人格教育不但懂得了怎样做人的道理,而且学会了如何做人的技能,使他们形成较高的人格魅力,为自己的健康成长奠定良好的基础。北京师范大学附属实验中学金从武老师为学生确定了学会做人的目标:做身心健康的中国人,做促进国家发展的中国人,做影响世界发展的中国人。他将这种目标导向运用于教育过程中,取得了良好的实效。其做法很值得我们深思(参见《光明日报》,2003年8月4日A2版《他把三十名学生送进北大清华》)。

三、素质教育的主要特征

1. 基础性与成功性

素质教育的基础性特征体现在素质教育中是培养学生"为人生做准备"所应具有的方方面面的基本素养、基本能力、基本知识、基本技能,以适应未来社会广泛的职业需要。

素质教育力求弥补在传统的教育方式、方法上只注重灌输式而忽视创造思维开发的缺憾,力争教育的创新性。以往教育过于保守,采用的教育方式、方法中又多数是适应性的,学生在现行环境下运用以往的知识、技能、经验去解决新问题时往往缺乏创新精神。素质教育是一种创新性的教育,它教育学生不要满足于书本上或生活中所给予他的知识和经验,也不要停留在描述、解释那些已不是问题的问题上。它引导学生自己去观察新事物、形成新概念、掌握新工具,去解决前人尚未解决的问题,使他们相信任何一种科学结论都是有条件的,一旦条件变化了,结论也会变化,所谓正确的"结论"与"方法"并非只有一个。素质教育最重要的就是培养学生强烈的创造欲望、创造意识,组织学生的创造行为,鼓励学生自己去发现问题,找出解决问题的各种方法和途径。素质教育要求教师创造一个特殊的环境,一种新异的方法,让学生的创造才能得到充分发挥。通过素质教育形成学生完整丰富、独立健康的人格、精神风貌及精神力量,培养学生的现代社会意识。通过素质教育,将个体的发展与社会的发展有机地统一起来,从而促进个体与社会的共同发展。

心理学的研究告诉我们:每一个人生来都具有追求成功、避免失败的心理倾向;每一个人都欲取得成功;每一个人只要努力都可以取得成功。这三条带有规律性的东西,就构成人们的成功心理或成功意识。所谓素质教育的成功性,就是必须尽可能创设条件,保证每一个学生都能获得某种成功,也就是要保证他们都能达到一定的素质水平。

2. 全体性和全面性

素质教育的全体性是指素质教育不是面向部分人,而是面向全体人。它并不反对天才,但反对使所有的教育变为天才教育的模式。它不是一种选择性和淘汰性的教育,而是一种使每个人都能在他原有的基础上得到充分发挥的教育。素质教育要求平等,尊重每一个学生,但它又反对教育上的平均主义。

素质教育的全面性是指以提高全体国民素质为宗旨,通过实施素质教育,培养德、智、体、美、劳全面发展的社会主义现代化的建设者和接班人。它重视国民的共同素质教育和专业系统教育的统一,重视学生的知、情、意、行及智力因素和非智力因素的全面和谐发展,重视德、智、体、美、劳在每个学生身上的具体落实。因此,素质教育是以促进学生政治道德素质、科学文化素质、身体心理素质等全面提高和发展为目的的教育。

3. 发展性和个性化

素质教育的发展性特征是指促进学生个性的发展。通过素质教育帮助学生充分、自由地发展自己的兴趣、爱好、特长、自主性、独立性和创造性,培养个体的学习能力,调动学生的学习动机,使学习成为学习者的主动过程和为学习者推动的过程,从而使自己的个性在不断的学习过程中得到充分的发展和完善。

素质教育既承认人与人在基本素质上是相同的或相近的,同时又看到人与人之间存在着很大差异。人的基本素质的相同性,为每个人的发展提供了多种可能性。而在环境和教育的影响下,每个人的主观能动性不同,使人与人之间的差异是绝对的。素质教育是从人的差异出发,通过教育过程,使每个人在原有的基础上得到发展与完善。素质教育不赞成教育上的平均主义,是因为它不是消除差异,而是通过人的态度和价值观的变化,形成一种自我激励与约束的内在机制。

4. 交互性与层次性

交互性指各种素质交互作用,你影响我,我影响你。它又可以称为制约性。这种交互制约表现为两个方面:一是相互促进、一荣俱荣,即某一种素质教育的水平高,其他素质教育的水平也会跟着提高;二是相互促退,一损俱损,即某一种素质教育的水平低,也会降低其他素质教育的水平。据此,在开展素质教育时,我们对各种素质教育必须全面顾及,综合考虑,而不要顾此失彼,或重彼轻此。正因为这样,智育第一或德育首位的提法都是不科学的。

层次性有两方面的含义:其一,人的三类素质是有层次的,生理素质是基础层,没有这个物质基础,心理素质、养成素质就会如海市蜃楼,转瞬即逝;心理素质是核心层,它既影响生理素质的水平,更影响养成素质的质量;养成素质是调节层,它一方面要以生理素质、心理素质为基础,另一方面又给这两个层次的素质打下了一定的社会烙印。素质的层次性决定了素质教育的层次性。我们必须重视这三类素质教育,以发挥三类素质的基础、核心或调节作用。其二,各种素质本身也具有从低级到高级、从简单到复杂的多层次性。在各种素质教育中,我们应当考虑这一特点,以便制订不同层次的教育目标,选择不同的教育内容,运用不同性质的教育方法。

交互性与层次性的统一。交互性是从事物的横向讲的,层次性则是就事物的纵向说的;事物的纵横交错,决定了交互性与层次性的统一。

5. 内化性与外化性

人的素质除生理素质是先天具有的以外,心理素质与养成素质都是后天习得的,而且生理素质也需要从外部获得某些东西才能得以发展和提高,就是说,归根到底,属于学生内部的主体素质,都是由外部的客体的东西转化而来的,这也就是所谓的素质教育内化性。根据这一特点,我们必须抓住内化这个关键,才能使素质教育落到实处,收到实效。有内化就有外化。学生通过素质教育的内化养成种种素质后,还必须立足于自己的素质去参加实践活动,运用自己的素质去解决实际问题。也就是说,属于学生内部的主体素质,还要转化为外部的客体的东西,这就是所谓的素质教育外化性。在实施素质教育时,我们在抓内化的过程中,还应当及时地抓住外化不放,以培养学生的实践能力。

内化性与外化性的统一。物质变精神,"纳有形于无形"是内化;精神变物质,"通无形于有形"是外化。这是同一过程的两个相辅相成的阶段(环节)。素质教育是一个不断内化与外化的过程。唯其如此,素质才会"日生日成"。

6. 理论性与实践性

所谓理论性是指素质教育是一种教育理论、教育思想、教育观念,其理论性是十分凸显的。它在我国的出现与推行,虽只有短短的十来年的历史,但实际上,它继承了古今中外的一切有价值的教育理论、教育思想与教育观念,反映了人类世世代代所积累的丰富教育经验。当然,素质教育理论还不大成熟,还需要更多的有识之士去探索它,丰富它。素质教育不仅继承了古今中外的教育理论,同时它还是历代特别是当代教育长期实践的结果。素质教育思想来自教育实践,又指导教育实践,这就是其所谓实践性的含义。这一特点要求我们,必须把素质教育付诸实践,全面推进。实践是检验真理的唯一标准。唯有通过实践，才能使素质教育扎下根来，成为我国21世纪教育改革与发展的主旋律。

理论性与实践性的统一。早在数年前，我国就有学者强调指出："素质教育不是什么'头痛医头，脚痛医脚'的局部'治标'式的教育改革，而是一种从理论到实践、从思想到行动的全面'治本'式的教育改革。"这段话充分地表明，素质教育是理论性与实践性的统一。

7. 民族性和时代性

不同的民族、不同的时代对素质教育的要求不尽相同，所以素质教育又带有一定的民族性特征和时代性特征。一个民族在与社会的相互作用中，表现出两种目的性：一是生存的目的，二是发展的目的。这就要求一个民族具有在特定的环境中生存和发展所必备的素质。素质教育的任务就是要扬民族素质之长，弃民族素质之短，最终提高整个民族的素质，这就是素质教育的民族性。由于社会的不断发展、进步，新时代要求人的素质，尤其是民族素质不断更新、完善。

素质教育要从人的发展角度出发，主动适应科技和社会的发展要求，跟上时代的步伐，促使人得到更广泛的发展，即素质教育具有时代性特征。现代人所关注的素质教育不是以目前升学或就业作为自己的直接目标，其立足点应是面向21世纪的需要。人们在批评现行教学计划、教材和培养方式的局限性或弊端的时候，往往批评它是根据"昨天"的需要而设计的。教育者只是强调把人类已有的知识、经验、道德规范传递给下一代，其目的就在于让下一代人向老一代人那样思考、生活和工作。素质教育就是要改变教育上的这种"惰性"，它的目标是让下一代人适应未来发展的需要。21世纪的发展速度将比以往整个世纪的总和还要快，教育给予人的不仅仅是已有的知识、经验，还有在动态环境下不致失掉种种发展的机会。当代人应该从知识范围、能力系统、心理状态等方面大大超过前人，成为时代的成功者。因此，素质教育所确立的教学计划、教材和培训方式都是面向未来的。从某种意义上说，这是教育价值观的一个大变化。

第三节　大学生素质教育的现状和特征

一、正确认识几个问题

通过以上对素质教育的含义的界定和特征的剖析，我们认为，要准确把握素质教育，必须正确认识下面几个问题。

1. 知识、能力与素质的关系

早期的高等教育，比较重视知识的传授。工业化以后，高等教育又比较重视能力的培养。面对新科技革命的形势，人们越来越意识到培养人的综合素质的重要性，从教育应该适应社会和科技发展的角度来看，强调素质培养的思想显然是科学的。但是，我们不能把素质与知识和能力对立起来。知识是能力和素质的基础，没有知识就不可能形成能力，也不可能形成素质。能力是在掌握知识的基础上形成的，较强的能力又能获取更多的知识，有人认为，人的能力和知识的比例应该是5∶4(参见《涉世之初》2000年第12期)。素质与知识和能力相比，处在更高的层次上，对人的发展和人为社会做出多大的贡献起着核心的作用。在知识的传授、能力的提高和素质的培养三个方面，只有把素质培养放在更突出的位置，才能适应社会和经济发展的大趋势。

2. 大学生素质教育具有明显的针对性

对我国高等教育现状的认识，要一分为二。一方面，已经有了一定的规模，有一套较完整的教学、管理和思想政治工作体系。另一方面，还有许多地方不能适应社会主义市场经济，不能适应当代科技发展的趋势，还有不少缺陷。强调素质教育主要是针对现有教育的以下缺陷而言的：其一，专业划分太窄，知识分割偏细，使学生的学科视野受到了限制，学理工的缺乏社会科学知识，学文的缺乏自然科学知识。其二，偏弱的文化陶冶，使学生的人文素质和思想底蕴不够。长期以来，人文教育在非文科教育中地位十分可怜，基本上停留在几门政治课的基础上。大学应是精神文明建设的辐射源，目前的状况与这一要求很不相称。其三，过重的功利导向，使学生的全面素质培养和扎实的基础训练受到影响。一方面，教育对学生谋求职业、提高适应能力、改变社会地位等具有功利性；另一方面，教育在陶冶人的情操、坚定人的理想信念、提高道德素养、打好广博的知识基础、丰富人的文化生活、和谐的人际关系、培养创新能力等方面，具有很强的非功利性。教育对社会发展的作用，是通过提高人的素质间接发挥的。忽视教育的非功利性一面，削弱教育的教化作用，迷失教育的精神目标，必然导致培养出来的学生缺乏关于人类与社会的整体观念及对社会的责任感，缺乏做人与做事的深厚根基。其四，过多的共性约束，使学生的个性发展受到压抑。现实的教育存在一种重共性轻个性、重一致轻多样的偏向，一律用统一的标准去要求和衡量学生，不利于每个学生全面发展自己。其五，在现实教育中，存在着搞片面教育的不良现象。搞德育的只强调德育，搞智育的只强调智育，搞体育的只强调体育，没有把教育的出发点和落脚点放在提高人的全面素质上。其六，高等教育中教师对学生的单向灌输，忽视了教育过程中学生的主动参与。

3. 大学生素质教育与中小学生素质教育的区别

素质教育在强调打好做人做事的基础这一点上,大学生与中小学生并没有什么不同。但是,当前我国中小学强调加强素质教育,主要是针对应试教育而言的。大学虽然也存在应试教育现象,如四六级英语考试,但大学加强素质教育,主要不是针对应试教育,而是一种补课性质的教育。著名科学家路甬祥提出,时代要求21世纪的工科大学毕业生至少要做好回答四个问题的准备:一是"会不会做",二是"值不值得做",三是"可不可以做"(看你能否在政策法规、社会公德、文化习俗允许的前提下,既遵照法律又合乎情理地把事情办成),四是"应不应该做"(看你能否自觉地考察生态的可能性,以本职的技术工作为可持续发展做贡献)。这四条,实际上涵盖了对所有大学生素质教育的基本要求,从要求的层面上反映了素质教育的内涵。应该说,这正是大学生素质教育与中小学生素质教育的区别所在。

二、新时期大学生素质的现状和特征

在新的世纪,我们身处的世界发生了很大的变化,全球化趋势日益明显,知识经济已现端倪,现代社会对人才的综合素质要求逐渐提高。作为从应试教育体制下成长起来的当代大学生,素质教育尤为关键。总的来说,我国大学生面临新世纪的机遇和挑战,整体素质水平在不断提高,综合能力不断加强,是适应现代化的趋势和知识经济的潮流的。但是,大学生在个别素质状况上不容乐观,甚至有些方面令人担忧,这些问题应引起重视。

1. 当代大学生素质基本状况

现阶段我国大学生整体素质,从思想品德素质、专业素质、文化素质、身体素质和心理素质等五个方面进行评估和分析,主要呈现出以下状况。

第一,当代大学生的思想道德素质总体是好的,有比较明确的政治目标,但是缺乏稳定性与系统性,缺乏有效的价值评估。当代社会是一个经济开放、文化多元的社会,各种意识形态和价值趋向都在影响着大学生,面对这些选择,大学生改变了过去偏见和固执的观点和看法,积极追求先进的思想,有意识地提高自身的思想素质。各级教育部门及其他有关组织都对其进行了积极的辅导和教育工作,帮助在校大学生树立有理想、有道德、有文化、有纪律为主题的"四有"人生观。学习政治理论,学习党和国家的方针、政策,开展形式多样的教育和宣传活动,使得马克思主义的世界观和人生观成了大学生的主流思想。

随着我国综合国力的加强,以及在国际政治、经济和文化事业中取得可喜成绩的影响,爱国主义依然是高扬在当代大学生心中的一面旗帜,爱国主义精神在青年中依然最具有感召力和凝聚力。

由于思想、文化和知识背景的差别,当代大学生对社会的道德评价不一,整体水平虽有所提高,但在道德行为与认知水平上的差距依然存在,如在比较自己与朋友和其他青年社会公德状况的评价中,呈现出对自己的评价高,而对朋友和其他青年的评价呈依次下降的态势。一方面,反映了部分大学生对道德建设大环境与个人生存小环境之间不和谐的状况的感受;另一方面,也反映出部分青年在道德问题上存在着对人对己的不同标准。多数大学生在道德认知上与社会的要求基本一致,普遍具有高尚的道德追求,向往理想的道德境界,正义感明显增强,但是自律性依然不强。

在坚持主流思想道德的背景下,当代大学生的思想道德素质也日渐呈现出多元化倾向。对于来自于不同政治、经济、文化和历史背景下的思想,他们不是一概排斥,也并不是全部吸纳,而是逐渐形成一种内容丰富、层次多样、思想开放的状态。但是,在这种还比较幼稚和单纯的开放性下,却隐含着大学生群体思想道德素质的不稳定性与非系统性。身处社会转型时期,面对着激烈的竞争和日新月异的知识更新,大学生激烈的思想变化是客观的,由于青年特质和时代特征的影响,他们的思想变化起伏比较大;同时,因为盲目地接受不同的思想文化,对不同道德评判标准的影响不加整理地吸收,使得思想道德素质缺乏系统性,存在混乱。

当代大学生的价值观趋向多元化,分化显著,有的方面也出现了综合回归的趋势,向着更加现实与理智的方向发展,自我实现与服务社会整合,但在这些多元的、多层次的价值中缺乏一种行之有效的价值评估体系,这就造成了大学生缺乏一个对于自身思想道德素质合理的评判标准。

第二,当代大学生在专业素质方面越来越重视学习,基础素质好,但是,对专业的认同和个人的爱好追求不一致,专业知识欠深入,比较注重工具型知识的学习。信息社会给人们带来了知识的压力,知识经济时代的到来给每一个人提出了新的要求:广博、灵活、创新。"活到老,学到老",不再是少数人的美德,而是对社会群体的普遍要求。而中国目前存在的就业压力和社会竞争的日益激烈,都迫使广大在校大学生日益看重学习,学习已真正成为一种参与社会竞争、提高生活质量的前提。同时,学习也被大学生看成一种终身的活动,是人的一种基本的需求。大多数大学生都认为,学习在社会主义市场经济的体制下,是改变一个人命运的有效途径之一,而且是十分重要的途径。在大学生群体中兴起的"考研热"和"考证热"可以说明这一点。

我国正处在应试教育向素质教育转轨的时期，现在接受大学教育的学生，多是从应试教育的体制中成长起来的，入学前是以考上大学为目的，对专业选择也多是看重社会的需求和潮流，忽视了自己的兴趣和爱好，这就出现了许多大学生入学后对专业的认同和个人的爱好追求不一致，影响了对专业知识的学习，对本专业知识了解肤浅，只是为了应付考试，对专业知识缺乏深刻的钻研和探讨，更少见对本专业的独到见解。

当代大学生受到就业和社会的需求影响，在轻视专业学习的同时，一般更注重计算机、英语等工具型知识的学习，有很多学生认为学习只不过是取得大学文凭而已，或为老师而学习，缺乏真正的专业认同和专业精神，没有把大学特别是本科的学习看成是培养自己专业素质的重要阶段和过程。针对这一现象，大学生需要在学校期间参加专业实践，通过在实际工作中运用所学的专业知识，培养职业感和专业认同感，这样可以弥补他们在专业学习上的不足，促进理论与实践的统一，提高当代大学生的专业素质。

第三，当代大学生是综合素质较高的群体，在文化素质方面的表现更加明显。当代大学生是在改革开放以来较为完善的教育体制下培养出来的，教育条件比较优越，教育方法比较科学，所以他们的整体文化素质比较高。特别是近几年来，中央大力倡导素质教育改革，大学教育以"素质教育"为核心，培养德、智、体、美、劳全面发展的学生，学生不仅学到了基本知识、基本技能，还在文化素质方面有明显的提高。总体上看，当代大学生的文化素质水平比较高，主流文化是积极向上、健康活泼的，大学生的开放观念、发展观念、效益观念、人才观念、民主观念、法制观念和竞争意识、进取意识等进一步增强。他们主动掌握现代交往工具，提高参与国际文化交流的能力，有着对科学和真理的执着追求，拥有开拓进取和勇于创新的精神。

社会文化的变迁对当代大学生极有影响，传统社会是一个"同质性"很高的社会，而现代社会的重要性则是他的"异质性"，他们接受的系统的教育受到各种外来文化的影响，这些原因造成大学生在文化素质方面也形成了多元化的倾向，这种选择的多元化促使不同的文化产生撞击，出现火花；同时也给当代的大学生带来了各种各样的个性特征。丰富多彩的文化成果和精神享受，多元的文化素质，使得当代大学生在知识结构、拓宽视野上更趋向于国际化和全球化，培养了大学生探索未知领域和开创新局面的能力。

但是，由于当代大学生的思想还不是很成熟，对文化的吸纳有时缺乏辨别能力，影响了大学生的价值取向，在文化内化的过程中产生了矛盾和混乱。这些亚文化不能和主流文化相容,不是先进文化的代表方向,妨碍了大学生的健康成长。有的大学生产生了对社会(或是政府)所倡导的主流文化的逆反情绪,表现出了盲目"崇洋"或是盲目"崇古"的不良倾向,这是由青年人和他们所处的经济、文化条件所决定的。因此,他们需要一些健康的社会实践,培养其积极向上的文化素质和方向。

第四,当代大学生的身体健康素质比以前有所提高,但是心理健康素质问题较为突出。对于大学生的体能素质来说,从物理指标来看,发育情况好于以往,平均身高、体重和胸围等指标都高于过去,营养结构较为合理。但是,由于课业负担的加重和对于自我保健知识的贫乏,大学生中的近视率高于以往。优越的生活条件改变了他们的体质,但是不良的生活习惯和落后的健康概念影响了大学生的身体素质,如"通宵上网""通宵游戏"和"暴饮暴食"等不科学的生活习惯。另外,部分大学生轻视体育锻炼,锻炼程度低于以往,缺乏耐力和意志,他们表现为不够"强壮"和"耐用"。

健康素质的另一个方面是心理素质。当代大学生以独生子女为主体,受社会政治、经济、文化的快速发展,社会转型所带来的种种变化和影响,当代大学生的心理问题较为突出,主要表现为心理不稳定、缺乏安全感和认同感。虽然当代大学生比较注意自己的身心健康,但是,在面对激烈的社会竞争和繁重的课业压力,以及复杂的人际关系等问题时,大多显得手足无措。有一项调查显示,当代青年对他人的信任度不高,即使在好朋友之间,相互的"防范心理"也是较强的,大学生之间的"社会凝聚力"比较低。这一代大学生多为独生子女,由于生存空间与环境的变化,独生子女之间的交往通道变得狭窄、局促,在某种程度下甚至压抑了天性的发展。学会怎样与人相处和交流成了大学生心理素质教育的一项重要内容。

以上是对当代大学生健康素质的概括性评价,呈现出这样的状态说明素质教育是有效果的,大学教育正在由应试教育转变为素质教育,大学生正逐步走向成熟,他们的综合素质也在不断提高,符合社会发展和进步的趋势。但由于当代大学生是在应试教育的条件下成长起来的,处于一种社会变革激烈和教育模式转变的时期,因而其特点是不稳定、不成熟的,缺乏系统性和认同感。

2. 影响大学生素质的因素

影响大学生素质的因素是多方面的,主要有以下几个方面。

第一,社会环境发生的巨大变化对大学生成才观的影响。大学生也是社会的人,一个人不可能脱离社会而单独存在,计划经济体制向社会主义市场经济体制的转变导致了人们价值观发生变化,这必然会影响大学生的成才观。市场经济为大学生施展才能提供了广阔的舞台,经济的调整发展必然需要大量的人才。大锅饭、平均主义不再垂青大学生,考研热、考博热、电脑热、外语热在校园出现。"给头脑充电,为竞争加油"这是当代大学生的口号。这充分表现了市场经济中的大学生成才意识变得更为积极主动。

任何事物的发展有其积极一面,也有其消极的一面。市场经济在肯定个人利益的同时,容易造成个人主义膨胀。过多地考虑个人设计、个人奋斗,从而导致大学生缺乏社会责任感。另外,伴随市场经济出现的拜金现象,也导致大学生为发财而成才。他们不再注重一个人的道德品质修养和传统的献身精神、全心全意为人民服务的精神,而以一个人赚钱的多少来作为衡量成才的尺度。

第二,大学生自身的因素。大学生一般都处在20岁左右的青春期,这一时期随着生理上的急剧发展,使大学生有较强的自我意识。同时市场经济又培养了他们的自主、自立、自强的个性,许多大学生表现为一只脚刚跨进大学,另一只脚便急于跨入社会。因为他们意识到,了解和适应社会,跟学习和掌握专业知识属于同等重要的天平位置,在实践中锻炼成才成为大学生的共识。同时,市场经济的激烈竞争,使愈来愈多的大学生感到知识的重要性。书到用时方恨少,他们如饥似渴地去接受新知识,学习过硬的本领,而不满足于本专业的学习。许多大学生利用业余时间学习电脑、外语等知识。这表明,如今的大学生,具有较强的竞争意识,但同时又摆脱不了冲动、简单、片面的一面,将自主独立等同于个人主义,片面追求个人主义,把个人利益置于国家和集体利益之上,将个人利益视为其出发点和归宿。同时片面追求享乐主义,将享乐主义看成人的本性和人生的目的。赶时髦,比阔气,讲排场,追求生活上的高标准,高消费。

第三,学校教育的严重脱节。与不断变化了的社会现实生活和大学生的实际相比,学校教育出现严重的脱节状况。主要表现在:①长期以来忽视德育的重要性,有关政策朝着智育方面倾斜,培养目标较多地强调工程师、管理者、研究人员,与社会主义人才共同的价值要求——有理想、有道德、有文化、守纪律等,有着明显的距离。以至于在社会文明程度理应最高的地方,还在补基础文明、社会公德这一课。②长期以来没能形成一个适合当代大学生特点的科学的教育体系和教学方法,以至于大学生一考进大学,因近期目标消失,便显得无所适从,从而导致大学生学习目的不明确,难以适应社会的巨大变化。③学校教育与社会的脱节。学校教育与社会的导向是很难分离的,大学不是"世外桃源",学校教育是为社会培养人才的,要引导大学生逐步适应从校园人格向社会人格的转变,直面社会,正视现实。引入积极因素,抵御消极因素,造就适合社会需要的合格人才。

纵观大学生的素质现状和形成原因,不难看到,市场经济对大学生素质的形成有明显的负面效应,导致大学生对自身素质的培养缺乏全面正确的认识。但社会主义的市场经济,既有市场经济的共同性,又有其自身的特殊性。从共性看,市场经济帮助人们确立自立、竞争、效益等观念;从特殊性来看,社会主义市场经济是同社会主义基本制度结合在一起的,要求人们有整体观念、合作观念等,以社会主义特有的精神和道德的力量来达到共同富裕。因此,这就对市场经济中的大学生的素质提出了更高的要求。

3. 当代大学生应具备的素质

从历史唯物主义的观点出发,一方面,我们应该看到个人对社会的依赖性;另一方面,社会的发展进步与个人的素质关系是极为密切的,社会对不同人群的素质要求是不完全相同的,除了基本的共同要求之外,对大学生这个层次的特殊群体有着不同于一般人的要求。

大学生应具备什么样的素质结构,应当从哪些方面自觉地进行素质修养呢?早在改革开放初期,邓小平同志就提出:"教育要面向现代化,面向世界,面向未来。""三个面向"提出了教育要培养人的综合素质发展问题。但在对"三个面向"的理解上出现了一些问题和偏差,如把"面向现代化"片面理解为高科技,忽视精神文明和人的素质现代化;把"面向世界"片面理解为科学技术没有国界,忘记了科学家是有祖国的;把"面向未来"片面理解为"专业知识+外语+计算机",忘记了怎样做人是人的素质的第一要求。这些偏差,实际上已造成一定影响,应引起我们足够的重视。

今天的大学生是明天的建设者和创造者。跨世纪的人才素质应当具有哪些特征呢?一些学者认为,应具备以下三个基本特征:一是国际通用型。因为国际交往日益频繁,这不仅是科技发展的趋势,也是经济发展一体化的必然要求。未来人才如果不面向世界,就很难为开放的中国做出新贡献。二是一专多能型。科学家预测未来人们在社会发展中遇到的问题将具有五个基本特性,即普遍性(任何国家地区普遍存在);整体性(人类生活方方面面);复杂性(政治、经济、文化、人口、技术、生态、伦理等);深刻性(一般措施难以解决);严肃性(关系到人类的生存与发展)。因此,解决未来这些问题的人在素质上必须是一专多能。三是正义型。未来人才的素质,不仅需要知识与技能,而且需要强烈的事业心与责任感。他不仅为自己的生存与发展而奋斗,还必须用自己的才智为国家、为人类的共同发展做出贡献。

未来的大学生必须能有效地吸收人类一切文明中有用的信息知识,并能自觉地服务于进步和正义的事业。也就是说,跨世纪的大学生不仅要有坚实的基础知识,很强的工作能力,而且必须学会严肃地做人,具备优良的思想素质、品德素质、心理素质,做到先做人后做事。根据人的基本素质的含义分析和社会发展对人的基本素质要求,当代大学生的基本素质结构必须具有以下几个主要层面:政治道德素质、科学文化素质和身体心理素质等。

第二章 大学生政治素质教育的培养

培养21世纪的社会主义建设者和接班人,首要的任务是培养其政治思想素质。当代大学生作为未来的建设者和接班人,其政治思想素质如何,直接关系到21世纪人才的政治方向和中国的政治前途,也关系到大学生自身的发展。大学生只有清晰地把握时代脉搏和历史责任,坚定建设新时代中国特色社会主义的理想信念,才能成为建设社会主义的高素质人才。

第一节 政治素质的内涵

人在社会生活中应具备的政治思想素质,即一定的政治信念、观念、意识、倾向,这是做人的根本。作为社会主义建设新时期的大学生,"应该把坚定正确的政治方向放在第一位",明确认识自己所承担的历史使命,为全面建设小康社会贡献力量。

一、政治及政治观

1. 政治的含义

我国古代思想家孔子说:"不在其位,不谋其政。"(《论语·泰伯》)并多次明确地讲:"政者正也,子帅以正,孰敢不正","吾为正,则百姓从政"(《论语·颜渊》)。这里的"政",是要求当政者先"正其身""正其心",而后方可"正其人""治人"。也就是说,"政治"就是君王所实行的"仁治""德治""礼治"。可见,孔子的"政治"观,带有鲜明的伦理色彩。欧洲古代思想家柏拉图、亚里士多德等也认为政治是实现正义、为民谋义,以达到最高"善业"的行为。近代,我国伟大的民主革命家孙中山说:"政就是众人之事,治就是管理,管理众人之事就是政治。"以上这些见解,虽然都从不同方面提出了对政治问题的看法,但是都没有深刻揭示政治的本质属性。

马克思主义认为政治现象是随着私有制产生而出现的,为了调节各阶级之间的利害冲突和社会发展而产生的。政治在上层建筑中处于主导地位,是政权中拥有的强制力,它是统治阶级赖以维护其经济基础,指导、组织和调节整个社会生产和生活的枢纽。因此,政治是处理各阶级之间的关系,集中的、直接的反映阶级之间的利害冲突，为统治阶级的经济利益服务的。

2. 政治观的内涵

它是一个人的世界观、人生观在阶级关系问题上的表现，即对阶级关系问题的认识和处理时所采取的方法及坚持的态度。在今天，就是人们对社会主义国家、民族、人民的利益，以及对自己从事的工作、事业所持的根本态度。具体表现在内容方面有：政治立场、政治品德、政治水平、政策水平几个方面。

第一，政治立场。立场问题是做人的根本。因为立场是和利益紧密联系的问题，它主要是指人们从一定的阶级地位和阶级利益出发所选择的最基本的政治行为准则，即立足点。据此，人们在观察国家问题和对待政治制度、政权机构、政党活动、法律制度和路线、政策时所抱的态度。一个人的政治立场，如果符合国家、执政党和广大人民群众的根本利益和要求，就是说站在无产阶级和广大人民的立场上，就是正确的；如果仅只是适合个体的利益、团体利益，甚至是极少数剥削阶级的利益，那么，他的立场就是错误的，或者是反动的。作为一个社会主义国家高等学校培养的大学生来说，一定要在思想、政治和道德品质上成熟起来，才能坚定共产主义理想信念，站在辩证唯物主义和历史唯物主义的立场上，同党中央在思想上、政治上保持高度一致。

第二，政治品德。主要是忠于人民、忠于党、忠于社会主义祖国；热爱真理、追求真理、坚持真理、服从真理；坚持对党负责和对人民负责的一致性；具有鲜明的党性原则；襟怀坦白、光明磊落、表里一致、言行一致；公而忘私、无私的奉献精神，等等。只有具备这种政治品德的人，才懂得如何处理学习马列主义、毛泽东思想等重要思想和专业知识的关系，明确政治上坚定是如何做人的正确方向。这样，才能像白求恩那样，做一个无产阶级的革命战士。

第三，政治水平。主要是政治上辨别是非的能力；政治敏感程度、政治警惕性高低及熟悉自己工作的特点，善于从实际出发，正确运用客观规律做好自己的本职工作等，它往往与政治觉悟、理论素养相关。理论水平越高，政治水平也就越高。这样，就能在社会变动、开放和纷繁的国际交往中，明确政治方向，保持应有的方向而不动摇，做一个政治上坚定的人。

第四，政策水平。主要指认识党的政策、理解党的政策、执行党的政策水平，就是说能够按照党的政策结合实际情况正确区分和处理不同性质的矛盾，如区分政治问题、思想意识问题、认识问题和学术问题，等等。政策水平就是要善于分清不同问题的界限，把握好正确的政治方.向和坚持在马克思主义基本原理的前提下，努力学习、独立思考、大胆创新，才能实现党的奋斗目标，为建设中国特色的社会主义做一个有贡献的人。

二、政治素质及其构成

政治思想是一个人的世界观、人生观在社会阶级关系问题上的表现。在今天，就是人们对国家、民族、人民的利益及对自己从事的工作、事业所持的根本态度。它对人们的行为、活动带有明显的指导和制约的性质，其影响遍及社会生活的各个领域，世界观、人生观、价值观、道德观等，所有这些重大人生问题无不受制于政治思想素质的高低。

1. 政治素质的含义

所谓政治思想素质，是指人们从事社会活动所必需的内在基本条件和基本品质，它是个人的人生观、价值观、政治立场、政治方向、政治观念、政治技能的集中表现。大学生政治思想素质主要表现在三个方面：第一，是指世界观、人生观、价值观方面，要求树立马克思主义的世界观和人生观，能够运用辩证唯物主义和历史唯物主义的观点去观察问题、分析问题、解决问题。正确的看待社会和人生，全心全意为人民服务，克服和抵制拜金主义、享乐主义和极端个人主义等腐朽思想的侵蚀。第二，是指现代思想观念方面，要求树立现代意识，如竞争意识、效益意识、公民意识、民主法制意识、平等意识、科学意识、信息意识、改革开放意识，等等。第二，是指政治立场、政治观念方面，要求树立共产主义理想和信念，具有坚定正确的政治方向，坚持四项基本原则，拥护党的社会主义初期阶段的各项路线、方针和政策。自觉抵制各种错误思想的影响，主动参加到全面建设小康社会的伟大实践中，并为之努力奋斗。

一个人的政治思想素质与他在社会生活中的位置和政治生活经历有关。它是随着个人的成长，在长期社会生活中逐步形成、发展和成熟的。因此，政治思想素质是一个动态概念，它带有鲜明的时代烙印、阶级内容和一定的个性色彩。由于不同的时代、不同的阶级及不同的经济和政治利益的制约，人们的政治思想素质是不同的。即使同一时代同一阶级，政治思想素质也会因为人们在社会生活中所处地位的不同而有很大差别。

新世纪大学生是社会主义现代化事业的建设者和接班人，因此，党和国家对大学生的政治思想素质有较高要求。新世纪大学生应具备的基本政治思想素质是：树立科学的世界观、人生观和价值观，具备进步的现代思想观念，坚持党的基本路线，具有坚定的社会主义信念、强烈的爱国主义情操和高尚的集体主义精神，努力学习，立志成才，积极投身于全面建设小康社会的伟大实践。

2. 政治素质的结构组成

第一，马克思主义基本理论观念是政治思想素质的核心。马克思主义是大学生树立科学的世界观、人生观的基础，是认识社会政治现象的武器，可以使大学生正确理解政治本质，把握政治与经济的矛盾运动规律，比较好的解决人们存在的关于社会发展与社会冲突方面的认识问题。马克思主义基本观点可以帮助大学生增强抵制市场经济条件下的各种不正确的道德价值观念，击败西方的"西化""分化"图谋。

新世纪大学生必须注重学习以下基本观点：辩证唯物主义和历史唯物主义观点，人民群众是历史创造者的观点，建设中国特色社会主义的观点。辩证唯物主义和历史唯物主义是马克思主义的科学的世界观和方法论，也是大学生观察社会政治现象的理论指南，人民群众是历史创造者的观点，包括人民群众是社会财富创造者的观点，人民群众是社会变革决定力量的观点，以及人民群众创造历史作用的社会制约性的观点。邓小平理论及习近平总书记系列讲话是马克思列宁主义的基本原理同当代中国实践和时代特征相结合的产物，是毛泽东思想在新的历史条件下的继承和发展，是马克思主义在中国发展的新阶段，是当代中国的马克思主义，是中国共产党集体智慧的结晶，引导着我国社会主义现代化事业不断前进。它科学地把握了社会主义的本质，第一次比较系统地初步回答了在中国这样一个经济文化比较落后的国家，如何建设社会主义，如何建设党，用新的思想、观点，继承、丰富和发展了马克思主义，反映了对中国社会主义和中国共产党建设规律的认识，洋溢着鲜明的时代特色和民族精神，是中国共产党在新时期各项工作的根本指针。

第二，爱国意识是政治思想素质的前提。爱国意识是世世代代巩固起来的对自己祖国的一种深厚的感情，是一种为了祖国的自由独立、繁荣昌盛贡献力量的高度政治责任感和不惜牺牲一切的献身精神。这种感情集中表现为民族自尊心、自信心和自豪感。

爱国意识是政治思想素质的前提。这是因为，其一，爱国意识是我国每个社会成员都必须具备的政治思想觉悟，是全国各族人民、各个阶级、阶层和社会集团最基本的政治思想基础。全国各族人民从长期的切身体验中，深知国家的繁荣、富强和统一，是自己的最高利益。其二，爱国意识是走向更高层次政治思想觉悟的出发点和基础。只有对祖国和人民思之切、爱之深，真正关心祖国和人民前途命运的人，才有可能把实现社会主义和共产主义作为自己的理想。

爱国意识既是一个历史性范畴，又是一个实践性范畴，它总是与一定历史时期国家、民族具体的历史相联系，与特定历史时期广大人民的现实追求相联系。中华民族具有悠久的世代相传的爱国主义传统。这种爱国意识虽然在不同历史阶段表现出不同的内容和特点,但也有其共同的基本内容和特点,这就是:辛勤劳动、不畏艰险,不断地丰富和发展中华民族的物质和精神财富,为人类文明进步做贡献;反对民族分裂,维护国家统一和民族团结,维护祖国的主权和独立;在外敌入侵面前,团结对外,奋起反抗,直至彻底战胜侵略者,为祖国富强人民幸福不懈奋斗。当前,我国社会主义爱国意识的主要内容是加快社会主义现代化建设,争取祖国统一,维护世界和平。实现全面建设小康社会的宏伟目标,是社会主义爱国意识的集中表现。

第三,社会主义信念是政治思想素质的根本。这是因为,坚定的社会主义信念,能激发人们学习科学知识,提高工作能力的积极性、主动性;能鼓舞人们克服困难,奋勇拼搏;能使他们正确对待自己,正确对待人民群众,为人民利益而勇于献身。坚定的社会主义信念能使他们的政治要求与党和人民的要求一致,使他们的政治行为有利于社会主义事业。

社会主义政治信念的主要内容是:社会主义是人类社会历史上的全新的社会制度,它必然取代资本主义,这是社会历史发展的趋势;中国走社会主义道路,是近代社会矛盾发展的必然结果;坚持党的基本路线一百年不动摇。

邓小平同志郑重地提出,基本路线要管一百年,动摇不得。这是关系党和国家兴衰成败的问题。历史、现实都告诉我们:只有坚持党的基本路线,才能得到人民的信任和拥护。只有坚持党的基本路线,坚定不移地干下去,才能基本实现社会主义现代化。坚持党的基本路线不动摇,关键是坚持以经济建设为中心不动摇,坚持党的基本路线不动摇,必须把改革开放同坚持四项基本原则统一起来。中国特色的社会主义之所以具有蓬勃的生命力,就在于它是实行改革开放的社会主义。我们的改革开放之所以能够健康发展,就在于它是有利于巩固和发展社会主义的改革开放。坚持四项基本原则,坚持改革开放,都是为了发展生产力。

第四,集体主义观念是政治思想素质的基础。集体主义是无产阶级思想意识在道德观念、人生价值观念上的反映,表现了无产阶级和劳动人民的整体利益,体现着个人利益和社会集体利益的辩证统一。集体主义的基本内容是:坚持集体主义高于个人利益;坚持集体利益和个人利益的有机结合;坚持个人利益服从集体利益。

大学生集体主义观念主要表现在三个方面:其一,集体主义人生观,主要是指在马克思主义世界观的指导下,体现社会主义时代精神和社会要求的人生观。其二,集体主义价值观,个人的价值是在集体中体现的,人生价值反映了个人与集体和社会的关系。个人离开了集体无所谓人生价值,这是因为,人作为价值主体和客体,表现了自身的双重性特点,是自我价值与社会价值的统一。其三,集体主义道德观,主要是要求大学生在学习、工作和生活中自觉坚持集体主义道德原则,主要包括三个方面,关心集体,增强集体责任感;遵守法纪,增强组织纪律性;刻苦学习钻研,掌握为人民服务的本领。

第五,现代思想观念是新世纪年轻一代大学生政治思想素质的重要组成部分。21世纪是知识经济时代,科技的迅速发展和信息化,导致经济全球化和国际社会结构的变化,为新世纪大学生提供了前所未有的施展才能的机会,同时也使他们面临严峻的挑战,竞争将会更加激烈,人才所需的素质需要不断提高。同时,对新世纪的到来,人类社会也必将在政治、经济生活中有更新更高的发展。民主、法制的不断发展与健全是现代社会的重要特征,只有民主法制建设不断加强,现代社会才能健康发展。新世纪人才的民主、法制意识的加强,必将推动社会的政治进步,为经济发展、人民生活水平提高提供一个更加公平、合理、有序的社会环境。另外,新世纪大学生还必须具备科学意识、信息意识、改革开放意识、实效意识、创新意识等。这些现代思想观念是新世纪大学生政治思想素质的重要组成部分。

三、政治素质的特点

政治素质的特点就是在于它的社会性、阶级性和人民性。所谓社会性,是就人的本质而言的。人不能孤单的生存,而只能在结成一定的政治关系、经济关系等人际关系之中存在和发展。这就是人类世代不绝,发展永存的真正原因。阶级性,是一个人在现实生活中,对社会、国家制度的前途和命运,对执政党的核心地位,对社会、国家建设的基本路线,对自己从事的工作等,所具有的基本政治倾向、政治观点和政治态度。这些就是一个人政治素质阶级性的具体表现。人民性,任何个人都是人民中的一个个体成员,人民是社会历史的主体和推动力量。任何个人的政治见解只有反映人民的利益、愿望和要求,而且形成本阶级的路线和政策时,通过人民的实践,才能真正发挥它的作用。可见,政治思想素质的社会性、阶级性和人民性是一致的。我们在大学生政治思想素质培养中,必须把它们有机地结合起来,使大学生明确认识政治思想素质的概念,努力提高自身的政治素质,使自己在政治上坚定起来。

第二节 大学生政治素质教育的要求

一、坚持以马列主义、毛泽东思想为指导

马列主义、毛泽东思想,不仅是革命和建设,而且是每个人做人的指导思想。

1. 马列主义、毛泽东思想是科学的世界观和方法论

它是无产阶级和劳动人民争取解放和建设社会主义,实现共产主义的思想武器,它是整个人类历史上最伟大、最宝贵的精神财富。马列主义是在总结各国工人运动经验的基础上,吸取和改造了人类历史上最优秀的文化遗产,进行了长期的科学研究,概括了自然、社会和思想发展的一般规律,阐明了共产主义代替资本主义是人类历史发展的必然规律,从而为无产阶级的解放和现代化建设指出了光明正确道路的理论。因此,马克思主义不是在工人运动中自发产生的,而是在无产阶级反对资产阶级的阶级斗争发展到成熟阶段的产物和理论表现。

一百多年来,国际共产主义运动的历史,充分证实了马克思主义理论的指导作用,以列宁为代表的马克思主义者,坚持并把马克思主义发展到列宁主义阶段,提高了俄国工人阶级的理论素质、政治素质,率领俄国工人阶级通过武装起义和十月革命,推翻了沙皇政权,建立了无产阶级专政。从此,改变了整个人类历史前进发展的方向,昭示了实现共产主义社会这个人类历史发展的方向,也为人们规定了如何做人的政治方向。

2. 坚持马列主义是中国革命胜利的重要历史经验

五四运动以后,我国的新民主主义革命应当用什么"主义""思想"作为指导呢?以毛泽东同志为代表的中国共产党人很明白:"我们应该学习的是布尔什维克的聪明。我们的眼力不够,应该借助于望远镜和显微镜。马克思主义的方法就是政治上军事上的望远镜和显微镜。"(参见《毛泽东选集》第 1 卷,第 212 页)还说"对于中国共产党说来,就是要学会把马克思列宁主义的理论应用于中国的具体的环境。成为伟大中华民族的一部分而和这个民族血肉相连的共产党员,离开中国特点来谈马克思主义,只是抽象的空洞的马克思主义。"(参见《毛泽东选集》第 2 卷,第 533 页)毛泽东同志正是在中国革命的具体实践中,把马列主义中国化为毛泽东思想。因此,毛泽东思想是马列主义普遍真理同中国革命具体实践相结合的产物,是中国共产党人集体智慧的结晶。因此,坚持毛泽东思想,就是坚持发展的马列主义,这是中国革命胜利的历史经验,也是我们做人的指导思想。

3. 马列主义、毛泽东思想是我们建设中国特色社会主义的行动指南

毛泽东思想是马列主义思想宝库中完整的科学思想体系的一部分,是客观真理。我们应当深刻理解,马列主义、毛泽东思想是一个完整的科学的思想体系,是我们成为无产阶级革命战士的科学世界观。它的立场、观点和方法,它的基本理论原则,是我们行动的指南,是建设中国特色社会主义须臾不可离开的指导思想。又因为,马列主义、毛泽东思想是团结、统一全党全国各族人民的共同思想基础。为了把我国建设成为社会主义现代化强国,我们就必须以马列主义、毛泽东思想永远作为行动指南。

二、坚信中国共产党是领导我国社会主义建设事业的核心力量

习近平总书记指出:"在中国,发展社会主义民主政治,保证人民当家做主,保证国家政治生活既充满活力又安定有序,关键是要坚持党的领导、人民当家做主、依法治国有机统一。"每一个中国人都知道:没有中国共产党就没有新中国,没有中国共产党,就没有中国社会主义的现代化。因此,坚持和拥护党的领导,是全国各族人民在长期斗争中做出的历史性选择。可是,共产党的领导有失误,党内存在着腐败现象,为什么还要坚持党的领导呢?因为,党和一个人一样,世界上没有不犯错误的人,也没有不犯错误的政党。如今,在执政党内确实产生了某些官僚主义、命令主义、以权谋私、腐化堕落等脱离群众的现象。这些现象都和马克思主义政党的性质,同"全心全意为人民服务"的宗旨是根本不相容的。正因为如此,党中央才下决心,并带头纠正党内不正之风,对情节严重的给予党纪政纪的严肃处分,甚至绳之以法。坚持真理、修正错误是我们党一贯坚持辩证唯物主义和历史唯物主义的立场,也是我们党具有旺盛生命力和巨大威力的表现,过去,我们党采取了这个立场,结果转危为安,转败为胜;现在,我们党仍然采取这个立场,坚决果断地采取有力措施,克服党内腐败现象和不良作风,赢得了全国人民的拥护和爱戴,一定能够在社会主义现代化建设中取得新的更大的胜利。因此,加强党的建设,坚持党的领导是取得现代化建设胜利的根本保证。

三、永远把坚定正确的政治方向放在首位

所谓政治方向,在现阶段就是我们各族人民的共同理想、发展经济的战略目标、根本任务和党的基本路线,中心是发展社会生产力。这个方向是由历史唯物主义所阐明的中国社会发展规律所制约的。我们选择和辨别这个方向的能力,不是从天上掉下来的,或与生俱来的。作为一名大学生,只有学习和掌握马克思主义、

毛泽东思想的基本原理,学会用马克思主义的立场、观点、方法去分析、认识中国的实际问题,才能够提高政治思想素质,坚定前进的方向。

第三节 大学生政治素质教育的途径

政治思想素质的提高,一是要注重学习理论,增长理性知识;二是要注重理论联系实际,参与社会实践,把理论知识内化为自身素质,不断修正、探索、凝练、升华,切实提高政治思想素质;三是要加强政治思想修养,提高理论水平和政治心理品质,坚定正确的政治方向。

一、学习政治理论

大学生朝气蓬勃,生机盎然,是人的一生中充满活力的时期,也是人的主观能动性最大限度发挥的时期,他们对各种政治影响的接受是积极的、有选择的和富于创造性的。因此,大学生学好政治理论对于培养和提高自己的政治思想素质是非常必要的。

1. 系统学习马列主义、毛泽东思想

对大学生进行系统的马克思主义教育,重点是使学生学会用马克思主义观察问题、分析问题、解决问题的立场、观点和方法,学会在马克思主义的指导下思考和分析社会政治现象,研讨政治问题。坚持理论联系实际的原则,不回避社会热点问题,对这些问题敢于并善于做出马克思主义的回答和解释。

2. 学习政治法律知识,提高民主法制意识

民主与法制是现代社会的重要特征,依法治国与以德治国相结合是我们的基本治国方略。社会越发展,民主法制水平就会越高,而民主法制水平的提高,必然会促进社会的进步。因此,新世纪大学生,要不断增强民主意识,提高参政、议政能力,为治理国家献策献力,为建设我们自己美好的国家而奋斗。同时,要不断加强法制观念,学习法律知识,增强依法治国的观念、意识,做到知法、懂法、守法,用法律规范约束自己的行为,学会用法律手段判断是非和维护自己的合法利益。党的十六大明确提出:下世纪前十年,经济体制改革的目标就是要建立比较完善的社会主义市场经济体制,保持国民经济持续快速健康发展。经济体制改革的不断深化,必然引起人们的思想意识和行为方式的转变,促使人们平等意识、民主意识和主体意识的发展,推动社会主义的民主法制建设。同时,市场经济也必然使个人与个人、个人与集体、集体与集体之间的利益冲突加剧。因此,新世纪大学生作为市场

经济的参与者必须具有相应的法制意识和法律知识，依法参与市场经济生活。

二、积极参与社会实践

积极参与社会实践，有利于培养大学生的政治情感，使大学生在认识社会政治现实的同时，产生愿意接受马克思主义政治观的内在趋向，有利于大学生明确自身的政治责任和历史使命。新世纪大学生只有投入到社会现实中去锻炼，才能对政治和社会有亲身体验，从而提高自身的政治素质和现代思想观念，增强政治行为能力，提高合作意识、竞争能力和创新能力。因此，大学生要勇于参加社会实践，在实践中提高政治思想素质，锻炼成才。

新世纪大学生的社会政治实践是在马克思主义指导下的社会实践活动。组织大学生参加社会实践要注意解决好四个问题：一是社会实践和大学生的专业知识拓宽相结合；二是减少社会实践的自发性、盲目性，增强针对性、自觉性，大学生要有意识地主动参加有利于提高自身政治思想素质的实践活动；三是要注重让大学生在实践中培养竞争能力、合作意识和创新精神，积极投身到现代社会实践中去，到改革开放的前沿去，感受新的技术、新的管理思想和新的文化，增强现代思想观念，使大学生毕业后能很快融入现代社会生活中去；四是要注重理论联系实际。

在社会实践中，大学生把已有的政治知识和政治经验重新得到实践的检验，并通过实践发现真理和证明真理。作为教育工作者，要注重引导启发，使他们自觉做到理论联系实际，全面提高学生的思想政治素质。

思想政治修养是指一个人为了适应社会需要，在政治方面形成一定的素质并达到一定水平所进行的长期学习和实践活动。人的政治思想修养不仅对其知识的把握、理智的形成、才能的进步起着促进作用，而且对其在社会生活中养成一定的良好习惯，对提高每个人的素质乃至整个国家和民族的素质，对提高社会的文明程度都起着举足轻重的作用。它既是主体的自身要求，也是通过内在努力塑造自我形象的要求。

三、加强政治修养的途径和方法

加强政治修养要注意从三个方面入手：

（1）要学习掌握正确的世界观和方法论。由于人们的世界观支配人们的言行，各种具体的思想和工作方法都是在一定方法论指导下形成的，所以有正确的世界观和方法论，才能有正确的立场、观点、方法，才能有良好的政治思想素质，因而学习马克思主义的世界观和方法论是政治思想修养的首要内容。

（2）要树立正确的政治方向。新世纪大学生要成为社会主义的建设者和接班人，必须永远把坚定正确的政治方向放在首位。

（3）要培养良好的政治心理品质。要全面提高大学生的政治思想素质，必须培养其良好的政治心理品质。解决好政治理想和政治现实的心理反差、改革期望值高于改革实际的心理反差、学校的政治教育与社会不良风气碰撞造成的心理反差等。唯其如此，才能使大学生在政治上真正成熟起来。

21世纪将是一个崭新的世纪，世界将会步入以信息化为特征的知识经济时代，这就必然对我们新世纪大学生提出了更高的要求。新世纪大学生处在一个瞬息万变的时代，要正确把握自己，就必须培养和提高自己的政治思想素质，坚定正确的政治方向，准确分析国内外形势和时空条件，确立适合自己的成才目标，树立为社会主义现代化事业而奋斗的崇高理想，只有从这三个方面入手，才能真正成为21世纪中华民族的坚实的脊梁。

第三章 大学生道德素质教育

社会主义国家的大学生,如果只具备较高层次的科技文化知识,而不懂得如何做人的社会准则和行为规范,缺少德行,人格低下,那就不是一个完美的、品德高尚的全面发展的人。因此,加强大学生道德素质培养;明确社会主义道德内容的层次性,培养共产主义道德品质;掌握道德素质培养的基本方法,是高等学校培养社会主义现代化建设者和接班人的巨大任务。

第一节 道德素质的内涵

一、道德的定义

马克思主义认为,道德是一种社会意识形态,是调整人与人之间、个人与集体,以及个人与社会之间相互关系的原则和行为规范的总和。人们之间的相互关系是随着人类本身的产生而发展的,它是常存的、客观的。每一个社会的人,都是和人们结成一定的关系,而进行生产、生活和活动的人,不论是哪一个人,谁离开了相互之间的关系,就像鱼离开了水,瓜离开了秧,是难于生存的。正因为如此,马克思概括地说:"人的本质并不是单个人所固有的抽象物。在其现实性上,它是一切社会关系的总和。"(参见《马克思恩格斯选集》第一卷第18页)所以说,人们的相互关系是人本质外向性的表现。就整个社会来讲,有经济关系、阶级关系、政治关系、法律关系等。具体地讲,人,谁无父母、兄弟姐妹和亲属;谁无老师、同学、朋友和知己;哪一个不置身于群体之中,有领导,有同事,有群众,又有同志和相好。人就是在生产、生活和活动中,相互接触、接近、交谈、交往、交换、互助、协作与合作中,发生着不依赖于人们的主观意志为转移的社会关系,即人际关系。这种关系在社会和国家中逐渐形成了大家共同遵守的准则和用以衡量人们的行为规范。人们用一定的准则和行为规范的总和来调节相互关系,就是社会的道德科学。

二、道德素质及其特点

所谓道德素质,是指人类主体认识一定的道德原则和行为规范的水平,以及用以处理相互关系的实际能力的总和。

作为行为规范的道德和法律，其特点表现在它们的联系和区别上。

1. 区别表现

第一，道德是与人类社会共存亡的。法律则不同，道德先于法律而产生，早在原始社会就已经产生了道德，但尚无法律。法律是社会划分为阶级的产物，只要有阶级存在，法律与国家就存在。

第二，法律是由国家制定的强制性的行为规范，道德则是依靠社会舆论的力量起作用的。某种法律一旦由国家颁布之后，不管你赞成还是反对，都得严格执行，否则就是犯法，就要受法律的制裁。道德则不同，它不是由国家强行制定的，也不是由国家强制执行的。各种道德概念，如善与恶、正义与非正义、公正与偏私、诚实与虚伪等，都是人们在长期的社会实践中逐步形成的，是靠社会舆论的力量，靠人们的习惯、传统，特别是通过各种形式的教育形成的内心信念来维持的。也就是说道德是通过社会舆论、道德评价及良心的作用，调节人们的行为。但是，我们决不能因为道德不能强制人们执行而轻视其作用，而应该认识到，它在社会生活中发生作用的范围很广。它对人们行为的支配作用，有时是法律所不能代替的。一个没有道德素养的人，做了损人利己的事，会受到人们的评论与谴责，以匡正、制约他的行为；而一个道德素养高的人，一旦发现自己的行为违反了道德规范，就会受到良心的责备，吸取经验教训，努力改正自新。

第三，道德和法律起作用的范围不同。法律管的范围狭一点，道德管的范围要宽一些。道德注重思想与情感，法律注重行为。法律只管行为，而道德要追问行为的动因。道德意在改善个人的品性，而法律只在支配个人彼此间的关系。例如，不得有贪心，不得有淫心，不得存杀机，不得有恶念等都是道德规则，法律就不过问；不得偷盗，不得奸淫，不得诈欺等，不但是道德规则，同时也是法律规则。

2. 道德和法律又是密切联系的

其表现为：

第一，道德是不成文的法律，法律是最低限度的道德。法律中包含有道德的内容，《中华人民共和国宪法》第五十三条规定，"中华人民共和国公民必须遵守宪法和法律，保守国家秘密，爱护公共财产，遵守劳动纪律，遵守公共秩序，尊重社会公德这既是每个公民必须执行的法律义务，又是必须遵循的道德规范"。

第二，道德和法律的作用是互相补充的。任何社会的统治阶级都是用道德和法律维护其阶级利益保持社会安定团结的。因此，我们在社会主义现代化建设中，大力倡导共产主义道德，有助于加强人们的社会主义法制观念。我们进行社会主义法制建设,也有利于提高人们的共产主义道德素质。这就是道德和法律在社会生活中的辩证关系,我们绝不能忽视两者的互补作用。

第二节 大学生道德素质教育的要求

大学生作为社会生活中的先进分子,在公民道德建设中必须发挥表率作用,以高层次的道德标准来要求自己,衡量自己,在社会公德、家庭美德和职业道德建设中发挥模范带头作用。

一、大学生要做遵守公民基本道德规范的楷模

《全民道德建设纲要》(以下简称《纲要》)在公民道德建设的指导思想中,将基本道德规范概括为5句话、20个字,即爱国守法、明礼诚信、团结友善、勤俭自强、敬业奉献。这既是从最基础、最重要的公民道德规范方面,使这些道德规范与已有的社会主义道德内容形成了一个有机的整体,又是从公民道德建设的方面,对已有道德内容做一种新的概括和提炼。它是全社会各个领域人们都应该遵守的最基本的道德规范,涵盖了社会生活的各个领域,适用于不同的社会群体。在这一点上,它不同于社会公德、职业道德、家庭道德等几个领域的伦理规范,而是一个总的基本道德规范。它既包含了中华民族的传统美德,也包括了党领导人民在长期的革命和建设实践中形成的优良道德传统,又总结了改革开放以来在道德实践中积累的好经验,反映了社会主义市场经济所需要的道德要求,体现了民族文化传统与革命传统的有机结合。

《纲要》提出的20个字可以再细分为10个道德规范,即爱国、守法、明礼、诚信、团结、友善、勤俭、自强、敬业、奉献。它们在调整公民个人与社会、与国家、与他人的关系中,各有不尽相同的功能。

1. 爱国守法

"爱国",主要是规范公民与国家的关系。爱国主义是团结、凝聚我国各族人民及广大港、澳、台同胞,海外华人的一面旗帜,在新世纪的国内国际环境中,爱国主义是我们放在首位的一种品德。

"守法",是"爱国"规范的延伸,规范的也主要是公民与国家的关系,即把"守法"作为公民对国家的道德责任的"底线"。在我们为推进中国的民主法制建设、为建立一个法治国家而奋斗的时候,"守法"是每一个公民必备的品质,也是实现法治与德治相结合的基础。

2. 明礼诚信

"明礼",主要是规范公共场所的公共品德行为,待人接物时要文明礼貌,这是公民在公共场所应当遵守的最基础的道德准则。有人认为,"礼貌"与美德是有区别的,一个彬彬有礼的纳粹分子仍然可以是一个杀人恶魔。但是,一个连人和人之间交往的起码礼貌都没有的人,决不能认为他是有道德的人。例如,满嘴污言秽语,在公共场所乱扔脏物,在公共汽车上不给老人让座,这难道是有道德吗?

"诚信",主要也是规范公共关系的道德行为,是对"明礼"规范的进一步深化和升华,即古人所说的"礼于外,诚于内"。它更是今天市场经济条件下应该大力提倡的一种品德,信用是市场经济的道德前提,没有信用,交换就无法进行。

3. 团结友善

"团结",主要规范公民之间的道德关系,强调公民之间的亲和力。这包括家庭的团结、集体的团结、各个组织内部的团结、全世界爱好和平人民的团结,等等。团结是在为某个目标而奋斗时形成的紧密联系,团结会产生钢铁般坚不可摧的力量。毛泽东同志认为,在处理党内矛盾和人民内部矛盾时,应该从团结的愿望出发,通过批评和自我批评,达到新的团结。团结对革命和建设都具有特别重要的意义,有一首歌不是唱得很好吗?"团结就是力量,团结是铁,团结是钢,……"。深刻理解团结的重要性,珍惜团结,维护团结,顾全大局,是人们应有的品德。

"友善"与"团结"是同一层次的道德规范,功能也是相类似的,但更加注重公民个人之间的亲善关系,这也是处理人际关系的一种美德,无论是对自己的家人、亲人、邻居、同事,还是素不相识的人,对外国人,对不同肤色、种族、民族,对不同文化背景、不同宗教信仰的人,无论老少、贫富,无论他是健康的还是有残疾的都要一视同仁,友善待之。这体现了社会主义的人道主义精神。

4. 勤俭自强

"勤俭",主要是对公民个人提出来的道德要求,勤俭的品德素质更多地在公民个人的行为中表现出来。勤俭包括勤劳、节俭两个方面。勤劳,热爱劳动,用劳动创造世界,创造美好的生活,是每一个人、每一个民族自立自强、艰苦奋斗的表现。中华民族是一个吃苦耐劳、勤奋刻苦的民族,同时又是一个节俭的民族。节俭不仅是对劳动产品的珍惜、爱护,也不仅是"丰年想歉年"的忧患意识,还包括了对生活的计划安排和对欲望的克制。我国古代有"俭以养德"的思想,认为俭朴的生活可以"淡泊明志,宁静致远",对人的身心修养大有益处。对于为官者,"俭以养德",可以戒奢侈,取道义,去邪心,做到清正廉洁。勤俭既是持家之道,又与廉洁相联系。有勤俭之德,为官从政可以做到清白不污,纯正不苟,自我约束而不贪求。

"自强",主要也是对公民个人的道德素质提出的要求,与"勤俭"是同一层次的道德准则。这更是中华民族的传统美德,《周易》里就有"天行健,君子以自强不息"的思想,代代相传,鼓舞中华民族在任何艰难险阻面前都能做到自立自强,只要一息尚存,就要奋斗不止。毛泽东同志提出的"自力更生,艰苦奋斗"的革命传统精神,更是指导中国人民取得了革命和建设的辉煌成就。

5. 敬业奉献

"敬业",主要是规范公民与职业的道德关系,这是职业道德的重要内容,主要包括恪尽职守、兢兢业业、精益求精、视责任为生命等。

"奉献",主要是规范公民与社会的道德关系,并引出公民对待他人的道德责任。这是在处理个人与社会、与国家、与他人的关系时应该具有的品质。其内涵是大公无私、克己奉公、超越自我、服从整体、先人后己。"有一分热发一分光","人人都献出一点爱,让世界变成美好的春天",这些美好的诗歌、语言,都是人们对奉献精神的赞颂。今天我们讲奉献,主要是讲一种精神,强调在公与私、义与利、奉献与索取之间,把前者放在首位。

二、大学生的社会公德建设

社会公德是全体公民在社会交往和公共生活中应该遵循的行为准则,涵盖了人与人、人与社会、人与自然之间的关系。它具体是指人们在涉及对正式的或非正式的社会整体(如集体、组织、政党、阶级、民族、国家、公共场合秩序等)具有相应义务和责任的行为活动中应当遵守的道德规范和道德准则。人们对于社会公德往往有两种不同的理解。一种理解是指人们在一些事关重大的社会关系、社会活动和社会交往中,应当遵守并往往由国家提倡或认可的道德规范。中华人民共和国现行宪法倡导和认可的"五爱",就是这种意义上的社会公德,并因为是由国家法律规定的,也可称为"国民公德"。另外一种理解,也有人把日常的公共生活中所形成的起码的公共生活规则,称之为社会公德。马克思指出,社会公德就是每个人都应该遵循的那种简单的道德和正义的准则。大学生要提高自身的道德修养,必须首先从遵守社会公德这一最基本行为准则做起。具体来说,就是要自觉做到《纲要》所指出的那样:"文明礼貌、助人为乐、爱护公物、保护环境、遵纪守法。"

1. 大学生要做文明礼貌的模范

文明礼貌是指要在人际交往中,注重个人形象,讲求必要礼节。衣着整洁,举止文雅,说话和气,用语得当,守时守约。尊重他人,宽以待人,相互礼让。遵守公共场所的各种规定,不影响、不妨碍他人的正常活动。

文明礼貌,可具体分为文明、礼貌两个方面。所谓文明,或曰文明行为,是指人们在待人接物和日常生活方面所应共同遵守的行为规范。它是精神文明的一个重要内容,要求人们讲究礼貌,遵守公共秩序和纪律,举止端庄,温让谦逊,仪表整洁,讲究卫生等。在不同的社会,文明行为的具体要求与表现方式都有所不同。在现代社会,对文明行为的要求,具有更丰富的内容和更深刻的社会含义。它是人与人之间同志式的友好诚挚感情的流露,是高尚道德和良好社会风气的具体体现,是社会主义一代新人精神文明的表现。只有心灵美,才能外表美,外表文明是内心文明的反映。我们提倡文明行为,不论什么场合,待人接物,或处理个人、家庭生活等,都要表里如一。培养文明行为,要加强自我修养,培养自己高尚的道德情操,纯真的思想感情,良好的生活习惯。

文明礼貌是随着经济的发展和文化水平的提高,在言行举止上表现出来的高尚与典雅的状态。中国素有"礼仪之邦"的美称。在中国人的传统里,有道德的人即"正人君子",他们在礼仪方面是彬彬有礼、温文尔雅的。这种观念发展到现代,不但保留了原有的精髓,而且增加了"守时守约""尊重他人"、遵守公共场所的各种规定等内容,反映了在现代社会中人们普遍接受的时间观念、效率观念、契约观念、诚信观念、平等观念等先进观念,用这些观念充实和丰富了"文明礼貌"的内涵。

我国正处于加速建设社会主义现代化的历史时期,而国家的现代化首先是人的现代化。有人把国民素质比喻为现代化的基石,只有坚硬的基石,才能托起高耸的大厦;而不能只憧憬那大厦的雄姿,却忽视了埋在地下的基石。因此,必须从提高道德素质和增强公德意识入手,教育人们在社会交往中养成文明礼貌的习惯,讲究公共场所礼仪。

2. 助人为乐是全心全意为人民服务的重要表现

助人为乐是指要发扬社会主义人道主义精神,将心比心、推己及人,多为他人着想;关心老弱病残、鳏寡孤独,热心社会公益事业;在他人遇到困难时,给予力所能及的帮助。

助人为乐是基于对共同幸福与个人幸福之间辩证关系的深刻认识而产生的理性行为,是一种以帮助别人为自己快乐和幸福的优秀品质与高尚风格。它具有与人为善,想他人之所想,急他人之所急的特征。马克思说过,如果一个人只为自己活着,那么他的生命是暗淡的,人们只有为同时代人的完善,为他们的幸福而生活,才能使自己的生活具有意义。改革开放以来,我国涌现出了一大批反映时代精神的先进人物,他们的工作岗位、具体事迹各不一样,但都有一个共同的特点,就是助人为乐,全心全意为人民服务。他们为群众办事,尽心竭力,分内的事办,分外的事也办;自己能办的要办,自己办不了的也想办法帮助办,努力使群众满意,让群众高兴。雷锋同志就是助人为乐的典范,雷锋精神的实质就是:忠于共产主义和社会主义事业,毫不利己专门利人,全心全意为人民服务,"把有限的生命,投入到无限的为人民服务之中去",做一个平凡而伟大的共产主义战士。

雷锋精神是我们时代精神的集中体现。1963年3月,在党中央和毛泽东同志的号召下,全国人民掀起了向雷锋同志学习的热潮,这对提高全国人民共产主义思想觉悟和道德品质,对我国社会主义革命和建设事业的发展都起到了不可估量的推动作用。20多年来,在我们国家涌现出数不完的雷锋式的先进人物。他们继承着并不断发展着雷锋精神。今天我们所说的雷锋精神,已经成为雷锋和雷锋式的先进人物崇高思想和优秀品质的结晶,已经成为热爱祖国,热爱社会主义,树立全心全意为人民服务的思想,发展人与人之间团结友爱互助的社会主义新型关系的理想人格。

在社会主义市场经济条件下,与助人为乐思想道德紧密相连的,是每个大学生都应该具有关怀弱者的爱心。市场经济鼓励和倡导竞争,有竞争就会有成败,即造就出强者,就会产生相对的弱者。如何使社会上的弱者和在市场竞争中处于不利位置的人们得到关怀和扶助,是社会健康发展的重要方面。先发展起来的现代化国家已遇到"对弱者关怀"的问题,因为这是形成社会深层次矛盾的重要原因。作为以人民当家做主为特征的社会主义国家,对人民群众,不管是先富裕起来的强者,还是尚未富裕起来的弱者,都应责无旁贷地予以关怀和帮助。对弱者的关怀,一方面需要政府和社会各界发挥基础性的保障作用,如现在各级政府广泛开展的"低保工程";另一方面也离不开广大社会成员的共同行动。政府的保障虽然能够解决人的基本生存问题,但往往无法有效地解决人的情感方面等内在的需要。这就需要通过社会成员互相之间的爱心传递,让社会充满爱,使弱者更多地感受到社会的关照和温情。每个大学生都应该富有爱心,对弱者像"春天般的温暖",时时处处关怀他们。

见义勇为是社会公德的重要内容,是助人为乐思想的高层次表现。孔子曾说:"见义不为,无用也。"意即道德上的勇敢在于做那些合乎道义、值得去做的事情。见义勇为作为一种敢于担当道义、一往无前、无所畏惧的道德品质,是社会公德的重要组成部分。它集结着人们的正义感、责任感和使命感,体现着人们的道德良心和人格尊严。做到见义勇为,首先要求人们在坏人坏事面前敢于挺身而出,同歪风邪气做斗争,用自己的奋不顾身剪除邪恶势力,"横眉冷对千夫指"。其次要求人们在事关公众利益或人民利益的情况下,勇于牺牲个人利益以成全公众利益或人民利益,"俯首甘为孺子牛"。最后要求人们在大是大非面前勇于坚持原则和真理,不苟且,不随俗,"粉身碎骨浑不怕,要留清白在人间"。我们的社会和时代呼唤见义勇为、舍己为人的英雄行为。一个没有见义勇为精神的民族,是不会有希望的。有见义勇为才会看到社会正气、民族脊梁,大学生作为社会主义精神文明建设的主体力量,应当弘扬传统道德,敢于见义勇为。

3.大学生要做爱护公物、保护环境的模范

爱护公物是指要以主人的态度对待国家和集体财产,珍重社会公共劳动成果。爱护城乡道路、水电、通信、交通、环卫、消防等公用设施,保护名胜古迹、历史文物。反对损坏公物、化公为私。

公物是社会全体成员或某一集体成员共有的财产,是公民享有社会权利的物质条件。爱护公物,体现了人们对劳动成果的珍惜和对劳动人民的尊重。我国宪法规定:社会主义的公共财产神圣不可侵犯,公民必须爱护和保卫公共财产。为此,首先,每一个大学生都要确立社会的整体利益神圣不可侵犯的观念,自觉爱护公物,做到以主人翁的态度对待国家和集体财产,珍惜社会共同的劳动成果。其次,大学生办一切事情都要遵循勤俭节约、艰苦创业的原则,反对铺张浪费。要合理开发利用社会和集体自然资源,反对急功近利的短期行为,要坚决反对损坏公物、化公为私的行为。

保护环境是指要树立可持续发展观念,珍惜自然资源,保护生态环境。爱护花草树木、野生动物、人文景观,注意节约用水。防治废渣、废水、废气和噪音污染。维护公共卫生,不随地吐痰、乱扔垃圾。

保护环境就是保护我们生存的家园,就是维护人类的共同利益和长远利益,是爱护公物道德思想在新的历史条件下的新内涵。大学生要自觉树立可持续发展的观念,珍惜自然资源,保护生态环境。坚决反对一切破坏环境的行为。保护环境是当代社会公德之一,指人们在对待周围自然环境的态度和行为上所应遵循的道德规范(或准则)。人和生活其中的自然环境本身之间,本来是不存在道德关系的(因为道德关系只是人与人之间的社会关系)。但是,随着社会生产的日益扩大和自然资源的开发日益加快,越来越使如何对待周围自然环境的问题成为直接关系当今人类生活和未来人类生存的严重社会问题,并因而要求社会从包括道德在内的各个方面端正人们的态度和调节人们的行为。现在,不少国家都为此制定了相应法律及其他社会措施,我国也为此颁布了《中华人民共和国环境保护法》及其他相应法规。对于社会主义社会来说,在加强相应法制的同时,还应当逐步形成疏导和约束人们相应态度和行为的道德规范（或准则）。根据目前自然环境的人为性破坏,突出表现为生态平衡失调和自然环境污染,以及由此所引起的气候、地理和人类健康等的消极影响,社会主义社会现阶段的环境道德的主要要求是:每个人应以造福于而不贻祸于子孙后代的高度责任感,从社会的全局利益和长远利益出发,开发自然环境,发展社会生产,维护生态间的平衡,最大限度地保障人类生活环境不被污染。

在高速发展的现代社会,人与社会的关系,人与自然的关系成为人们关注的一个焦点。处理好人与自然的关系更成为人们普遍关注的课题。人是自然之子,人在地球的生态中应该明确自己所占的位置。正是基于现代人高度的理性和对于自身命运的强烈关怀,充分关注环境的保护和发展成为衡量现代人道德素质的一个重要尺度。树立保护环境的意识,最根本的是要认识到:自然是我们最根本的资源,地球是我们唯一的生存依赖。保护环境的意识还包括地球资源的有效利用和人口有计划控制的理念,这都关系到我们生存环境的好坏。市场经济所表现的种种"不经济"的现象,已成为世界各国所关注的焦点。因此,保护地球的环境意识所表现出来的不仅是对自身个体的关心,更重要的是对包含了整个人类命运的责任,是一种由己及人、由此及彼的情感升华。大学生的道德建设,毫无疑问也应该注入这种内涵。

4. 遵纪守法是每一位大学生的行为准则

遵纪守法是指要树立法制观念,学法、知法、用法。维护宪法和法律权威,执行法规、法令和各项行政规章。遵守市民守则、乡规民约、厂规校纪和有关制度。见义勇为,敢于同坏人坏事做斗争。

遵纪守法就是遵守党纪国法,法律、纪律体现社会公正、公平,法律纪律要借助强制手段来推行,同时也要借助人们的内在节制和主观努力来维系。遵纪守法,是最起码的社会公德,是每个公民应尽的义务和责任,更是每个大学生必须做到的行为准则。具体而言,要在以下若干方面起模范带头作用。

第一,牢固树立法律意识,自觉守法、知法、用法。依法治国是我们治理国家的基本方略,是发展社会主义市场经济的客观要求,是社会文明进步的重要标志。依法治国,建设社会主义法治国家,要求大学生必须加强法律知识的学习,增强法律意识、观念和依法办事的能力,养成学法、守法、用法的良好习惯。

第二,自觉维护宪法和法律权威,严格执行法规、法令和各项行政规章。我国的宪法和法律是人民意志的体现,是由国家权力机关通过民主程序制定的,是任何组织和个人都必须遵守的行为准则。法律面前人人平等,任何人、任何组织都不能超越法律行事。大学生必须带头遵守和执行法律、法规和法令、各项行政规章,自觉维护宪法和法律的尊严。

三、大学生的家庭美德建设与职业道德建设

1. 大学生的家庭美德建设

家庭道德是每个公民在家庭生活中应该遵循的行为准则,涵盖了夫妻、长幼、邻里之间的关系。家庭道德是在一定的社会历史条件下形成的,是规范家庭生活、调节家庭关系和鼓励或约束家庭成员行为的道德准则。家庭道德具有很强的社会属性,既是家庭生活质量的保障,又是形成良好社会道德风尚的根基。因此,家庭道德建设是社会道德建设的一个重大课题。

家庭道德是维系家庭和谐幸福的主要精神支柱,是现代家庭是否健康向上、和谐融洽的标志,家庭的幸福与否,固然与家庭的物质生活水平相关,但更重要的还在于用什么样的价值观来指导和调整家庭生活中的各种关系。由于家庭成员在年龄、辈分、性格、文化、理想、志趣等方面的差异,家庭中的利益矛盾、兴趣冲突不可避免,这就必须用一定的道德规范来调整和约束家庭成员的行为,否则,家庭中就会矛盾冲突不断,甚至导致家庭破裂。

第一,家庭道德规范的基本内容。《纲要》指出:"要大力倡导以尊老爱幼、男女平等、夫妻和睦、勤俭持家、邻里团结为主要内容的家庭美德建设,鼓励人们在家庭里做一个好成员。"尊老爱幼是指要孝敬父母,敬重长辈,关心他们的物质和精神生活,理解、尊重老人的意愿;精心抚养子女,以平等民主的态度对待孩子,鼓励他们自强自立,积极向上。男女平等是指要尊重和保障妇女权益,反对歧视妇女;恋爱自由,婚姻自主,反对包办买卖;共同商量和处理家庭事务,反对大男子主义;生男生女都一样,反对重男轻女。夫妻和睦是指夫妻间要互相信任,互相尊重,真诚相待;共同承担家庭责任,有福共享,有难同当;理解和支持对方工作,主动分担家务劳动;实行计划生育,做到优生优育;注意思想交流,增进夫妻感情,反对轻率离婚。勤俭持家是指要勤俭节约,量力而行,量入为出,妥善安排家庭生活;衣食住行,合理消费;婚丧嫁娶,文明简朴;文化娱乐,丰富健康;反对盲目攀比、铺张浪费、好吃懒做、奢逸败家。邻里团结是指邻里之间要以礼相待,互谅互让,互帮互助;心里有他人,不乱挤乱占公用场地和设施;发生纠纷,无理要认错,有理要让人;关心社区建设,积极参与社会活动。

第二,家庭道德建设的作用。家庭美德不仅对家庭起着至关重要的作用,而且对社会也具有强烈的辐射功能。家庭是社会的细胞,家庭成员也是社会成员,其道

德意识和文明行为对社会公德和职业道德的形成有着重要的影响和作用,直接关系到整个社会的安定和团结。我国历代思想家都极为重视家庭伦理道德的作用,强调"修身""齐家""治国平天下",强调家和万事兴。文明幸福的家庭是社会问题的"减压阀",如果家庭关系处理不好,夫妻反目,婆媳相嫌,邻里成仇,必然会损害整个社会的安定和谐。因此,《纲要》指出:"家庭生活与社会生活有着密切的联系,正确对待和处理家庭问题,共同培养和发展夫妻爱情、长幼亲情、邻里友情,不仅关系到整个家庭的美满幸福,也有利于社会的安定和团结。"

家庭道德对社会安定的作用,主要通过个体道德化的途径来实现。家庭作为人类的初级群体,它是个体与社会的中介,是引导个体走向社会的桥梁,在人的社会化过程中有着非常重要的意义。其一,家庭是人们的生活共同体,家庭成员在长期的共同生活中密切接触,有着相互影响和潜移默化的作用。其二,家庭成员的根本利益是一致的,子女是父母生命的延续,父母对子女进行教育的过程中具有高度的责任心和深厚感情。其三,子女从小生活在家庭中,心理上对父母有着强烈的依赖感和高度的责任感,易于接受父母的教育与训练。从这个意义上说,家庭伦理道德是个体与社会发生联系的润滑剂,当家庭伦理道德与社会公德、职业道德趋于一致时,个体道德的社会化就能沿着健康的轨道发展,从而保证社会的正常秩序。

第三,大学生应该以正确的价值观搞好家庭道德建设。家庭道德是社会主义道德体系的重要组成部分,是调节家庭成员之间及与家庭生活密切相关的人际交往关系的行为规范。在公民道德建设中,家庭道德建设是一块重要的基石,每一位大学生都应该从这个高度来认识家庭道德建设的重要性,用正确的价值观来处理家庭成员及与之相关的人际交往的关系,始终坚持全心全意为人民服务的道德宗旨,每个家庭成员就是人民群众中的一分子,而且是与自己关系最为密切的"人民",倘若不能正确地处理好家庭关系,不能全心全意地为这些"人民"服务,而要说为广大人民群众服务,那不过是高调,是奢谈。

因此,每个大学生都要以《纲要》中提出的家庭道德规范为准则,在家庭道德建设中发挥积极模范带头作用。

2. 大学生的职业道德建设

职业道德是所有从业人员在职业活动中应该遵循的基本准则,涵盖了从业人员与服务对象、职业与职工、职业与职业之间的关系。职业道德是同人们的职业活动紧密相关的,具有不同职业特征的道德规范的总和。一般来说,从事某种特定职业的人们,由于有着共同的劳动方式,经受着共同的职业培训和职业熏陶,承担着共同的职业义务,因而形成了具有自身职业特征的道德观念、道德情感和道德品质。正因为如此,恩格斯指出:"实际上,每一个阶级,甚至每一个行业,都各有各的道德。"这里所说的"每一个行业"的道德,指的就是职业道德。

第一,职业道德规范的基本内容。《纲要》指出:"要大力倡导以爱岗敬业、诚实守信、办事公道、服务群众、奉献社会为主要内容的职业道德,鼓励人们在工作中做一个好建设者。"爱岗敬业是指要树立正确的职业理想,干一行,爱一行,干好一行;脚踏实地,不怕困难,有吃苦精神;忠于职守,团结协作,认真完成工作任务;钻研业务,提高技能,勇于革新,做行家里手。诚实守信是指要做老实人、说老实话、办老实事,用诚实劳动获取合法利益;讲信用,重信誉,信守诺言,以信立业;平等竞争,以质取胜,童叟无欺,反对弄虚作假、坑蒙欺诈、假冒伪劣。办事公道是指要坚持公平、公正、公开的原则,秉公办事;处理问题出以公心,合乎政策,结论公允;主持公道,伸张正义,保护弱者;清正廉洁,克己奉公,反对以权谋私、行贿受贿。服务群众是指要听取群众意见,了解群众需要,为群众排忧解难;端正服务态度,改进服务措施,提高服务质量,为群众工作和生活提供便利;反对冷硬推脱、吃拿卡要,抵制行业不正之风。奉献社会是指要有社会责任感,为国家发展尽一份心,出一份力;承担社会义务,自觉纳税,扶贫济困,致富不忘国家;艰苦奋斗,多做工作,顾全大局,必要时牺牲局部和个人利益;反对只讲索取,不尽义务。

第二,爱岗敬业是社会主义职业道德所倡导的首要规范。爱岗敬业是职业道德的基础和核心,是社会主义职业道德提倡的首要规范。爱岗敬业是任何一种职业的从业人员的本分。我国近代学者梁启超说过,任何职业都是神圣的,因为人不仅为生活而劳动,也为劳动而生活,劳动、做事是生命的一部分。视职业岗位如同生命一样神圣,全心全意地热爱它,尽心尽力地做好它,就是爱岗敬业。爱岗敬业是一种高尚的道德情感,源于对自己所从事的职业价值的认同。有或者没有这种情感,会导致极不相同的工作态度和工作效果。在格外重视自我价值、"自我实现"的今天,只要有爱岗敬业的精神,每个人都能够在平凡的岗位上创造出不平凡的业绩。

第三,大学生是未来的建设者,要搞好职业道德建设,需从以下三个方面努力。

其一,要树立正确的职业理想。一个人是否有作为,不在于他从事的是何种职业,而在于他是否尽心尽力地把所从事的工作做好。俗话说:"七十二行,行行出状元"。因此,将来无论从事什么工作,只要是对社会有益,对人民有益,就要做到干一行、爱一行、专一行,不能朝秦暮楚,见异思迁,得过且过。正如毛泽东同志在《纪念白求恩》一文中所指出的那样"精益求精"。中华民族历来就是一个推崇敬业乐业精神的民族,素有"宠位不足以尊我,而卑贱不足以卑己"的职业价值观,非常鄙视那种"大事干不来,小事不愿为"的浮华习气。古今中外的杰出人物,没有一个是不热爱自己所从事的职业的,也没有一个是不乐意为自己所从事的职业而献身的。任何一个敬重自己事业的人,都会把这种爱表现在自己所从事的工作岗位上。再平凡的工作岗位,也能体现出崇高的敬业精神,能做出突出的成绩。离开了这一点,任何鸿鹄之志,都是不可能实现的。

其二,要具有脚踏实地的工作态度。脚踏实地做好工作是爱岗敬业的具体表现,工作没有做好,爱岗敬业就是一句空话。做好工作就需要不怕苦、不怕累、不怕流汗水,具有强烈的事业心和责任心。

其三,要具有刻苦钻研、善于创新、勇于创新的精神。任何工作都有学问,所谓"行行出状元"。只有认真学习钻研工作中的学问,才能真正做到爱岗敬业。现代社会,要做到爱岗敬业,必须树立追求卓越的志向。我们身处的市场经济社会,是一个充满竞争的环境。要参与竞争,并赢得竞争,就是要追求"最好""一流",就是要追求卓越。只有卓越,只有"人无我有、人有我优、人优我新",才能在激烈的竞争中始终处于主动的态势和领先的地位。面对快速变化的时代和蓬勃发展的形势,因循者和平庸者必然落伍,只有奋进者和卓越者才能与时俱进,始终站在时代前列。当然追求卓越不仅仅是绝对意义上的,它的实质在于每一个人的一种精神气度和奋斗意志。特别是在快速变化和发展的现代社会,一方面旧事物不断遭到淘汰,另一方面新的机会、新的事物也在不断获得生长和发育。即使一个人在某一领域可能会落伍和淘汰,但他还有机会在其他领域获得领先和发展的机会。就这一意义而言,只有不懈奋斗,每一个人都有追求卓越的机会。

第四,诚实守信是干好工作成就事业的基本品质。"诚信"的基本内涵包括"诚"和"信"两个方面。"诚",主要是讲诚实、诚恳;"信",主要是讲信用、信任。"诚信"的含义,主要是讲忠诚老实、诚恳待人,以信用取信于人,对他人给予信任。

现代汉语中,人们已经广泛使用"诚信"概念,现代人对"诚信"的使用大多不在基于"诚"超越层面的本体论意义,而是从规范层面取其"诚实守信"的基本意义。但是,如果我们细察起来,"诚"与"信"的规范意义仍然是存在细微差别并各有侧重的:"诚"更多地是指"内诚于心","信"则偏重于"外信于人";"诚"更多的是对道德个体的单向要求,"信"则更多的是针对社会群体提出的双向或多向要求;"诚"更多地是指道德主体的内在德行,"信"则更多地是指"内诚"的外化,体现为社会化的道德践行。当然,这种区分并不具有绝对的意义,两者是相互贯通、互为表里的,"诚"是"信"的依据和根基,"信"是"诚"的外在表现。正如北宋理学家张载所言:"诚固信,无私故威。"(参见《张载集……正蒙·天道》)"诚"与"信"共同保证我们的道德。

"诚信"首先是处理个人与社会、个人与个人之间相互关系的基础性道德规范。孔子讲"民无信不立",是指国家的统治者应取信于民,否则就得不到老百姓的支持。孔子讲的是国家与民众的关系。把孔子的话引申开来,在个人与社会、个人与个人之间,也可以说是"无信不立"。国"无信不立",统治者"无信不立",领导者"无信不立",家庭"无信不立",个人当然也是"无信不立"。今天我们在公民道德建设中,要大力倡导做老实人、说老实话、办老实事,以信待人、以信取人、以信立人的美德。

诚实守信,是做人的基本准则,也是职业活动中人们相互联系的道义凭借。在现代社会中,人与人之间的接触越来越广泛,越来越频繁,人们尤其是原本不相识、不相亲的人,之所以能够彼此合作,靠的就是诚实守信。诚者,开心见诚,无所隐伏也;信者,诚实不欺,信而有征也。诚实守信,关键在于信。自古以来,信被视为一切德行的基础,是最基本的道德。中国传统道德讲"仁义礼智信""人无信不立",人不讲信用,就难以在社会上立足。在"江南药王"胡庆余堂的总经理室高悬的"戒欺匾"说:"凡百贸易着不得欺字,药业关系性命,尤为万不可欺。"这是创办人、著名的清朝商人胡雪岩于光绪四年立下的。重义守信,作为中华民族的传统美德,今天应该将它进一步发扬光大。信用是发展市场经济的道德前提。没有信用,交换就不能进行。在我国民间流传的格言中,有许多都是讲商业道德特别是信誉的重要性的。例如,君子爱财,取之有道;诚交天下客,誉从信中来;诚信赚得字号久,谦和赢来顾客长;买卖不成仁义在,等等。做买卖是要赚钱的,但是也要赚得光明磊落,不能赚黑心钱。

诚实守信,要讲信用。信用是成就事业的根本。一个人没有信用,就不能与别人合作共事。我国著名的思想家、教育家孔子说过:"人而无信,不知其可。"诚实守信,历来是成就事业者的基本品质。在改革开放,发展社会主义市场经济的过程中,要求人们讲信用重信用有着很强的现实意义。大学生要带头讲信用,带头与各种不讲信用的现象和行为做斗争,促进全社会形成诚实守信的良好风气。

诚实守信是现代社会互相合作的重要前提,也是市场经济条件下公平竞争赖以维护的重要准则。现代社会是一个高度复杂的大系统,社会生活必须依据各种规则有序的运行。其中法律是社会规则的一种成熟形态。但是,法无尽备、法无尽善,法律不是规则的全部,因此,要有诚实守信的道德,从内心深处来规范自己的行为。通过信守承诺,人们建立起健康有序的社会生活和群体生活。如果在这样一个高度复杂的现代社会里,每一个人都各行其是,或者隐私作假,就没有群体生活和公众秩序可言。因此,就某种意义而言,来自道德层面上的自我约束比来自法律层面上的约束更为重要。法律约束仅在一定的范围内对人的特定行为产生约束作用,受到时间、空间及其有关技术手段和执行成本的限制。而自我的和来自社会成员道德概念的道德约束更具有一种经常性、及时性和广泛性。当诚实守信成为每一个人的自觉行为和整个社会约定俗成的规范时,它就成了维护社会成员具体的个人利益和整个社会的共同利益的强有力的基础。

第三节 大学生道德素质教育的方法

任何一个人向善从恶的道德素质都不是遗传的,先天固有的,而是在社会生活环境中培养形成的,通过教育、锻炼巩固发展的。人的本质特点就是他的社会性和可塑性,特别是青年人的道德素质、人格素质还没有定型,可塑性极大。具有良好道德素质的人,可能"更上一层楼",继续前进;也可能向坏的方面转化,落后退步,甚至堕落,成为人民的罪人。

一、掌握道德素质培养的方法

中国伦理思想史上是特别重视道德修养方法的。所谓"修养",主要是指人们在政治、思想、道德、学术或科学技术等方面进行的勤奋学习和涵育锻炼的功夫,以及经过努力实践所达到的能力水平和精神境界。孔子及其门徒是用所谓"内省""自讼""吾日三省吾身"的方法,来反省、检查,达到"克己复礼"为仁的道德境界的。庄子提倡"心斋"和"坐忘"的修养方法。所谓"心斋",就是使内心虚而静;"坐忘",就是面壁而坐,不思不动,排除一切感情欲望,做到物我两忘,使自己成为一个精神上绝对自由的真人。明朝黄绍在《明道篇》中说,为了提高自己的道德品质,他经常"悔恨发奋,闭户书室,以至终夜不寐,终日不食,罚跪自击,无所不至"。还"以绳系于臂,又为木牌,书当戒之言藏袖中,常检之以自警","如此数年,仅免过咎,亦不能无错心之萌。由此盖知习气移人之易,人心克己之难。……今不觉白首,数十年,犹未足以纯道明德,其可惧何如哉?"他尽管严格用"仁义道德"约束自己的行为,"灭人欲",结果还是做不到的。清初著名的思想家颜习斋批判了程朱脱离生活实际的修养方法,提出"躬行实践",重视"实用",即实际练习,才能达到道德品质修养的目的。因此,他以书房为名,叫习斋。

实践是道德修养的根本方法。这是马克思主义伦理学在修养方法上区别以往伦理学的本质标志。人的道德素质,只有在人们相处的社会关系中,并通过相互关系才能产生和形成。任何人的存在都不是孤立的,而是在社会关系的影响和制约中存在的,人们的道德素质和行为,也只能在人和人相处的道德关系中,才能够形成和表现出来,否则是绝对不可能的。因此,马克思主义伦理学特别强调实践的重要作用。

素质修养的一个重要原则就是理论联系实际,身体力行。因此,努力学习,掌握集体主义的道德原则和规范的科学理论,是极为重要的。因为只有有理论,才谈得上去联系实际,只有在理论的指导之下,树立崇高的道德理想,才能在素质培养中认识哪些是道德的,哪些是不道德的,并通过道德实践活动,反复检查自己的言论和行为,不断克服那些违背道德要求的坏习惯,努力提高自己的道德境界。

人的道德素质修养是一个从认识到实践,循环往复,不断提高的过程,永无停止之时。同学们要提高自己的品德素质就必须不断地把自己的认识付诸实践,使道德情感、道德意志、道德信念,通过学习、修养、锻炼及反省、对照、检查,使知、情、意、信等内化贯通为一体,再转化到个人的道德行为实践中去,这样,才能达到道德较高的境界。

二、创造良好的环境加强道德教育

人总是生活在一定的具体历史环境中,人的思想、认识、情感、意志都要受到社会环境的影响和制约。因此,创造一个良好的环境,能促进良好道德的形成和提高。

良好道德素质的形成要经过复杂的过程,即包括道德认识、道德情感、道德意志、道德信念和道德习惯的形成。因此,在进行道德教育时,主要应从以下诸方面入手。

1. 提高道德认识

道德认识指行为者对个人与他人、个人与社会的关系及调节这些关系的理论、原则和规范的了解和掌握。道德认识是道德行为和习惯的先导,没有正确的道德认识,就不能形成相应的道德行为和习惯,即使表现出道德行为也是偶尔的、不系统的。正确的道德认识是推动人们采取相应的道德行为和习惯的巨大精神力量,是使良好道德转化为个人内在品质的首要因素。因此,要培养良好的品德素质,首先要提高人们的道德认识,有目的、有计划地讲解良好品德的理论、原则和规范,形成良好品德素质的概念,提高道德判断能力。

2. 增强道德情感

道德情感是指善恶的心理体验和态度倾向。道德情感是随人们的道德认识而产生和发展的,对道德行为起着巨大的调节作用。因此,在提高人们道德认识的同时,还要加深对道德情感的体验。道德情感应从多方面进行陶冶,如听取先进人物事迹报告、日常生活多做好事等;道德情感的形成还需要在实践过程中,经过长期的甚至痛苦的磨炼。它一经形成,就会成为一种稳定的强大力量,积极影响人的品德。因此,高校要组织各种有益的活动,促进大学生道德情感的形成。

3. 锻炼道德意志

道德意志是指人们在履行道德义务的过程中所表现出来的,自觉的克服内心的一切障碍和外部困难做出抉择的力量和坚持精神。它主要表现在能够用理智去战胜欲望,排除来自主客观的各种干扰和障碍,按照所定目标把道德行为坚持到底。道德意志有助于人们顽强地进行良好品德素质的修养,是能达到一定道德水平的重要条件,因而是形成良好品德素质的关键。因此,我们要重视道德意志的培养和锻炼。培养他们的道德义务感、责任感,以充实道德意志的力量源泉,培养他们抵制外部的腐蚀和引诱的能力,保持"富贵不能淫,贫贱不能移,威武不能屈"的高尚情操。

4. 强化道德信念

道德信念是行为者对道德理想、道德人格、道德原则、道德规范的坚定不移的信仰。道德信念是深刻的道德认识、炽热的道德情感和顽强的道德意志的有机统一。它具有综合性、稳定性、持久性的特点,是良好品德素质形成的核心因素,是道德认识转化成道德行为的内在力量。历史和现实生活中,无数先进人物之所以能成为人们学习的榜样,就是因为他们能不折不扣地完成道德准则的要求,严格要求自己,不为社会上不良的现象所影响,忠诚地履行自己的道德义务。因此,我们在进行道德教育过程中,必须紧紧抓住这一中心环节。

5. 养成道德行为

道德行为是指人们在一定的道德认识、情感、意志和信念的支配下,采取有目的的行为。它是衡量人们道德水平高低、道德品质好坏的重要标志。看一个人的道德品质,不是取决于他的言语是否动听,而是取决于他的行为是否高尚,言行是否一致,是否有利于他人和社会。偶尔的一种道德行为并不能体现一个人的道德品质好坏,道德行为只有养成道德行为习惯,才能达到完善的地步,良好品德素质才得以定型。因此,在教育中不要忽视道德习惯的培养。

在整个道德教育过程中,道德认识、情感、意志、信念和行为这几个基本要素,是相互联系,相互制约,相互渗透,相互促进的,道德认识是前提和依据,道德情感和道德意志是必备的两个内在条件,道德信念是核心和主导,道德行为的自觉性和持续性是道德品质高低的主要标志,道德实践贯穿于这一教育的始终,并为各个因素或环节相联结、相统一。

三、道德修养是培养良好品德素质的决定因素

道德教育是个人品德素质提高的外因,道德修养是个人品德素质提高的内因,外因只有通过内因才能起作用。具体做法如下。

1. 自觉接受道德教育

大学生自觉接受道德教育就是能自觉主动地系统学习良好品德的理论体系,不要有厌学的思想和行为。这是因为理论是行动的指南,理论越彻底,认识越正确,进行自我修养的自觉性就越高,在修养过程中的盲目性就越小,就能增强识别能力,抵制消极影响,坚持正确方向,免受挫折,少走弯路。因此,青年大学生应自觉接受政治经济学、哲学、中国特色社会主义理论及思想品德修养、法律基础等理论教育。在这些理论的指导下,自觉树立崇高的理想和科学的人生观。

2. 知行合一,言行一致

道德知识与其他知识不同,道德知识需由道德行为来体现,没有道德行为,就等于没有掌握道德知识。而其他知识只要记在心里,即使没有去实践,也仍视为有知识。可见,良好的品德素质必须知行合一,言行一致。大学生在接受系统的道德理论学习后必须投身于实践中去,只有投身到实践中,才能改造自己的主观世界,只有在与人们相处的道德关系中,才能改造和完善自己的道德品质。只有在社会实践中,才能达到知行合一,言行一致,这是道德修养的特点,也是道德修养的最高境界。道德修养过程的实质是两种道德观念在人们头脑中的斗争,这种斗争是一个复杂而长期的过程,这种斗争过程实质是大学生从认识到实践,从实践到再认识,再实践,不断循环往复的过程。这种不断循环,不断提高,才能达到道德修养的目的。此外,在实践中,我们应从身边的小事做起,只有不弃小善,才能积成大善;不舍小德,才能积成大德。一个人做一件好事并不难,难的是一辈子做好事。每一位有高尚品德的人,都是从一点一滴的小事做起。平时不检点,大事做不来,小事又不愿做,只幻想在一夜之间就成为德高望重、一鸣惊人的人,是根本不可能的。

3. 学习榜样,不断内省

榜样的力量是无穷的,英雄、模范人物的事迹和言行,集中体现着时代精神的风貌,体现着优秀的道德品质和高尚的情操;无论一个人进入哪一种道德境界,往

往都是从仿效开始的。自我修养者,往往自我选择榜样,将自己认为真实、感人、伟大、舍己的道德作为自己的榜样,对自己的榜样发自内心的喜欢、崇敬,在言行上亦步亦趋地追求,渴望自己成为未来的他。雷锋精神已经成了我们民族精神的瑰宝,他的一生虽然只有二十二个春秋,也没有惊天动地的壮举,但他甘做一颗永不生锈的螺丝钉,在平凡的岗位上乐为人民献青春。他的这种精神,曾鼓舞了几代人的成长,至今还在发挥着巨大的力量。

在学习榜样的过程中,要注意不断内省。内省是从古到今行之有效的一种自我修养的方法。内省就是自己进行反省,见不良行为而反省自己,警示自我,发现一良好品德行为的人主动向他学习,找出自己的不足。在日常生活中,主动地把自己的行为与榜样相比较,找出差距,不断反省自己,开展自我批评,对照自己的言行,自觉揭露思想上和行为上的矛盾和问题,开展思想斗争,抛弃错误思想,确立正确思想。内省者,是自觉战胜自我的强人,是具有高尚品德的人。鲁迅先生曾被毛泽东同志誉为"中国的第一圣人"。而鲁迅先生自己说:"我的确时时解剖别人,然而更多的是无情地解剖我自己。"可见,人无完人,模范人物也有其不足的一面,他们之所以能成为英雄,是因为他们能自觉进行自我批评,不断反省自己,始终坚持正确的方向。

4. 严于律己,努力做到慎独

"慎独"是道德素质修养的又一种方法,也是要达到较高的道德境界。所谓"慎独",《礼记·中庸》里讲道:"莫见乎隐,莫显乎微,故君子慎其独也。"就是说,无论有没有人监督,都要严格要求自己,独善其身,小心谨慎,甚至连一个细节也不放过。正如人们常说的,"若要人不知,除非己莫为。"因此,道德品质高尚的人,就特别注意从最隐蔽的心境和最微小的事情上,提高自身的道德素质。"慎独"的特点就是要求人们在道德修养过程中,必须自觉树立坚定的道德理想和信念,言行一致,表里如一,始终如一。在今天,就是用社会主义道德原则和规范来约束、控制自己,选择道德的行为。这种"慎独"和"自律"的方法,对于大学生进行道德素质的教育和修养是值得借鉴的。

古希腊著名唯物主义哲学家德谟克利特说过,"应该在一个人看不见的和大家都看见时一样不做坏事。"慎独最基本的特征,是充分发挥自觉性在道德修养中的作用。一方面,慎独要求一个人即使在别人看不见自己的行动,听不见自己的声音的情况下,对待最隐蔽、最细微的事情能按道德的准则行事,这是以高度自觉性为先决条件的,要做到这一点,必须重视道德修养本身的锻炼,提高道德修养的自觉性或主观能动性。另一方面,慎独要求人们在独立工作,无人监督的环境下,也能够严格按照道德准则行事,做到时时处处不离道德原则,即达到"人心所欲,不逾矩"的境界。这就要求对道德的种种原则、规范不仅熟知,而且接受,并让它成为自己的内心信念。要达到这种水平,需要长期不懈的学习、锻炼,依靠在实践中所形成的内心信念来支配自己的行动。一个人在集体场所,众人面前,按照良好品德要求说话办事是比较容易做到的,而在无人之处,别人"永远"不会知道的情况下,永远不做坏事是比较难的。公开场合中讲"大公",套话,表现出大公无私,而在背后也做到不计较个人的利益得失也是不容易的。一旦做到这一点,就说明能严于律己,做到慎独。因此,慎独是道德修养具有高度自觉性的表现,也是衡量一个人道德水平的标准。

第四节 大学生道德思想素质教育相关问题

一、强化责任感是大学生道德素质教育的重要内容

人在社会生活中必然要扮演一定的社会角色,承担一定的社会责任,在社会历史进程中发挥这样或那样的作用。对肩负全面建设小康社会伟大历史使命的青年大学生而言,在社会主义市场经济条件下,正确认识和处理个人与社会的关系,明确人生的社会责任,无论是对于促进自身的发展完善,还是对于推动社会历史的进步,都具有极其重要的意义。

1. 责任感的内涵

所谓责任感,是指人们在保护和促进自身权益的过程中,不忘他人和社会的整体利益,自觉履行各种法定义务,积极承担自己应尽的责任。从道德自身的特点和实践经验来看,大学生道德素质教育应该把培育和强化事业责任感、工作责任感、社会责任感作为一个重要的基点。

第一,责任感是道德的内核。任何道德规范都是相应责任的体现,如政治道德、社会公德都是一定的政治责任、社会责任在道德领域的内在反映。如果没有相应的责任要求,道德规范就成了空洞的条文,很难发挥积极的作用。

第二,责任感是自觉遵守道德规范的前提。任何道德规范的落实,都要靠人的自觉性,而这种遵守道德规范的自觉性的培养和形成,恰恰是以人的责任感为前提的。责任感是自觉性的基础。如果一个人有了强烈的责任感,就会自觉地遵纪守法,遵守各种道德规范,对自己、对他人、对社会认真负责,妥善处理好不同利益主体的关系,严格自律。相反,缺乏责任感的人,往往对自己的言行极不负责任,有的

甚至不顾最基本的道德准则，损害他人和社会的利益。道德行为是道德本质的外在表现，从一个人的言谈举止、嬉笑怒骂中，我们可以看出他的道德涵养，他的责任感。生活告诉我们，任何高尚的德行，都是以某种责任感为支撑的。不能想象，一个没有责任感的人，如何会对他人、对社会负责任，成为一个道德高尚的人。

第三，责任感是道德评价中最一般的价值尺度，是一条"底线"。不可否认，由于职业的不同，人与人之间在政治水平、经济状况和文化素质方面存在差别等原因，其道德规范、道德觉悟和道德水平也肯定会有所不同，但是责任感是对每个人共同的道德要求。我们评价一个人的道德状况，关键是看他有没有承担起相应的责任和遵守相应的道德规范，如果他承担了相应的道德责任，遵守了相应的道德规范，他就是一个有道德的人，否则，他的道德水平和道德觉悟就有问题。正是责任感在道德实践中的这些重要功能，使我们确信，人的责任感是整个道德大厦赖以建立的基石，我们要在新的形势下扎实有效地提高大学生的道德素质，就必须以培育责任感为突破口，夯实道德建设的基础。

社会责任作为一个道德范畴，往往同使命、职责和任务具有同等的意义。所谓社会责任，就是一个人为社会、集体应该做到的事情及对自身行为后果的负责。人作为一定的社会成员，在社会生活中，不论个人是否意识到，客观上都必然要对社会和他人承担一定的使命、职责和任务，因而都有对社会和他人履行义务的社会责任。义务表明个人对社会和他人所承担的社会责任，也表明社会和他人对个人行为的要求。它是由社会的物质生活条件决定的人与人之间道德关系的反映，是一个正常人赢得他人和社会承认、尊重的价值尺度。

2. 社会责任的特征

第一，人生社会责任具有客观性。社会、集体是客观存在的实践，人对社会、集体所承担的责任就是客观实在的，而且也是客观规定的。社会、集体给每个人的发展都提供一定的条件和帮助，也就是向每个人负责，因而每个人也必须为社会负责任，尽义务，这是不以人的意志为转移的。正如人要吃饭，必须种粮食或以某种劳动从社会上换得粮食一样。那种只想享受社会给予的权益而不为社会承担义务，或者对自己所负的责任采取漠然置之的态度是不能容忍的。有的人虽然可以蒙混一时，但终究是要受到谴责和惩罚的。因为他们的那种行为，就会造成社会成员间事实上的不平等，甚至是一种对他人劳动、权益的侵犯行为。如果每个人都这样做，那么这个社会、集体势必会遭到毁灭。

第二，人生社会责任的实现受主观能动性的制约。作为社会的人具有意识和思维创造能力。人能够根据客观存在着的事和物，提出自己的想法和见解，在思想、意识的驱动下制订出改造事物不合理的现状,向自然界索取物质生活资料的行动计划、方案、步骤,并将其付诸行动,以此来履行自己的社会责任,达到认识世界和改造世界之目的。这个过程就是人的主观能动性发挥的过程,它体现了一个人对社会、集体的责任心。责任心的强烈与否,直接影响着社会责任实现的程度。对社会、集体有着强烈责任心的人在为社会、集体承担责任时,就会充分发挥自己的主观能动性,并以极大的毅力克服重重困难,义无反顾地为实现自己的目标而奋斗。正因如此,人类的许多理想都得以实现,如宇宙飞船、载人航天飞机、人造卫星上天等。中华民族的多少英烈,为解救在水深火热之中的人民,铁肩担道义,勇敢地挑起了拯救中国的重任,在为履行自己的社会责任过程中发挥了极大的主观能动性,贡献了自己的一切。相反,那些责任心淡漠的人对社会、集体就会冷眼旁观,对那些为社会所急需解决的问题无动于衷,不愿意,也不想去发挥自己的主观能动性,甘愿让自己的潜力隐藏起来,因而不能很好地履行自己的那一份社会责任,也使自己沦为平庸之辈。

在完成社会责任时,主观能动性体现在以下几个方面:其一,个人的活动是有计划、有目的的活动,带有明显的指向性。其二,人承担社会责任的活动带有预见性。在履行自己的社会责任时能够预见到自己行动的后果。其三,人的活动是主观受之于客观的实践活动。人对社会集体所承担的责任的履行过程,就是他发挥主观能动性,改造自然、改造社会的实践过程。只有将自己的愿望、目标付诸实施之时,社会责任才算尽到,而这只有在人的主观意识认识到自我对于社会的责任时,人的意识观念才会去指导人们按责任的要求去认识世界和改造世界,去创造人类所需要的东西。主观能动性人人都有,但只有在主观意识中具有责任心时,人的主观能动性才能发挥出来,才能对人们的实践活动起到指导作用。

3. 强化责任感是大学生价值观教育的基础

当代大学生的思想特点之一,是观念随着身心价值的发展正处于逐步形成时期,很不成熟和稳定。受家庭、社会、教育状况等诸多环境因素的影响,其价值取向具有积极与消极的两重性特征。积极性表现在:受传统思想影响形成的爱国主义意识、较强的组织观念及遵纪守法观念;受市场经济影响形成的竞争意识、开拓意识、独立自主意识和锐意进取精神;在时代进步影响下形成的民主与法制意识等。消极因素表现在:部分大学生受传统观念影响而形成的故步自封意识;在西方不良思潮影响下形成的个人中心主义、自由主义、极端主义;受不完善的市场经济体制冲击而形成的重索取轻奉献,重个人轻集体,重物质利益轻精神文明,一切向钱看的意识等。这些消极因素是阻碍大学生形成正确价值观的绊脚石。正是由于大学生价值取向的两重性特征,他们迫切希望实现自我价值却又缺乏深层次的社会思考和高层次的理想追求,由此出现了部分大学生的行为"怪圈",表现在:有些人强烈要求进步,但对党的性质及自身奋斗目标没有深刻认识和高尚追求;有些人报考"研究生",但缺乏为科研而献身的精神;有些人争做学生干部,但缺乏甘当公仆的严肃思想和坚强意志;有些人争取出国"镀金",却只为自我价值的实现而丧失奉献和报效祖国的良知;有些人痛恶社会不正之风,却不重视自身的基础文明与修身养性等。凡此种种思想都表现了一点,即缺乏社会责任感,过分肯定自我价值而否定社会价值。这与社会发展形势不相适应,若不加以正确引导与纠正,则必为社会所淘汰。

思想教育工作者应充分利用思想教育课和政治理论课,对大学生进行价值观教育,用辩证唯物主义和历史唯物主义观点加以正确引导。在肯定学生自我价值实现的同时,强调社会价值包容个人价值,个人价值只有通过其创造出社会价值才能为社会所肯定与承认,任何脱离集体与社会的个人都只可能是无源之水和无本之木;崇高的理想和与之相伴随的自觉行为才可能创造出真正的社会价值。只有让大学生有了深刻的理性认识后,才能确立稳定的正确的价值观,其思想与行为才能保持良性发展而非随波逐流。

大学生在接受高等教育的同时,又处在走向社会的预备期这一特殊阶段,就其心理发展而言,是一段迅速走向成熟而又未能达到完全成熟的关键时期。面对即将跨入的纷繁社会领域,他们不得不经历自我反省,期待着对自身的重新认识和重新发现。就在这一特殊阶段,他们发现和认识到自己处在了人生的重要十字路口——现实的自我和理想的自我之间的差距,到了必须认真思索和定位的时候了。这种矛盾伴随着痛苦和不安迅速摆在了面前,涉及了自我生活的各个方面:国家需要、个人理想、事业选择、恋爱婚姻家庭等。大学阶段的教育,正是针对青年学生的这一特征,把大学生由理想的自我过渡到现实的自我;引导和帮助他们走向成熟与完善;在传播知识技能的同时,强化他们的人格品质,并以培养他们的责任感为首要任务。

教育的真正目的是什么?马丁·路德·金说:"知识加上品性,这就是教育真正的目的。"根据上海市教委的一项对两万人调查的结果,用人单位对高校毕业生最大的希望和要求是要懂得做人的道理,有责任心。他们认为,知识、经验可以在岗位实践中积累和培养,而责任心只能从小养成,否则上岗后再培养就太晚了。有一家公司招聘职员,公司总裁特意在门口扔了一张纸片,在进来的应聘者中,有的视而不见,有的不屑一顾,只有一位应聘者在进门时看到纸片并将它捡起扔进废纸篓,然后从容应聘。后来,这位捡起纸片的应聘者果然被公司录用。对此,公司的解释很耐人寻味:"善于做小事的人,才能做大事。一个连举手之劳都不屑一顾的人,会为公司的发展尽心尽力吗?"由此可以看出,人的个性品质对人生的影响有着非常重要的决定作用,尤其是责任心的培养对高等教育提出了多么严峻的现实考验。概括而论:教育的真正目的不但使受教育者在占有知识的同时,不为知识所困,而以知识主人翁的姿态对知识加以灵活应用;更重要的在于运用知识投身于崇高、正义、公益的事业中去,并且投入得越深入,我们就越加高尚、正直、聪明、诚信,更有责任感。

二、富有事业心是大学生实现人生理想的力量源泉

无数人才的实践证明,要成为有用人才,需要进行多方面的锻炼和修养,其中最基本的则是树立远大理想和培养强烈的事业心,因为它是进行其他修养的基础。

1. 事业心的内涵

事业心是为实现远大理想而献身于某项具体事业的决心和负责的心理状态。事业心与理想既有区别又有联系,事业心受理想(特别是社会理想和职业理想)的制约与支配。任何理想都要通过一定的具体事业去实现,而任何事业又都是在一定的理想指导下进行的。具有高尚理想的人,即使在平凡的工作岗位上也能为大的事业贡献力量;缺乏高尚理想的人,即使在社会意义极其重要的部门里工作,也不免成为碌碌无为的庸人,或者虽有一定成绩,但因目光短浅,不能做出更大贡献。

现实生活中有些人不热爱本职工作;或追名逐利;或只追求个人兴趣、爱好;或把工作作为满足个人私欲、涉异猎奇的手段;或有的为科学而科学,自命清高,不关心社会需要,等等,这些都是缺乏远大理想的表现。若只有"理想"而没有强烈的事业心还去努力实现它,那种"理想"也只不过是空洞的幻想,是不能实现的。一般情况下,如果真正树立了远大理想,就会产生强烈的事业心。

2. 事业心的主要表现

第一,自觉地认识自己所从事的事业对社会的意义,明确自己肩负的历史使命。只有这样才能根据社会的需要,选择自己的奋斗目标,并有饱满的工作热情,有强大的动力和献身精神。我国著名地质学家李四光,少年时看到祖国海面上都是外国的船只,洋人耀武扬威。他就下决心长大以后为祖国造出最好的船,振兴祖国。后来东渡日本学造船,回国后,感到造船需要钢铁,又学冶金,以后感到冶金需要矿石,需要采矿、找矿,所以又学地质。他之所以多次改学专业,完全是为了振兴祖国,为了使他所献身的具体事业对国家更有利。因此,他终于为祖国的地质学研究和找矿、采矿等事业做出巨大贡献。鲁迅先生开始学医,是为了摘掉中国人民"东亚病夫"的帽子,后来认识到中国人民被欺负,不仅是因为身体弱,而是缺乏觉悟,需要觉醒,他又由学医改为学文,决心用自己的文章唤醒中国人民起来战斗,拯救危难中的祖国。这些人才都是由于明确自己所从事的事业对民族、社会、国家的意义,明确自己肩负的历史使命,才能以强烈的事业心选择自己的职业和工作,并为之献身。科学史上,凡有较大成就的科技人才,一般都有强烈的事业心及为科技事业献身的精神。这种事业心和献身精神,使他们像蜡烛一样,心甘情愿地燃尽自己而给别人以光明。我们中华民族是一个有志气的民族,培育了许许多多为民族振兴、祖国富强而献身的人才,他们的业绩可歌可泣,他们强烈的事业心值得世世代代人学习和继承。

第二,不断探索,勇于创新,永不停步。社会不断进步,人类认识自然、改造自然、认识社会和改造社会也是永无止境的。因此,需要人才不断探索,勇于创新,永不停步。强烈的事业心可以使人才在取得成绩后永不满足,不断追求新成就,永远保持旺盛的创造激情和实干精神。

人类对自然界和社会的认识与改造是没有止境的,正如著名英国医学家哈维写的一首诗说的那样:

"谁也没有达到完善的地步。

他以为知道的,实际上还有许多地方不知道,

时间、空间和经验增加了他的知识,

或改正他的错误,或训诲他,

或引导他放弃那些他过去曾经深信不疑的东西。"

因此,优秀人才不会满足于一得之功或一孔之见,一时的成功和随之而来的荣誉不会使他们停步。不可穷尽的未知世界和事业的召唤,驱使他们自强不息,奋力拼搏,为事业鞠躬尽瘁,为人民负责到底。

第三,兢兢业业,埋头苦干,百折不挠,顽强奋斗。一个立志成才者,树立远大理想是非常必要的,但是他还必须有强烈的事业心,去兢兢业业,埋头苦干,百折不挠、顽强奋斗,理想才有可能最终实现。因为改造自然和改造社会都不会是一帆风顺的,总要遇到各种各样的困难和挫折,探索和创造过程中的困难。

在科学的道路上没有平坦的大路可走,要探索和创造,就要披荆斩棘,开辟新路,难免就会遇到各种各样的困难、挫折,甚至失败。要战胜它们,就需要有强烈的事业心,兢兢业业,埋头苦干,百折不回,顽强奋斗。英国发明家富尔顿,为了发明轮船,不屈不挠地奋战了十三个春秋。当他经过九年艰苦奋战,在工人的帮助下制

造出一艘小轮船并进行试航后，不料被狂风暴雨打翻沉入河底。但他没有灰心。他在水中苦战了二十四小时，把船上的机器全部打捞上来，又不顾一些人的恶意中伤和嘲笑，继续试验，经过多次失败，终于成功地发明了新型的水上交通工具——轮船。科学史上，类似的例子不胜枚举，完全一帆风顺的例子则是少有的。要有所发现，有所发明，有所创造，有所前进，就要苦干，就要奋斗。

社会弊病、传统观念、习惯势力等许多复杂因素，也会给人才的探索与创造带来很多困难，同样需要人才百折不挠地战胜它们。科学史上，欧洲中世纪大批科学家遭到教会的迫害；大发明家爱迪生曾找不到工作；爱因斯坦曾遭希特勒政策的排斥；贝尔发明电话后，被人认为是魔术，不采纳；琴纳发现牛痘疫苗预防天花，却被造谣中伤，等等，都是社会问题、习惯势力、传统观念给人才造成的巨大困难。在现代社会，人才的处境好多了，但是，也曾有人才被误解、打击和迫害的现象，如果抵制不利，其就会兴风作浪，阻碍人才成长。要战胜上述各种困难和挫折，就需要人才有强烈的事业心，去顽强搏斗。

个人生活方面的困难或业务素质修养不足，也会给人才带来很多困难，需要去战胜它们。例如，居里夫妇没有良好的实验条件，后来居里又横遭车祸，对居里夫人是巨大的打击。但她在忍受巨大悲痛的情况下继续工作，两次获得诺贝尔奖奖金。若没有强烈的事业心，没有坚强的意志和顽强的毅力，是很难想象的。今天，在现代社会里，人们的学习、工作条件尽管有很大的改善，但是，还会有个人生活方面的困难，或由于各种复杂因素造成的知识基础差等，这些都需要人才兢兢业业、百折不挠地去战胜它们。埋怨是没有用的，唯一的出路就是奋斗。要奋斗就要有强烈的事业心，在这样的思想基础上，才会自觉地去战胜困难。

第四，不图名利，勇于献身。一个有远大理想和强烈事业心的人，不会被名利所倾倒。因为他们明白，一个人的贡献再大，对于整个事业，对于人类的进步所起的作用，仍然是微乎其微的；更明白自己所做的一切是对人民应尽的责任，人民给自己的荣誉、报酬，应该成为自己前进的动力，绝不应该成为包袱，更不应该"利令智昏"，向人民讨价还价。

综上所述可以看出，强烈的事业心是立志成才者所必需的，也是一切成才者继续前进所必需的。然而，"事业"并不完全是正义的，还有非正义的。如果为反动阶级的"事业"去服务，其"事业心"越强，则对人民的危害则越大。例如，第二次世界大战期间，有的人为法西斯研制细菌，杀害无辜的人民，甚至用活人做试验，就是明显的例证。因此，事业心是有阶级性的。我们所说的事业是国家富强、民族振兴的事业，是人类进步事业，其事业心是建立在这种事业的基础上的。

3. 自觉培养强烈的事业心

第一，需要树立科学的世界观。因为不以科学的世界观观察自然和社会，就不能正确认识社会发展的总规律，也不会正确地认识自然和改造自然，在复杂的自然现象和社会现象面前，往往迷失方向，分不清是非曲直、真理与谬误。在复杂的政治问题面前，还可能受骗上当，走上歧途。只有树立科学的世界观，才能把握住大的方向，以辩证唯物主义观点分析各种复杂问题，事业心才能建立在科学的理论基础上。

第二，要了解自己所从事的工作和专业的意义，培养兴趣，热爱自己的工作。因为一个对自己工作的意义毫不了解，没有兴趣，更不热爱的人，不可能有什么事业心。这就需要人们注意克服单纯的个人兴趣，培养对自己工作的兴趣。作为管理者，在安排工作时，应考虑每个人的兴趣；但本人则应该更多地考虑事业的需要。个人的兴趣是可以改变的，可以培养的。

第三，警惕和抵制消极腐朽思想的侵蚀，否则，让消极思想熏染，就有可能丧失对事业的追求。英国作家萧伯纳曾说："如果我们自己不能动手建设幸福生活，我们就没有权利享受幸福；如果我们不能创造财富，我们就没有权利去享受财富。"青年一代应该有雄心壮志，树立起强烈的事业心，肩负历史重任，用自己的双手写出全面建设小康社会的历史新篇章。

三、弘扬艰苦奋斗的精神，必须突出其现代意蕴

艰苦奋斗是一种人生态度，是职业生活中的一种美德。毛泽东同志曾多次要求全党同志和各级干部必须坚持勤俭建党的方针。邓小平等党的领导人也曾指出，在经济得到可喜发展，人民生活水平得到改善的情况下，我们仍应该保持艰苦奋斗的传统。坚持这个传统，才能抗住腐败现象。毛泽东等老一辈无产阶级革命家关于艰苦奋斗的谆谆教诲，应该成为我们每一个大学生的座右铭。

1. 艰苦奋斗是中华民族的传统美德

"生于忧患，死于安乐。"历史告诉我们，缺乏艰苦奋斗精神的国家是没有前途的国家，没有艰苦奋斗精神的民族是没有希望的民族。正如习近平指出，中华传统美德是中华文化精髓，蕴含着丰富的思想道德资源。不忘本才能开辟未来，善于继承才能更好创新。对历史文化特别是先人传承下来的价值理念和道德规范，要坚持古为今用、推陈出新，有鉴别地加以对待，有扬弃地予以继承，努力用中华民族创造的一切精神财富来以文化人、以文育人。历史上因骄奢淫逸而招致亡国的事例举不胜举。我国清王朝曾出现过"康乾盛世"，八旗兵也曾所向无敌，但由于统治

阶级不思进取,贪图享乐,无所事事,从 18 世纪中后叶开始走向了衰落。

人类认识世界和改造世界是一个历史的过程,艰苦奋斗作为人们在认识和改造世界的过程中所展现出来的一种精神状态、一种意志品质,其要求是随时代的发展而发展的。当前,我们所处的时代与传统社会相比已大不相同,与过去党领导人民进行革命和建设的时期相比已有很大的差异,即使与改革开放初期相比也有不小变化,坚持和发扬艰苦奋斗精神,必须突出其现代意蕴,科学把握其时代要求。

2. 艰苦奋斗是一种积极的人生态度

艰苦奋斗首先要求人们树立正确的苦乐观、得失观,正视艰难,直面挫折,百折不挠。在社会发展过程中,艰难是客观存在的。即使在今天,我们也会遇到这样或那样的曲折和艰难。"忧患增人慧,艰难玉汝成。"艰难是人生的老师,是成功的阶梯。只有正确对待艰难,迎难而上,敢于和善于同艰难做斗争,才能苦尽甘来。今天,我们坚持艰苦奋斗的精神,最为重要的是要吃苦在前,享乐在后,正确对待个人的得与失。

3. 艰苦奋斗以节俭为本

崇尚节俭、艰苦朴素,是艰苦奋斗的一项基本原则,其实质在于尊重劳动、尊重人民、珍惜劳动成果,把消费控制在合理的限度内,反对任何形式的奢侈浪费。我们民族历来有崇尚节俭朴素、反对铺张浪费的传统美德,艰苦朴素也是我们党的光荣传统。当然,我们今天提倡艰苦奋斗、崇尚节俭朴素,并不是片面地要求人们节衣缩食过"苦日子",而是反对奢侈浪费,反对沉迷于声色犬马,尤其要狠刹挥霍浪费的歪风。消费水平的提高是社会进步的表现,我们艰苦奋斗就是为了改善人民群众的物质生活条件,使人们生活得更富裕。但是,经济发展决不能成为放弃俭朴的理由。我们任何时候都必须坚持勤俭节约,勤俭建国,勤俭办一切事情。

4. 艰苦奋斗重在埋头苦干、不断进取

艰苦奋斗,核心是"奋斗",是脚踏实地地工作,是拼搏进取。今天我们坚持和发扬艰苦奋斗的精神,强调这一点尤为重要。应该指出,发扬艰苦奋斗的精神不等于关起门来搞建设,继承艰苦奋斗的优良传统也不意味着墨守成规。因此,发扬艰苦奋斗的精神,必须勤奋刻苦工作,扎扎实实创业,勇于改革,不断创新。只有这样,建设中国特色的社会主义事业才能取得新的更大的胜利。

第四章 大学生科学素质教育

第一节 大学生科学素质的内涵

一、科学素质的含义

所谓科学素质,是指人们从事科学活动所具有的素养、品质和智能的总和。在不同的历史时期、不同的社会制度里,尽管人们对科学素质的理解不同,但它的基本内容却是相通的。科学素质的基本内容包括以下几个方面。

1. 对科学的态度和感情

在科学史上,人们对科学有两种态度:一种是唯物主义的态度,即科学的实事求是的态度;另一种是唯心主义的态度,即完全从主观愿望出发的反科学态度。在这两种态度中,第二种态度只能把科学引向死胡同,只有第一种态度才是可行的。爱因斯坦说过:"相信有一个离开知觉主体而独立的外在世界,是一切自然科学的基础。"但是,这种"相信"也有两种情况:一部分人像恩格斯所说"在他们自己那门科学的范围内是坚定的唯物主义者,但是在这以外就不仅是唯心主义者,而且甚至是虔诚的正教教徒"。他们是"伟大的科学家,渺小的哲学家",自然科学观与世界观处在尖锐的矛盾中。列宁在分析奥斯特瓦尔德和彭加勒这些自然科学家的唯心主义观点时说:"这些教授们虽然在化学、历史、物理学等专门领域内能够写出很有价值的作品,可是一旦谈到哲学问题的时候,他们中间任何一个人所说的任何一句话都不可相信。"另一部分人是自觉的唯物主义者,他们不仅在自然科学领域内承认唯物主义,而且自觉地接受唯物主义世界观的指导。例如,我国著名的地质学家李四光、著名生物学家童第周、日本原子物理学家坂田昌一,他们在科学研究中自觉接受马克思主义哲学指导,由自发的"自然科学唯物主义者"上升为自觉的唯物主义者。

人们对科学的感情,表现为热爱科学、追求科学、坚持真理和献身科学事业等方面。科学与道德,真与善历来是密切联系的。在人类历史上,科学从一开始就不仅是人们用来认识自然规律、控制自然力量、获取物质财富的手段,而且是改造社会、造福人类,达到道德进步和精神解放的武器。任何科学的发展,都推动了社会文明的进步。社会文明进步反过来也要求尊重知识,尊重人才,热爱科学。社会主义制度的确立,为学科学、用科学、爱科学开辟了一个新天地。新中国成立初期,中国人民政治协商会议把"爱科学"写进了《共同纲领》,作为国民公德的基本内容。热爱科学具体表现为对科学事业不懈地追求,今天,爱科学是公民的道德规范之一。于谦有一首借物言志的诗:"千锤万凿出深山,烈火焚烧若等闲。粉身碎骨浑不怕,要留清白在人间。"追求科学要有"千锤万凿"的决心。

2. 对科学知识拥有的水平和结构

对于科学知识的掌握和运用,需要处理好"专"与"博"的关系问题。科学工作者不"专"是不行的,否则就成不了"大"科学工作者。但是,仅有某一方面的知识和才能又是不够的。因为:其一,自然科学所要解决的实际问题,无一不是综合性的,复杂的,涉及许多科学门类。现实中的自然过程、生产过程是复杂的整体,交织着许多类物质对象、多种运动形态和许多物性侧面。而科学门类的划分则是一种抽象,抽象地研究某类共同的物质对象,某种共同的运动形态,某个共同的物性侧面。再加之学科划分越来越细,门类愈来愈多,专业愈来愈狭窄,很难适应实际的需要。在现实生活中,无论是农作物栽培,还是半导体研究、新材料的研究制造,仅靠某一门学科都是无法完成的,需要多学科知识的综合运用。其二,现代科学的发展趋势是,一方面学科划分越来越细;另一方面各个学科之间互相渗透和交错,边缘学科、综合性学科迅速发展起来。例如,生物化学、生物物理学、放射生物学;物理力学、化学流体力学、电磁流体力学等。边缘科学的发展,不限于两门科学或三门科学之简单叠加,也不是简单的 1+1=2,它还向更泛的联系和渗透上发展,而是 1+1=3、4、5……控制论就是一门涉及数学、物理学、电子学、通信理论、生物学等一系列科学门类的边缘学科。还有一些学科被应用到一个新的领域、向别的学科渗透,特别突出的是数学向其他学科渗透,自然科学与社会科学也出现"合流"等。

第一,知识爆炸现象加剧。20世纪40年代以来,由于原子能、生物技术、微电子学和空间技术的飞跃发展,把人类带进一个全新的时代。科学技术的新成果、新理论和新应用,令人眼花缭乱,应接不暇。据粗略估计,20世纪前50年的研究成果已远远超过19世纪;而60年代科学技术的研究成果,则比过去两千年的总和还多。

当前学科门类已达2000多种,基础学科有500个以上主要专业,技术科学有412种专攻领域,科学文献按指数增长,每隔10~15年翻一番,科学知识年增长率在1980年已达12.5%。

第二,知识老化速度加快。所谓知识老化速度,是指知识过时或者说知识陈旧所需要的时间。据调查,18世纪知识陈旧的速度为80~90年,19—20世纪为30年,近50年来缩短为15年,甚至有的学科已缩短为5~10年。专业知识的陈旧速度比专业知识汲取的速度快得多,统计结果表明,一个人从大学只能获得10%的有用知识。这就是通常所说的知识老化现象。

第三,科学综合化、一体化的趋势加强。当代科学发展的趋势既高度分化又高度综合,而总的趋势是综合。科学体系是个有机的整体,各种新兴科学、边缘科学,无不综合了传统的各类专业知识。从事于这些领域的研究工作人员,单凭过去那种单向深入的研究方法很难奏效,必须以多学科的理论和方法,进行横向的立体研究。科技领域中的一些新发明、新发现、新突破,往往是"外行"把其他的专业理论知识引到另一个领域所创造的成果,这种现象在科学上称为"知识横移"。科学发展的综合趋势的一个突出表现,就是"知识横移"现象加剧。

由于系统论、控制论和信息论等横断学科的出现,为文理沟通创造了方法论方面的条件。"自然科学奔向社会科学的潮流"已经势不可挡。大量地运用数学与计算机技术、建立模型等自然科学的手段和方法,使社会科学的许多学科,由定性描述的科学转化为可量化的严密的科学。

与此同时,自然科学领域的影响面广的新发明及科学技术和工业发展所带来的负面作用,又要求社会科学的介入和干预。例如,克隆技术的发展和生态的严重失衡,呼吁道德和法律要对有关领域加以规范和限制,生态伦理学就是适应这种需求而产生的新学科。因此,"社会科学奔向自然科学的潮流"也将势不可挡。

科学发展的综合化、一体化的趋势及前面提到的"知识爆炸"和"知识老化"现象的加剧,必然要强烈地冲击着教育。这就向教育提出个严肃的问题:什么知识是最有用的?怎样才算是有知识的人?博大才能精深,没有雄厚的知识基础,没有科学的综合化,就不可能产生伟大的文化,就不能造就出伟大的科学家。科学发展呼唤通才,教育必须培育通才。

在科学发展和应用实际面前,要求科学工作者要扩大自己的知识面,开阔视野,以便更加全面地观察和理解整个科学和整个世界,不能囿于一门狭窄的专业范围。扩大知识视野,不是不要精通某一专门科学。"人生有涯而知无涯",一个人想精通所有的学科是不可能的,只能对其他学科有一个大概的了解,还是要有重点,有侧重,做到"一专多能"。这样才算把"专"与"博"有机地统一起来。

3. 科学的思维方法

恩格斯指出:"一个民族想要站在科学的最高峰,就一刻也不能没有理论思维。"著名科学家爱因斯坦介绍他成功的秘诀时,写过一个公式:$A=X+Y+Z$,并解释说,A代表成功,X代表艰苦的劳动,Y代表正确的方法,Z则代表少说空话。现代实验科学的始祖培根说:"瘸足而不迷路能赶过虽健步如飞但误入歧途的人。"确立正确的科学思维方法,可以帮助科学工作者自觉掌握正确的思想方法和工作方法;可以帮助科学工作者提高科学素质,增长才干,提高科学的鉴别力,从而认识科学发展的主流、趋势、前沿和远景,以便恰当地安排自己的研究工作;还可以帮助科学工作者充分运用自身智慧,进行创造性地工作。

科学研究的方法很多。例如,观察方法、假说方法、模型方法、理想化方法、类比方法、无过程方法、"黑箱"方法、移植方法、分析与综合方法、归纳与演绎方法、抽象与具体方法、历史的与逻辑的方法等。现代科学方法在其发展中出现了下列特点。

第一,科学实验与辩证思维成为科学研究的两大武器。实验手段不断改进,方法更新,实验已成为观测事物、发现问题、验证理论必不可少的手段。另外,不懂得辩证方法,就不懂得新的物理学,辩证思维方法已被越来越多的科学家自发地接受与采用。

第二,研究工作的计划性和目的性越来越多地取代了盲目性和偶然性。例如,在天体物理学中,为了弄清楚天体起源及演化的规律,人们正在研究距地球一百亿光年的银河系以外的宇宙;在基本粒子物理学中,为了揭开微观世界的奥秘,研究工作已深入到原子内部,原子核的内部,乃至更深的层次。

第三,在一个学科的研究中,其他学科的成就与方法越来越多地被吸收,学科之间产生了众多的接触点。要掌握科学的思维方法,关键是要学会自觉地运用唯物辩证法。恩格斯说:"不管自然科学家采取什么样的态度,他们还是得受哲学的支配。问题只在于,他们是愿意受某种坏的时髦哲学的支配,还是愿意受一种建立在通晓思维的历史和成就的基础上的理论思维的支配。"自觉地运用唯物辩证法,就是要不断克服主观主义、经验主义和片面性;就是要分析和总结前人已有的科学研究方法,使之更加充实完善;就是要结合科学工作的实际创造性地加以发展,使科学的思维方法真正成为发挥自己才能、推动科学进步的巨大杠杆。

二、科学研究与科学素质

人类生活在现今的世界上,每天都在学科学、用科学,并且有大量的专门人员从事科学研究活动。但是,究竟什么是科学?无论是在我国还是在别的地方,在不同的历史时期,都有着不同的含义。在遥远的古代,人们经过长期的生产实践,虽然对不同领域的个别问题有了相当的认识,但是,这一切只给人以偶然的、不系统的和没有真正思考过的印象;青铜器时代的科学,尤其是数学和天文学,大部分只不过用于记账、测量土地,在性质上与工匠技术没有多大的区别,还不能算为真正的科学;古希腊人则力图用几何学对他们的天文观察进行理论性的解释,开始赋予宇宙理论一种定量的结构,但古希腊的科学难以与现代科学相比。

然而,历代的科学之间是有连续性的。每一时代的人们总是首先从前人的科学遗产中汲取营养,在继承遗产的同时,做进一步的补充和发展。因此,英国的自然科学史专家斯蒂芬·梅森指出:"科学就是人类在历史积累起来的,有关自然界相互联系着的技术、经验和理论知识的不断发展活动。"美国科学史权威乔治·萨尔顿事实上在同样的含义下,把科学看作是"人类的真正有积累性和进步性的唯一活动"。上述定义尽管反映了科学及其发展中的某些特征,但是,严格说来,这个定义并不能算是令人满意的。因为到目前为止,真正的积累性的只是科学中的一部分,即科学应用技术和它的经验事实及其规律。梅森自己也承认:"从长期来看,到今天为止的科学理论都是暂时的。古希腊人的杠杆原理和光的反射原理已成为科学永久遗产的一部分,但是古希腊人另外的一些理论,现在看来就只具有历史价值了。同样,只要现代科学的发展以目前的速度持续下去,我们就很难设想,今天科学的任何理论会长期保持不变。"科学是不断革命和发展的。

到底什么是科学?它是人们关于自然、社会和思维的知识体系,是人类认识世界和改造世界的实践经验的总结和概括。恩格斯指出:"科学是一种在历史上起推动作用的、革命的力量。"(参见《马克思恩格斯选集》第三卷第 575 页)科学是在人们的生产实践、社会实践和科学实践的基础上产生和发展起来的。它的特点是运用概念、判断、推理等逻辑形式反映客观世界及其本质和规律。

正是基于上述理解,我们可以说,科学研究就是人们以生产实践、社会实践和科学实践为基础,对未知的客观规律的认识活动,以及根据这些规律能动地改造客观世界和主观世界的探索过程。在这样的活动和过程中,人总少不了对前人遗产的继承,也少不了对前人遗产的补充完善,还少不了对未知领域与现象的研究。科学的普遍任务是建立符合于客观实在的观念,科学的真正作用在于使人类社会向更高级的文明世界发展。正如英国著名哲学家、实验科学始祖弗兰西斯·培根所说:"科学的真正合法的目标,就只是给人类生活提供新的发展和力量。"凭借科学技术,就可以"建立和扩大人类本身对自然的权力和统治"。使人成为自然和社会的主人。

科学研究的发现,关键取决于研究者的科学素质。1539 年伽利略登上意大利的比萨斜塔，用实验方法证明了质量不同的物体具有同样的重力加速度，推翻了曾统治人们思想1700年的亚里士多德的结论，从而叩开了近代科学的大门。牛顿运用联想思维，使他自己"站在巨人肩上"，从苹果落地的思考，联想到炮弹射击的弧形运行，进而联想到月亮、地球、太阳等天体运行，提出"万有引力"定律，揭开了天体运行的奥秘，并大胆提出人造卫星设想和运行机制，从而建造了经典物理学的大厦。法拉第在完成电能转化为磁能的实验后，逆向思维磁能转化为电能，经过十年的潜心研究，终于提出了电磁感应定律。后经麦克斯韦之手，把光、电、磁三种观察统一起来，创立了麦克斯韦定律，实现了人类认识的又一次飞跃，为光电技术、无线电通信技术和各种微电技术的发展扫清了道路。普朗克、爱因斯坦、玻尔、德布罗意、薛定谔、狄拉克等一批现代著名的科学家，他们在科学上取得的巨大成就，都是与他们的科学素质分不开的。

科学的发展是真理不断战胜错误的过程。在天文学领域，哥白尼正确地指出了太阳、地球和其他行星的关系，提出了地动日心说，推翻了宗教神学的基础；在化学领域中，拉瓦锡的氧化学说，推翻了统治一百多年的燃素理论；在生物学中，拉马克、达尔文的进化论，推翻了林耐的物种不变论，等等。随着科学的不断发展，人们的科学素质也在不断提高。如果在科学研究中不相应提高自身的科学素质，即使摸到科学入口的门槛，也很难迈进门槛一步，这是被许多事实所证明了的。

第二节 科学素质与科学精神的关系

关于科学精神，我国理论界有很多的讨论，各种观点概括有不尽相同的意见和视角，但其基本的精神是一致的，同时又相互补充、相互发挥。科学精神概括如下：探索求真的理性精神；实验取证的求实精神；开拓创新的进取精神；竞争协作的包容精神；执着敬业的献身精神。

一、开拓创新是科学精神的本质要求

1. 开拓创新同解放思想、实事求是密切相关

客观世界和人类实践是无穷展开和无限发展的，人对客观世界的认识和凭借这种认识而对世界进行变革、改造和保护的能力也是无穷无尽的。科学之所以有生命力、创造力，其根源就在于不断开拓创新。可以认为，一部科学发展的历史，就是一部在实践和认识上不断开拓创新的历史。

开拓创新最忌讳的是墨守成规，不能总是停留在"谁人"说过。而是要有突

破,要有发展,也要敢于突破。否则,社会何谈进步,科学何谈发展。这就如同托勒玫的"地心学说",在当时的大多数科学家都相信的情况下,必须有人去冲破它的约束,建立地动学说,也必须有人以有力的证据去验证它。自然科学和技术的生命在于开拓创新,马克思主义作为随着人类实践和整个科学发展而发展的科学也一样。邓小平说过:"世界形势日新月异,特别是现代科学技术发展很快。现在的一年抵得上过去古老社会几十年、上百年甚至更长的时间。不以新的思想、观点去继承、发展马克思主义,不是真正的马克思主义者。"他一方面强调"老祖宗"不能丢,一方面又强调一定要说出一些老祖宗没有说过的有科学根据的新话,这样才能使社会主义理论和实践适应时代的发展而进入新境界。墨守成规的观点只能导致落后,甚至失败。

2. 批判精神是科学精神的鲜明体现

没有怀疑批判的精神,而把现有的一切认识尊为绝对,那就阻塞了科学前进、超越、开拓、创新的道路。但怀疑批判精神也有两种,一种是科学的怀疑批判精神,一种是非科学、反科学的怀疑批判精神。前者建立在实践源泉和检验的基础之上;后者则脱离实践源泉和检验,建立在主观臆想的基础之上,从认识论上说就是否认客观真理的相对主义。列宁在论述实践标准的相对性和绝对性时深刻指出,这个标准也是这样的"不确定",以便不至于使人的知识变成"绝对",同时它又是这样的"确定",以便同唯心主义、不可知论、相对主义划清界限和进行斗争。

3. 开拓创新、怀疑批判与歪曲、否定科学

科学精神倡导开拓创新、怀疑批判,但并不是要(或力图)去歪曲或否定科学。在伪科学和迷信盛行之中,开拓创新、怀疑批判,在一些人那里被歪曲为否定科学。"不要迷信科学!""现有科学还不能解释的自然奥秘多得很。科学历史上被事实推翻的理论多得很。为什么不能创新、突破,来一场科学革命?"其实,现在争论的关键并不在于现有科学能不能突破,而是在于一些人所宣扬的那些神秘现象,到底是不是用科学方法确认的实验事实或观察事实。只有人们掌握了被科学地确认的事实,才发生现有科学能不能解释、要不要突破的问题。科学界当然承认科学历史上不乏被突破了的理论,但这些理论不是被臆想或盲目否认突破的,而是被科学地确认了的新的实验事实和观察事实所突破的,没有这样的事实,靠什么神奇表演和狂言高论,是推翻不了被实验证明了的科学理论的。历史表明,现有科学已经成熟到这样的程度,只有尊重科学的基础,遵循科学的方法,才能不断发现新的真理。离开科学的基础和方法,依靠各种修炼和狂言,在科学上不能得到成果而只能走到错误和荒谬的道路上去。

这里还涉及科学发展中新旧理论之间的关系,涉及科学理论嬗变的规律性问题。新的科学理论,是概括新确认的科学事实的结果,但不能无视原来已经确认的科学事实(除非科学地证明了原来对事实的确认并不完备和准确),不能摒弃原来的理论中为科学事实所检验了的科学内容。新旧科学理论的嬗变,不是全盘否定,而是把原有理论的科学内容包括到新的理论之中。周光召以一些人常讲的牛顿力学被相对论、量子力学"推翻"的例子说明:具体真理在一定的适用条件和范围内是不能违反的,但在变化了的新条件和新范围内,则可以突破和创新。新理论可以扩展真理,因此,创新精神是科学精神的组成部分,扩展了的理论必须包含原有理论体现的客观规律。在继承中发展真理,也是科学精神的组成部分。

二、实事求是是科学精神的本质特征

1. 实事求是的内涵

什么是实事求是?实事求是是我国的一句古成语,出自《汉书·河间献王传》,书中记载,汉景帝的第三个儿子河间献王刘德,十分好学,从民间收集、抄录大批古书、缮本,认真阅读,研究鉴别真伪,去伪存真。《汉书》作者班固称赞他,"修学好古,实事求是。从民得善书,必为好写与之,留其真。唐朝训诂学家颜师古注:务得事实,每求真是也。"

毛泽东同志在《改造我们的学习》一文中对实事求是作了精辟的解释:"'实事'就是客观存在着的一切事物。'是,就是客观事物的内部联系,即规律性。'求'就是我们去研究。"所谓"实事"就是要从实际出发,要尊重事实,承认事物都是客观存在的,不以人们主观意志为转移。人的正确思想,既不是从天上掉下来的,也不是从头脑里主观自生的,而是客观事物的反映,它只能从实践中来,这就是常说的认识论中的唯物论。所谓"求"就是在尊重客观事物的前提下,充分发挥主观能动性。这种主观能动性表现在两个方面,一是在实践的基础上从感性认识能动地发展到理性认识,即从大量的现象中找出它的规律性;二是运用理性认识能动地指导实践,通过实践检验和发现真理,改造客观世界和认识主观世界,这就是认识论的辩证法。实事求是本身,既是一个探索真理、认识真理、掌握真理的过程,又是一个理论与实际相结合的实践过程。

2. 实事求是是局尚的品质

为了实现美好的理想,人们必须不断地发现真理,掌握真理,而要做到这一点,必须具备实事求是的思想品质。

第一,只有实事求是才能认识真理,掌握真理。凡是真理都是客观事物及其规律在人们意识里的正确反映。认识的真理正是在于它的客观性,只有符合客观实际的认识,才能称其为真理。脱离、歪曲客观实际的认识就是谬误。实事求是就是承认存在第一性,思维第二性,思维是存在的反映。它不凭主观想象,不凭一时的热情,不凭死的书本,而凭客观存在的事实,详细地占有材料。从这些材料中引出正确的结论。我国地质学家李四光,在华东地区发现了第四纪冰川遗迹,推翻了中国没有第四纪冰川的断言,遭到国内外地质权威的反对和压制。有人嘲讽他:"姓李的要推翻德国权威的结论,那是痴心妄想!"李四光坚信自己的结论,他说:"科学应该尊重事实,我的结论是以事实为根据的,所以它是对的。"他向世界宣读了《扬子江流域的第四纪冰期》论文和《冰期之庐山》专著。

第二,只有认识真理,掌握真理,才能更好地改造客观世界。认识真理,认识世界并不是最终目的,认识的目的在于改造世界,推动社会向前发展。邓小平同志在长期的革命活动中形成了高尚的品质。1975年,还在"四人帮"横行时期,他就敢冒风险抓整顿,就是因为他认清了国家的形势,掌握了存在的问题。他认为,现在问题相当多,国民经济已经到了崩溃的边缘,要解决。于是他果断地讲了共产党员应该讲的实事求是的话,做了共产党员应该做的实事求是的事。尽管他又一次被"打倒"了,却鼓舞人们认清了问题。"四人帮"被粉碎以后,要总结历史经验,要研究中国的国情,要实行重点转移,搞"四个现代化",这是中国当时社会主义革命和社会主义建设的真理所在。邓小平同志在那徘徊的时期,人民期望的时刻,做了共产党员的选择,讲了实事求是的话,批评了"两个凡是",提出了重点转移的任务,进而又提出对外开放,使我国经济出现转机,迅速发展。三中全会以后,有些人怀疑和否定"四项基本原则",搞资产阶级自由化,又是邓小平同志率先公开批评了这种错误倾向,使我国"四化建设"沿着健康的道路向前发展。

第三,只有坚持实事求是,才能在改造客观世界中成为强者。改造客观世界不可能都是一帆风顺的,有艰难困苦,也有陡峭山崖,还有惊涛骇浪,更有流血牺牲。在此面前,是回避退缩,还是勇往直前,这是区别强者与弱者的重要标志。

3. 实事求是是科学精神的根本

科学发展的成果,不仅表现为科学知识、思想和方法,更宝贵的是贯穿于科学知识、思想和方法之中的,经过长期科学实践形成的科学精神。科学精神是使科学之所以成为科学,使科学之所以能够不断前进的本质的东西。如果用最简洁的语言来概括,用我们国家多数人熟悉的语言来概括,那么应该说:科学精神最根本的一条就是实事求是。

"主张实事求是,主张客观真理,主张理论和实践一致",毛泽东所说的这"三个主张",就是对科学精神的解释。"以实践作为检验真理的唯一标准",邓小平倡导和支持的关于真理标准问题的大讨论,就是主张实事求是的科学精神,就是要求用科学态度对待马克思主义。党中央两个关于精神文明建设的决议在总结新时期的进展时,也把重新确立解放思想、实事求是的思想路线,恢复和发扬马克思主义的科学精神和创造活力,列为第一条。

"实事就是实际存在的事实,求是就是探索和寻求反映客观事实、客观规律的真理,实事求是就要尊重反映客观事实、客观规律、客观真理的科学"。实事求是就是反对迷信盲从,倡导科学精神。在个人的人生奋斗中,在追求科学真理的过程中,在学习、科研、工作中,都要尊重客观事实、客观规律及真理,从现实出发,不过分强调客观条件的约束,而要利用客观条件支持自己的工作。反过来,迷信盲从,则是痴迷地相信和盲目地跟从某些固定的观念,被这些观念所束缚,而不问这些观念是否合乎实际,是否有道理,是否经受得住实践的检验。从思想路线上说,历史上我们的胜利是从实事求是而来的,失误和挫折是从违背实事求是而来的。

三、弘扬科学精神的社会意义

我国现代化建设和全面建设小康社会的进程,在很大程度上取决于科学技术的发展水平。马克思、恩格斯所指出的:"社会的劳动生产力,首先是科学的力量","科学是一种在历史上起推动作用的、革命的力量","是历史的有力杠杆","现代自然科学和现代工业一起改变了整个世界"。工业革命以来,人类文明取得的巨大进步,主要是科学技术作用于社会生产与人们思想的结果。正是在这个意义上,邓小平同志把科学技术概括为"第一生产力"。当前,我国正处于社会主义初级阶段,传统儒家文化和农耕文明孕育的那种鄙夷科技、注重经验、迷信传统的心态尚存,科学技术比较落后,高投入、高消耗、低效益的情况依然存在。这一现实国情决定了我国比其他任何国家都更需要科学。从21世纪世界综合国力竞争和经济格局的走势看,角逐的中心主要是聚集于科学技术的实力。谁拥有现代科学技术,谁就拥有强盛的综合国力,就能推动经济持续快速增长。尤其是战后以来,由于新科技革命的推动及新科技成果的广泛运用,西方发达国家的生产力得到了空前的发展,创造了高度发达的物质文明,对中华民族的复兴提出了严峻的挑战,而信息化及经济一体化,更把21世纪中国的命运和科学技术的发展水平紧密地联系在一起。我们必须从全面建设小康社会的战略高度,深刻认识在全社会弘扬科学精神的重要性和紧迫性。

科学精神不仅为我们提供了改造客观世界的物质力量,而且为我们提供了改造主观世界的精神力量,提供了如何认识社会问题的科学的世界观和方法论。建设中国特色社会主义,作为一项前无古人的伟大事业,马克思的书本没有答案,亦无先例可鉴。这就要求我们掌握科学的思想方法,扬弃形而上学的僵化的思维模式,形成科学求真的精神,探寻社会主义发展规律,从而使我们在前进的道路上不断逸出盲点,使社会主义事业沿着符合人类理性的方向发展。

第三节 科学精神与人文精神的关系

这里提及的科学是狭义的,指的是就自然科学、科学技术而言的。科学精神是迷信思想和神学观念的克星,它是人类探索和追求真理的精神,即实事求是的精神。显然,由人类优秀文化孕育的人文精神,是包含了科学精神在内的。恩格斯在《在马克思墓前的讲话》这篇著名短文中,曾把马克思关于自然科学对人类历史意义的重要思想,同他的两个伟大的发现相提并论,已向世人深刻揭示了科学精神同人文精神的内在一致性。把科学精神、科学技术同人文精神截然对立起来,认为两者互相排斥的观点是站不住的。应当看到,伴随近现代科学技术发展而出现的诸如环境、生态、伦理等问题,固然凸显了强化人文精神课题的重要,但并没有因之使科学精神的光芒有所暗淡。解决问题的途径,只在于对科学技术正确的社会运用;在于把科学精神同人文精神更好地结合起来。就像有的学者所指出的,在科学技术突飞猛进和大力推进社会主义现代化建设的今天,应当更加明确:"科学精神是人文精神的重要组成部分。离开人文精神的科学精神,并不是真正意义上的科学精神。而离开科学精神的人文精神,只是一种残缺的人文精神……我们需要弘扬的是包括科学精神在内的人文精神。"

一、科学精神与人文精神的有机结合构成精神文明的主体

精神文明包括两大方面,一是科学、教育、文化,二是理想、道德、纪律。这两个方面的结合,从一定意义上也可以说是科学精神和人文精神的结合。在反思迷信和伪科学盛行的教训时,可以认为,我们教育的缺失,不仅在于科学精神不足,而且还在于人文精神不足。

马克思主义讲世界观、方法论,这是解决认识问题,属于科学精神;马克思主义还讲人生观、价值观,这是解决价值问题,属于人文精神。马克思主义的世界观、人生观、价值观和方法论,是科学精神和人文精神的统一。不应该把人文精神同科学精神对立起来。否则,就容易流于神秘主义和反理性主义。

科学精神本身也有深刻的人文意义。近代科学的诞生，把人从神权的奴役下解放出来，这不是充满着人文精神吗？自动化和信息化技术的发展，提供了把人从繁重的单调的劳动中解放出来的可能，控制论奠基人维纳有一本著作，书名就叫《把人当人来用》，希望改变把人当机器来用的状况，这不也是充满着人文精神吗？

科学界的优良传统中的道德观念，也是一种宝贵的人文精神。古往今来，科学界的优秀分子，为真理，为科学，为人类进步而斗争，充满着献身精神，甚至不惜牺牲生命。他们在科学研究中孜孜不倦，锲而不舍，自甘淡泊，不求闻达，把精力倾注在事业中，而不是花费在享乐上。他们意识到自己从事的科学工作对于社会、人类的责任，积极地参加反对侵略、维护和平和人道、保护生态和环境的种种斗争。这都是科学精神和人文精神高度结合的体现。

总之，我们提倡的科学精神应该是充满高度人文关怀的科学精神，我们提倡的人文精神应该是具有现代科学（自然科学和社会科学）意识的人文精神。

二、实现科学精神与人文精神的紧密结合

掌握必要的科学知识，具有科学精神和科学世界观，能以科学态度和方法提出问题，分析解决问题，是全面的完善的现代小康社会公民应有的科学素养。提高全民的科学素养，首先必须抓住培养青少年科学精神这一关键环节。科学精神是从科学发展的历史长河中汲取出来的关于科学本质属性及科学方法论的概括。尽管科学家对科学精神有着不同的表述，但实事求是，勇于探索寻求和坚定地捍卫真理，无疑应当是科学精神的精髓，求实精神与创新精神则是科学的集中体现。因此，当前学校的科学教育不应局限于科学知识的传承，也不应局限于科学能力的提升，而应高度重视以求实精神与创新精神为重点的科学精神的培养。

恩格斯说过："历史发展主要依靠一种合力。"经济的发展，社会的进步，不仅需要科学技术的促进，同时需要人文精神的推动。我国全面建设小康社会的重要任务之一，就是要实现在市场经济体制下公民道德的重整，在社会主义现代化过程中人文精神的重振。人文精神突出对人的尊重，对人格的尊重，同时也突出了对做什么样的人和怎样做人的关注。习近平同志指出："抓住落实科学发展观的核心，按照构建社会主义和谐社会的要求，转变思想观念，激发群众活力，切实把人的发展贯穿于经济社会发展各项工作之中，回归了经济发展以社会发展为目的，社会发展以人的发展为中心的本义。这个过程，体现了经济增长、社会进步和人的全面发展之间的辩证统一关系，涵盖了科学发展观关于经济社会又好又快发展的关键内容。"（参见习近平之江新语）这里，他深刻地指出了人的发展既是社会发展的一个

重要组成部分,也是社会发展的最终目标,而社会的发展又是实现人的发展的途径。这是对人的全面发展与社会发展辩证关系的科学倡示。

我们所倡导的人文精神,无论是在道德和心理层面上的感情、意志、行为规范、审美情趣,在政治层面上的热爱祖国、热爱人民、热爱中国共产党、热爱社会主义,还是在哲学层面上的正确科学的世界观和方法论,都是做人的基本准则,都是国民素质的重要组成部分,因此,应当成为学校教育的重要目标和内容。当前,由于发展知识经济过程中对人文精神的作用缺乏充分的认识,在学校教育中对人文精神教育成果的评估难于量化,从而产生了忽视人文精神培养的现象,对此必须予以高度重视。

三、科学精神与人文精神教育的过程中应注意的几个问题

在加强科学精神与人文精神教育的过程中,有三个问题值得关注:一是忽视人文和社会科学学科的教学和在这些学科中的人文精神的培养,二是将科学精神与人文精神的教育割裂开来,三是将现代人文精神与传统文化割裂开来。在当前的学科教学中,仍然相当普遍存在重理轻文的现象,部分学校变相削减某些文科课时,有些学校把某些文科的教学要求只定位于使学生能够通过考试的标准上。至于在文科教学的过程中只重视知识传授而忽视精神的弘扬、情操的陶冶、情感态度的培养,更是相当普遍的现象。把生动的充满人文精神的文学作品,肢解为零碎的语言文学知识,更是语文教学的通病。

同样值得重视的是,一些同志在强调人文精神作用的时候,用肤浅的认识来理解科学,无视科学特别是自然科学的精神价值,于是,在客观上形成了理性与感性的割裂,科学精神与人文精神的割裂。在基础教育的教学工作中,突出表现为将进行人文精神的教育只作为人文和社会科学学科的任务,数、理、化、生等学科则严重忽视自觉的人文精神培养。当然科学精神的培养离不开良好的科学技术教育,人文精神的陶冶需要有良好的人文学科教育。但人文精神和科学精神是相互依存的,任何学科的教育目标,没有了科学精神,人文精神也就失去了存在和发展的基础;反之,没有了人文精神,就不可能真正把握科学精神,树立正确的方向。教育应当实现科学精神与人文精神的完美结合。课程改革应当高度重视纠正学科教学目标的偏颇,以体现科学精神与人文精神相结合的教学目标对社会发展及人的发展的价值。

1998年1月,世界诺贝尔奖奖金获得者在巴黎发表宣言,第一句话就是:"如果人类要在21世纪生存下去,必须回首千年去吸取孔子的智慧。"他们所指的"孔

子的智慧",我们理解应当是指东方的哲学,特别是指中国传统文化中的人文精神。我们倡导人文精神,固然应当借鉴西方的人本主义中体现出的积极思想,但更应高度重视我国文化传统的精神价值。中国传统文化源远流长,其中有些和现代人文精神并行不悖,有些与现代人文精神有着历史渊源。在全球化进程加快的今天,使学校的人文精神教育充分体现时代精神和民族精神的完美的结合,更有其深远的意义。

将科学精神与人文精神的教育统一于全部教育活动之中,既提倡有高度人文关怀的科学精神,又提倡富于科学精神的人文关怀,并努力在教学过程中实现两者的完美结合,是落在教育工作者肩头的历史责任。

第四节 大学生科学素质教育相关问题

一、现代大学生应强化自身科技素养

1. 时代需要大学生具备良好的科技素养

人类社会生存发展的基础是物质生产,科学技术是第一生产力,这已经为人们所普遍认识。由此推论科技创造的智慧是第一智慧,应该说是意味深长的。人类社会认识和改造自然的过程,归根到底也就是人类依靠自身的智慧,在不断地发现、发明和科技创造中产生和发展的。从最初人类祖先是怎样在石器与火的发现、发明中,使人脱离动物界,成为完全意义上的人,到现代社会人类依靠自己的新思维、新思路、新方法,创造了一个崭新的高科技时代,人类的智慧在推动社会物质生产乃至整个社会文明中具有最本质的动力意义。在现代高科技社会,一个人具有高度科学文化素质的基本点,就是具有善于开拓和创新的意识和智慧。否则,他在一个"知识经济"的时代就会成为落伍者。

胡锦涛在全国青联八届一次会议和全国学联二十二次大会的祝词中说:"广大青年要积极投身实施科教兴国战略的事业,致力于推动全社会的科技进步。要努力掌握现代科学技术知识和文化,完善知识结构,提高劳动技能,为迎接新世纪科技革命的挑战打下坚实基础,广大青年还要坚持与工农群众相结合,与社会实践相结合,不断从中汲取营养、培养品质、磨炼意志、增长才干,使自己成为社会主义现代化建设和未来社会发展需要的合格人才。"作为跨世纪青年中的优秀群体代表——当代大学生,当然要响应这一号召。改革开放以来,随着社会主义市场经济体制的建立与发展,社会对复合型人才的需求越来越大,那种"书呆子"型的人才

已越来越不受欢迎,时代要求大学生博学多才,既能当某一领域的能手,又能胜任其他工作。对大学生专业素质的培养首先要重视学生对本专业所需要的基础知识的掌握。这是汲取新知识尤其是应用性知识、增强社会适应能力的前提,也是培养抓住机遇、追踪、占领科技发展前沿能力的必不可少的奠基过程。现代科学技术越来越多地产生于学科的交叉渗透和综合,因此,大学生的基础知识应该在宽度和深度两个方向上努力拓展和进取。一方面,注重基础知识的学习,打下广博深厚的基础;另一方面,要努力使今天的学习符合科学技术的发展趋势,紧跟科技发展的步伐,学习处于高、精、尖前沿的科学文化知识,对与本专业有关的科技前沿上的新发明、新发现有所了解。

2. 引进理科知识,传统文科向现代文科转变

文科院校有文科和社会科学的雄厚实力。利用这种优势和资源,需要理工科和管理科学的配套,有利于寻找并形成新的学科生长点,在研究科学、技术与社会的关系,尤其是高科技与社会发展之间的互动关系这些重大课题上形成自己的风格,办出一流文理交叉学科。例如,传统的新闻学,已经不能适应信息化社会的要求。特别是21世纪的社会,人们处在"网络化生存"状态下,新闻学科有必要进行改造,我们应该有超前意识。新闻系和计算机系合作,可以举行多媒体技术与新闻传播的研究,对于改造新闻学科,使之实现从宣传学到新闻学再向新闻传播转变,具有重要的作用。

目前,经济学科已出现毕业生就业难的情况。究其原因,除了数量多以外,毕业生的知识结构太偏文,不能适应社会主义市场经济的需要。有鉴于此,有的高校经济学院进行培养"工程(计算机)-经济联合学士""2+3模式"试点。这对于经济学科的改造,传统文科向现代文科的转变,也是一个有益的尝试。再如,环境问题是一个全球性的,特别是发展中国家所面临的一个严重问题。比之发达国家,我国环境科学不但相对落后,而且是偏重工程,忽视关注人文。事实上,环境学科是一个系统工程,它包括综合环境学、理论环境学和部门环境学。就部门环境学来说,它由自然环境学、技术环境学和社会环境学组成。社会环境学主要研究环境与政治、经济和文化的关系。环境问题不仅与自然科学和工程技术有关,而且与社会科学、人文科学有着十分紧密的联系。就是在自然科学和环境工程学中,人文社会科学的含量也不小。如果进一步加强环境与社会、环境法学、环境史学、环境思想史等学科的研究与建设,特别是加强环境工程与人文社会科学的交叉结合,就能真正建立起一流的环境学科。

3. 以理"充电",文科大学生新动力

对于高校文科专业来说,以理"充电",既是跟上技术发展的步伐和信息时代的要求,也是适应社会主义市场经济的择业需要,更是以理性思维和科技精神重新审视、全面定位学科发展的更深要求。例如,会用电脑是大学生进入 21 世纪的通行证,大学生不会用电脑,这将是世纪的悲哀。而目前的计算机教育,一方面,其日益重要的地位显露出来,另一方面,从教育内容、体系、方法、硬件建设到思想认识还没有到位。突出表现在:

第一,理论与实际脱节,大学生操作技能欠缺。许多实践性很强的课程教学,一些高校只重视理论知识的传授,而忽视了实验、实践环节的教学,忽视了学生动手能力的培养,造成了学生实际动手能力不高,与实际的要求脱节。例如,《生产现场设施规划》课程,在高校的教学活动中,理论与实际的脱节是极为严重的。多数学生通过理论的学习,只学会了纸上谈兵。这种教学方法的直接结果是学生无法较好地应用自己所学的理论知识,而到生产现场后无所适从。

第二,知识面窄,内容滞后,不能适应社会需求。当前 90% 的文科类专业计算机课程设置都表现为"1+1"模式,即一门基础知识课程加上一门语言课。走进社会,对买计算机的起码常识都不具备,各种软件都不会操作。更为可笑的是,现在普遍认为 Fo-chase 语言已经落伍,可是 Basic 语言竟然还出现在高校讲坛上。再如,计算机应用已经转移到 Windows 平台上,而教学还停留在 DOS 平台上,大学教学应该领先于社会,这样大学生毕业后才能推动社会发展。可现在恰恰相反,社会应用超过了高校教学的水平。

第三,某些文科类专业对计算机基础教育重视不够。其一,师资队伍建设力度不够;其二,在教学计划的安排上,计算机基础教育学时偏少;其三,教学设备落后。因为缺乏可视化教学系统,用黑板和嘴巴讲"Windows"是很普遍的现象。某些高校的机房不够用,直接影响教学活动的开展。

二、大学生作为未来的科学工作者,应该努力提高自己的科学道德素质

科学道德素质是科学工作者所应遵循的道德规范和所应具备的道德素质。欧洲从文艺复兴以来,随着科学的突飞猛进,科学家的道德问题常常成为资产阶级伦理学家探讨的一个重要方面。他们提倡的科学道德,除了要求科学家应具有人道主义精神外,还要求科学家具有同别人进行科学协作,诚实谦虚,有为人类而牺牲自己的精神,加强道德上的修养等。著名的德国唯物主义哲学家费尔巴哈、著名的科学家爱因斯坦等伟大科学界对科学家道德所做的精辟阐述,对以后从事科学工

作的人,产生了积极的影响。社会主义社会的科技道德,应该在继承以往科学道德的优良传统的同时,依据新的历史条件,提出更高的要求,其中包括要勇于探索,敢于成功,不畏艰险,锲而不舍,为追求科学真理而奋斗终生;要严谨治学,实事求是;报告成果,要准确而无虚假;评定成果,要公正而无偏私;发扬学术民主,坚持百家争鸣,支持发明创造,鼓励别人超过自己;树立民族自尊心,自信心,虚心学习国外新成就,为祖国多做贡献。

改革开放以来,我国广大科学工作者发扬"献身、创新、求实、协作"精神和"坚持真理、诚实劳动、亲贤爱才、密切合作"的职业道德,为我国现代化建设做出了很大贡献。

但是,也应该看到,当前社会一些违反科学工作者职业道德的不规范行为和不正之风也有所抬头。特别是由于我国经济、社会处于转型时期,个别人想利用市场经济建立初期法制不健全等弱点,在科研活动中做出违反科学道德乃至违法乱纪的不端行为。譬如,现在有的人既想赚钱,又想出文章,既想当教授,又想当经理、老板,"一心几意",科研工作中急功近利,不肯坐冷板凳下苦功夫,如此等等。这些问题的出现,必须引起我们的警觉,每一个将要从事科学工作的大学生都必须高度重视这些问题,从自身开始,自觉、自省、严格自律,带头提高自己的科学职业道德。

现代自然科学的发展,应用到社会生活的各个方面,一方面给人类带来了幸福,另一方面如果应用错误,也会给人类带来痛苦。自然科学应用到生产技术,在一定意义上说,减轻了体力劳动者的体力负担;但同时由于生产自动化的紧张情况,也增加了体力劳动者的精神消耗。自然科学应用到医疗卫生和日常生活中,减少了人类的病痛,增进了人体健康和延长寿命,但是在还不很平等、公正的社会条件下,真正的先进科学在医疗上的应用,也只有少数有钱人能够享受,无钱、少钱的劳动者是无权享受的,这在道义上是不公正的,应该受到道德上的监督。至于自然科学应用到军事上,就更需要受社会道德舆论和国际道德舆论的监督和限制,既要有社会舆论的限制,又要有科学家的道德良心的监督,否则,就会带来许多社会问题。

今天,科学研究日益成为人类社会中最重要的事业之一,一方面,科学家成为社会中最受人尊敬的职业之一;另一方面,科学技术虽使生产水平和生活质量大为提高,但同时也带来了诸如环境污染、资源滥用、大规模杀伤性武器和精密制导武器的高度发展等严重危害。在利益驱动和竞争压力下,科学不再是完全中性和客观的事物。科学对社会、政治的直接影响,已经成为不可改变的事实。这些导致科学道德问题日益突出。

1999年6月,联合国教科文组织和世界科学联盟在布达佩斯联合召开世界科学大会。英国核物理学家 Joseph Rotblat 在会上作《科学与人的价值》的演讲。他在演讲中提出:"科学家是否应该关心科学的道德以及科学对社会的影响?科学家是否应该为科学研究对人类及社会环境造成的后果承担责任?"

科学道德的重要性至少表现在三个方面:一是外在方面,科学家对科技发展可能带来的正面和负面影响都比普通人要认识的更为清楚,公众期望科技界为保护公众的利益指出潜在的危险,并要求科学家抵制明显危害公众利益的研究,如"克隆人"问题;二是内在方面,科学是一种逻辑性、系统性的研究过程,科学的诚实性和严格遵循良好科学实践规则是科研工作质量的必要保证,缺乏严肃、严格、严密的作风,科学工作的质量必然受到影响,甚至走向伪科学;三是精神方面,高尚的科学道德是科学研究的精神力量。有人把世界上的科学家分为两种,一种是杰出的科学家,一种是伟大的科学家。杰出的科学家需要具有其国际承认的成果贡献;伟大的科学家首先是杰出的科学家,其次,他还要有伟大的人格和高尚的科学道德。

第五章 大学生创新创业素质教育

2010年5月4日,教育部发文《教育部关于大力推进高等学校创新创业教育和大学生自主创业工作的意见》及国务院办公厅2015年5月印发《关于深化高等学校创新创业教育改革的实施意见》,表明了创新创业教育在现今高等教育中的重要程度。一些高校抓紧制定深化本校创新创业教育改革实施方案,明确创新创业教育改革的基本原则、总体目标和重点工作。按照国务院统一部署,2015年起,全面启动高校创新创业教育改革;到2017年,基本普及创新创业教育;到2020年,建立健全课堂教学、自主学习、结合实践、指导帮扶、文化引领等融为一体的高校创新创业教育体系。

第一节 大学生创新创业素质教育概述

在《教育部关于大力推进高等学校创新创业教育和大学生自主创业工作的意见》中明确指出:"创新创业教育是适应经济社会和国家发展战略需要而产生的一种教学理念与模式。在高等学校中大力推进创新创业教育,对于促进高等教育科学发展,深化教育教学改革,提高人才培养质量具有重大的现实意义和长远的战略意义。创新创业教育要面向全体学生,融入人才培养全过程。要在专业教育基础上,以转变教育思想、更新教育观念为先导,以提升学生的社会责任感、创新精神、创业意识和创业能力为核心,以改革人才培养模式和课程体系为重点,大力推进高等学校创新创业教育工作,不断提高人才培养质量。"

创新教育就是以培养人们创新精神和创新能力为基本价值取向的教育。其核心是在普及九年义务教育的基础上,在全面实施素质教育的过程中,为迎接知识经济时代的挑战,着重研究与解决在基础教育领域如何培养中小学生的创新意识、创新精神和创新能力的问题。大学生创新素质教育是以专业知识的传授为基础,正确指导学生学习和研究创新的规律及创新的方法,使学生养成刻苦钻研的精神和思考问题的方法,培养学生要具有创新思维、创新精神和创新能力等创新素质,同时使学生在德、智、体、美、劳等方面的素质得到全面发展,使我国培养出来的学生都是高素质的创新型人才。

创业教育就是培养学生具备创业意识、创业精神和创业能力的教育。简言之，就是以培养能创造就业岗位的人为价值取向的一种教育。而大学生创业教育是指在学校教育中，通过课堂教学和实践活动以培养学生的创业素质为基本价值取向的教育。

按照《国务院关于进一步做好新形势下就业创业工作的意见》（国发〔2015〕23号）、《国务院办公厅关于深化高等学校创新创业教育改革的实施意见》（国办发〔2015〕36号）等文件的规定，对高校毕业生自主创业在各个方面给予优惠政策，包括：①在税收方面，简化大学生创业流程，对高校毕业生创办的小型微利企业，按国家规定享受相关税收支持政策；②对符合条件的高校毕业生自主创业的，可在创业地按规定申请创业担保贷款和贴息支持；③对毕业2年以内的普通高校毕业生从事个体经营（除国家限制的行业外）的，自其在工商部门首次注册登记之日起3年内，免收管理类、登记类和证照类等有关行政事业性收费；④对高校毕业生在毕业学年（即从毕业前一年7月1日起的12个月）内参加创业培训的，根据其获得创业培训合格证书或就业、创业情况，按规定给予培训补贴；⑤对有创业意愿的高校毕业生，可免费获得各项创业服务；⑥取消高校毕业生落户限制等。另外，对于大学生创业工商登记的要求、对大学生自主创业学籍管理的要求都有明确规定，为大学生创业提供更为宽松的条件。

2015年5月4日，国务院办公厅日前印发《关于深化高等学校创新创业教育改革的实施意见》（以下简称《意见》），全面部署深化高校创新创业教育改革工作。《意见》指出，深化高等学校创新创业教育改革，是国家实施创新驱动发展战略、促进经济体制增效升级的迫切需要，是推进高等教育综合改革、促进高校毕业生更高质量创业就业的重要举措。各地区、各高校要落实立德树人的根本任务，主动适应经济发展新常态，以推进素质教育为主题，以提高人才培养质量为核心，以完善条件和政策保障为支撑，促进高等教育与科技、经济、社会紧密结合，加快培养规模宏大、富有创新精神、勇于投身实践的创新创业人才队伍。

《意见》明确要重点抓好9个方面的任务：一是完善人才培养质量标准。制定修订本科专业类教学质量国家标准，高职高专专业教学标准和博士、硕士学位基本要求，明确创新创业教育目标要求。二是创新人才培养机制。建立需求导向的学科专业结构和创业就业导向的人才培养类型结构调整新机制，建立校校、校企、校地、校所及国际合作的协同育人新机制，建立跨院系、跨学科、跨专业交叉培养创新创业人才的新机制。三是健全创新创业教育课程体系。根据创新创业教育目标要求调整专业课程设置，开发开设创新创业教育必修课选修课。四是改革教学方法和考核方式。开展启发式、讨论式、参与式教学,扩大小班化教学覆盖面;改革考试考核内容和方式,注重考查学生分析、解决问题的能力。五是强化创新创业实践。促进实验教学平台共享;利用各种资源建设大学科技园、大学生创业园、创业孵化基地和小微企业创业基地;建好一批大学生校外创新创业实践基地,举办全国大学生创新创业大赛。六是改革教学和学籍管理制度。设置合理的创新创业学分,为有意愿有潜质的学生制定创新创业能力培养计划;实施弹性学制,允许保留学籍休学创新创业。七是加强教师创新创业教育教学能力建设。明确全体教师创新创业教育责任;聘请各行各业优秀人才,担任专业课、创新创业课授课或指导教师,形成全国万名优秀创新创业导师人才库。八是改进学生创业指导服务 6 建立健全学生创业指导服务专门机构;健全持续化信息服务制度。九是完善创新创业资金支持和政策保障体系。整合发展财政和社会资金,支持高校学生创新创业活动;落实各项扶持政策和服务措施,重点支持大学生到新兴产业创业;鼓励社会组织、公益团体、企事业单位和个人设立大学生创业风险基金。《意见》强调,各地区、各高校要制定深化本地本校创新创业教育改革的实施方案,强化督导,加强宣传,抓好改革措施落地,并对高校如何开展大学生创新创业教育,对自主创业大学生可提供的条件,都给予了明确指示。

第二节　大学生创新素质教育

　　大学生的创新教育、创新能力的开发已经直接关系到一个国家的发展和实力。各国对创新教育、创新能力的开发越来越关注。美国人提出:"我们正跨入一个新的时代——亟须一种新的创造精神的时代。"日本人也有"独创是国家兴亡的关键"的观点。习近平更是强调,要在全社会大力弘扬创新精神、提高创新能力,为坚持走中国特色自主创新道路、建设创新型国家奠定坚实的群众基础。足见创新素质教育、开发创新能力是未来社会和知识经济发展对人提出的要求,它已是当今世界教育改革的潮流。

　　什么是创新素质教育呢,一般认为有广义和狭义两种。广义是人们在各自领域,以同样的质和量的水平,产生新东西(包括新思想、观念)的活动方式的能力的培养;而狭义则是产生前所未有的新东西的活动方式的能力培养。狭义和广义中,"新"是创新的基本特征。基于"新",一些发达国家构建的创新素质教育目标是培养既有现代知识,又有创新能力、品德高尚、体魄健美、身心发展良好的现代化的新人,即善于适应变化和创新的新人。例如,英国人在《学校课程框架》中提出了发展创新思维,了解世界群体和个人,养成正确道德观念等教育目标要求。日本心理学家宫城音弥认为,创新素质应包括:一是活力(精力、魄力)冲动性、行为性;二是扩力(发展力、思考力和探索力);三是结力(组合信息能力、灵感、感知能力、联想力、构成力)和个性。

由此可见,所谓创新素质教育,就是引导学生学习与研究发明创新的规律和创新方法,培养学生具有创新精神、创新思维、创新能力和创新人格,德、智、体、美、劳等方面素质全面发展,使之成为高素质创造性人才的教育活动。简而言之,所谓创新素质教育,就是全面培养与提高学生创新素质,使之成为高素质创造型人才的教育活动。

一、大学生创新精神培养

1. 创新精神的内涵

创新一词早在《南史·后妃传上·宋世祖殷淑仪》就已经提到,"仲子非鲁惠公元嫡,尚得考别宫。今贵妃盖天秩之崇班,理应创新。"现代意义上的创新经过不断的发展,内涵不断扩大,外延更加丰富,涉及更多的领域。一般来说,创新是指以现有的思维模式提出有别于常规或常人思路的见解为导向,利用现有的知识和物质,在特定的环境中,本着理想化需要或为满足社会需求,而改进或创造新的事物(包括产品、方法、元素、路径、环境),并能获得一定有益效果的行为。创新精神是指一切与创新相联系的意识、思维活动和心理状态,属于科学精神和科学思想范畴,以敢于摒弃旧事物、旧思想,创立新事物、新思想为特征,同时又要以遵循客观规律为前提。具体指能够综合运用已有的知识、信息、技能和方法,提出新方法、新观点的思维能力和进行发明创造、改革、革新的意志、信心、勇气和智慧等。

2. 创新精神的特征

(1)超越性。创新精神鼓励创新主体超越历史和现实的束缚,超越前人的成果,不断进行探索和突破,进行创造行为。也就是要创新主体不满足现有的知识,不断学习进步,超越自我;不满足已有的方法和技能,不断探索,发现新方法、掌握新本领;不满足现有的条件和环境,自觉进行改造,超越现实;不满足已经取得的成就,追求卓越,超越梦想。超越性是创新精神的显著特征,是创新作为发展的本质,实现发展进步的内核和灵魂。

(2)批判性。创新精神提倡革旧立新,对原有事物进行创造性的扬弃,这种扬弃就是创新精神对旧事物的批判,唯有对现实和历史、自我和他人的合理批判,才能形成对现实和自我的正确认识,发现新问题,探索新方法,实现新发展,最终实现个人和社会的发展进步。批判性和超越性两者共同作为创新精神的显著特征,是创新活动区别于其他活动的本质所在。

(3)自觉性。创新精神是创新行为主体内在的对创新的欲望和渴求,是自觉改变已有环境和条件的意识状态。创新的过程是在个体内在的创新精神诱发和激励下,创新主体采取创新行为,将创新能力外化为创新实践,实现创新成果的过程,是创新主体在内力驱动下自觉进行的有价值的行为。所以说创新精神具有自觉性。

(4)综合性。创新精神不是单一的某种创新因素,而是多个因素的集合,是一个完整的结构。综合性反映了创新精神内涵的丰富性和内部各要素构成的多重性,而且创新精神的多个构成要素之间是具有密切相关性的,它们相互依存、相互影响、相互制约,在相辅相成的关系中,统一于一个整体。

3.培养大学生创新精神的途径

(1)倡导批判精神。中国虽然重视教育,但与突出自由和竞争的西方教育相比,培养出的学生在创造力上总的来说却不如西方。这一点表现在我国教育中从小深植于头脑的"听话教育"和大学的"拷贝教育",缺乏批判精神。而培养创新精神,必须大力倡导批判精神,努力培育大学生批判力、竞争力。要倡导这种批判精神,就要有一个民主、开放的教学环境,对教师来讲,不仅要学识渊博,还要能及时掌握本学科专业的最新技术和知识,通过新知识的灌输,达到对前技术的批判。在教学过程当中,要鼓励学生大胆质疑。

(2)营造良好创新环境。一般来说,人是环境的产物,创新精神的培养同样依赖于创新环境。一要创造一个民主、开放和自由的环境,倡导自由讨论的风气,在争辩和思想碰撞中激发灵感,不断创新;二要创造一个交流与合作的环境,使不同专业、不同类型的学生互相交流、合作,提倡师生共同搞研究,提供产学研一体化实践环境;三要营造学校的创新荣誉气氛。

(3)在教学中培养创新精神。一是在教学中,课程讲授以"启发式"为主,要引导学生主动探究,获得知识,应用知识,发展能力。通过探究学习,能打破各种定势思维的禁锢,产生奇思妙想,激活学生的创新意识。在教学中要让学生正确理解创新的内涵,要让学生知道创新并不是遥不可及的,对原料配方、工艺流程、生产方法、工作环境进行改进,提高生产效率和产品质量,取得更好的经济效益,也是创新。教师在试题的设计上要给学生留下自由表达的空间,激发学生的创新精神,培养具有独立行动和独立思考能力的人。二是加强实践教学,使学生在实践中培养创新精神。要积极深化实践教学内容与方法的改革,以学生为本,以能力培养为核心,创新实践教学模式。组织科技竞赛活动,开放实验室,设立创新实践学分。依托实践基地,科学构建创新精神培养体系,建立以能力培养为主线的实践教学体系。只有大力加强实践教学基地建设,充分保障学生创新精神培养的环境,培养的学生才会更适应未来社会发展与经济建设的需要。

(4)激发教师的创新精神。只有具有创新精神的教师,才能培养出有创新能力的学生。学校应该建立起竞争机制和考评制度,给教师提供进修学习的时间,使他们在学习中增强创新意识,培养创新精神,提高创新能力,使自己成为学生学习创新的榜样。鼓励教师进行教学改革,在教学中跳出书本的限制,注重学生的思维开拓和能力的训练,培养大学生的创新能力和实践能力。

二、大学生创新思维培养

1. 创新思维概述

创新思维是人类独有的高级心理活动,人类社会的发展史就是一部创新思维的运动史。早在1869年,英国心理学家高尔顿(F. Galton)出版《遗传与天才》一书,公布他所研究的977名天才人物的思维特征,这是国际上研究创造性的第一部文献。1945年,德国心理学家韦特海默(M. Wertheimer)在《创造性思维》一书中,详细分析了诺贝尔奖获得者的思维结构,明确提出了"创新性思维"这一概念。进入21世纪以来,创新成为推动社会进步的主要力量,促使人们深入研究创新思维,在创新思维内涵和特征上取得了新的进展。

创新思维从本质上说是一种思维方式,甚至是人类思维的最高表现形式。从逻辑上讲,是思维主体运用已有的思维形式,组合新的思维形式的思维活动。从思维形式来看,它是思维的各个组成部分之间的联系方式。由此我们提出,创新思维是主体诸因素和客体条件相互作用、相互依赖的系统发生过程,是指创造者在最佳的心理构成和心理合力作用下,获取创新意识,把大脑中已有的知识信息,按最优化的科学思路,实现重新组合和升华的思维过程。

2. 创新思维的本质特征

创新思维本质上在于运用新颖独特的方式方法解决问题,是一种积极主动的思维活动。它具备以下本质特征。

(1)突破创新性。这是创新思维的必要属性,没有突破性,就不算是创新思维。所谓突破,主要是指打破理论权威、现成的规律、方法及思维定式的束缚。创新性有两层含义:一是独创性,二是新颖性。创新过程是创新思维实现突破与创新的过程,是对传统思维方式的扬弃,以独特的视角和方法去思考问题和解决问题,实现新的发展,创造新的成果的过程。

(2)开放性。思维的开放性,是指多视角、全方位地看问题的思维。它体现一种创造性认知风格,要求信息在交流中无阻碍,又不引起情感芥蒂。思维的开放性是创新思维得以产生的前提条件。创新思维的实现是一个量变与质变辩证统一的过程,而创新思维的量的积累与质的突破过程都要求创新思维必须具有开放性。

(3)综合性。综合性是指创新思维是对已有成果的综合,是多种思维形态、思维方式、思维方法的综合运用。创新思维是作为微观的抽象思维与作为宏观的形象思维,在人的头脑中发生关联,迸发出富有创造性的灵感的过程,它是对比、想象、联想、直觉、顿悟等多种形式的综合运用。这是创新思维的重要属性。

(4)灵活可行性。由于创新思维在形成过程中具有灵活性,在创造活动中随意组合的新思维成果并不都具有认识的或实用的价值,所以可行性是对灵活性的限制。可行性对灵活性的限制条件来源于进行思维创造的人所处的社会历史条件即环境。可行性可分为两种:一种是精神方面的可行性,称为主观可行性;另一种是物质方面的可行性,称为客观可行性。可行性对创新思维的要求需要根据各个不同学科、社会领域的具体要求来判断,可行性的满足是创造实现其价值的关键。可行性和灵活性是对创新思维的两种不同的要求。创新思维的灵活性增强则可行性可能降低,反之亦然。不可因强调灵活性和新颖性而忽视可行性,那样会陷入无意义的思维组合之中;同时也不应因可行性而抹杀灵活性。

3. 创新思维的培养

(1)问题意识的培养。"问题"在《现代汉语词典》中是"需要研究讨论并加以解决的矛盾、疑难"。"问题意识"就是对"问题"的关注,是指人们在认识活动中经常意识到一些难以解决或疑惑的实际问题及理论问题,并产生一种怀疑、困惑、思考、探索的心理状态。问题意识是思维的动力,它促使人们去发现问题、解决问题,而发现问题是创新的起点和开端。培养大学生的创新思维能力,就应重视问题意识的培养。培养问题意识,首先学会敢疑和善疑。因为怀疑的过程就是发现问题的过程,这是从事创新的前提。巴甫洛夫说,怀疑是发现的设想,是探索的动力,是创新的前提。当然,科学的怀疑精神决不可与否定一切的绝对怀疑论等同。

(2)大力推行创新思维训练。大学生创新思维的训练是提高其创造能力最快捷的方式,也是实践活动中运用最多的方法,主要有发散性思维训练、收敛思维训练、直觉思维训练、自觉思维训练、形象思维训练等方法。发散性思维要求大学生尽量增加头脑中的思维角度,学会从多个角度观察同一问题,并经过思维角度和层面的变换,运用类别变动法,达到思维层面的不断变通;收敛思维实际上是一种逻辑思维方法。培养学生的收敛思维能力,本质上是培养学生逻辑、分析、判断、抽象、概括和推理的能力;直觉思维鼓励大学生大胆猜测,大胆假设,展开想象,训练其抓住偶然出现新异念头的方法,尽量多获得一些感性知识和经验;自觉思维是非逻辑思维,是依靠自觉而未经过逐步分析和逻辑推理就迅速对问题的答案做出推理的猜测、设想或顿悟的一种跃进式的思维方式。形象思维在创新思维中占有重要地位,形象思维鼓励大学生多接触大自然中的各种各样的事物,通过视、嗅、触等感觉,发展表象系统,提高对事物的敏感性,从而促进形象思维能力的产生和创造力的培养。

(3)开发右脑思维潜能。诺贝尔奖获得者美国科学家斯佩里的研究证实,大脑的左半球和右半球具有各自独立的心理能力。在大多数情况下,人脑的左半球控制高级语言技能、复杂的时间关系,右脑则控制视觉空间、音乐、艺术、简单算术,以及形象思维、自觉思维。右脑的这些思维能力与创新能力有密切关系。我们的教育和学习方式,更多训练的是人的左脑,而忽视了右脑的训练。因此,个人创新思维能力的培养在对左右脑的协调运行进行全脑开发的同时,应更加重视右脑机能的开发。

(4)建构包括哲学、科学和艺术三种实体性精神文化在内的学科课程体系。哲学、科学和艺术对于创新思维的培养各具独特的教育功能,哲学和科学对理工类大学生逻辑思维能力培养有益,艺术有助于培养学生的形象思维能力,帮助学生获取灵感。哲学、科学和艺术相融合的学科课程教育要螺旋式前进。

三、大学生创新基本能力培养

1. 创新能力

创新能力是运用知识和理论,在科学、艺术、技术和各种实践活动领域中不断提供具有经济价值、社会价值、生态价值的新思想、新理论、新方法和新发明的能力。创新能力的研究成果颇丰,国内学者对创新能力的理解各不相同,综合各位学者观点,创新能力的内涵应该包括:在知识学习过程中,对前人和已有知识和经验做出新的转变和更新的学习能力;在运用知识的过程中,能够运用新的方式去解决问题的运用知识的能力;在知识发展过程中,运用新的学习知识方法、新的运用知识方式去提高个人对知识新的理解,对知识新的运用能力,去培养自身新的创造知识的能力。

创新能力是一个民族兴亡、进步,立足于世界之林的灵魂,是增强国家核心竞争力的不竭动力。当今社会、国家的竞争,说到底就是人才创新能力的竞争。而大学生是推动科学技术更为快速发展的主力军,所以培养大学生创新能力,是培养国家、民族未来人才的实现方式,是我国社会生产力的发展的需要,同时也是大学生自身发展和完善的需求。

2. 大学生创新能力培养

(1)创新知识的学习能力。创新知识的学习能力指获取前沿知识的能力。前沿知识是包含新的思路、新的方法和新的逻辑的新知识系统,是个体知识结构更新的载体。学习能力是学生获取前沿知识和新的知识的能力,不只是表现为获取知识的能力,而是表现为持续更新知识的能力。它是学习过程中各种具体能力的综合概述,如观察能力、记忆能力、思维能力、实验能力等。

培养大学生的学习能力,一是增强学生学习的主动与互动,主要发挥学生学习的主体作用;二是培养学生观察与发现问题的能力,培养学生钻研和捕捉新的知识的技能;三是启发与激发学生主动学习的动力、热情和兴趣,培养学生的学习能力;四是感悟与内化,增强学生的知识积淀。

(2)创新知识运用能力。创新知识运用能力就是灵活运用知识的能力,主要指学生在社会实践活动中运用所学知识分析问题,解决问题的创新能力。提高大学生调动和运用知识的能力第一步是获取信息、解读信息,第二步是调动知识,运用知识。这就要求大学生在运用知识时,一是要学习知识、获取前沿知识;二是必须把学习的知识、获取的前沿知识内化为自己的知识;三是必须与生产实际相结合,把所学知识运用到实践活动中,把理论知识与实践活动结合起来,把理论知识转化为自身的运用能力。

(3)培养分析判断能力。分析判断能力包括观察问题、分析和解决问题的能力,是指能阅读、理解对问题进行陈述的材料,能综合应用所学知识、思想和方法解决问题,包括解决在相关学科、生产、生活中的问题,并能用语言正确地加以表述。它是逻辑思维能力、运用能力、空间想象能力等基本能力的综合体现,注重对知识和方法的判断和理解,强调知识综合性。

(4)创新知识创造能力。创造能力是在丰富的知识经验的基础上逐渐形成的,它不仅包含敏锐的观察力、精确的记忆力、创造性思维和创造性设想,而且与一个人的个性心理品质、情感、意志特征等有密切关系。创造能力是在人的心理活动的最高水平上实现的综合能力。培养知识创造能力就是大学生在基本身心良好的素质的同时,学会把学习到、会运用、整合好的理论知识在实践活动中实现创新。培养知识创造能力是大学生创新能力的最终体现,是培养和提高大学生综合素质的最终结果。

3.国外大学生创新能力培养的经验

美国是最早重视自主创新能力培养的国家之一。以麻省理工学院为例,它在推进创新教育和注重培养学生的创新能力方面是独具匠心的。它强调课内和课外两方面学习生活的重要性,并特别注意把两者融合起来,造成一个整体最优的环境。它有两项重要的教育改革:一是本科生研究工作机会计划(Undergraduate Research Opportunities Program,UROP),该计划从刚入学时就开始为本科生提供科研工作机会,学生可以从事众多交叉学科和综合发展学科的课题研究(其中包括可参加教师的课题研究,也可由自己设计研究或邀请教师作顾问等)。二是独立活动计划(Independent Activities Period,IAP),该计划为学生利用圣诞节至二月月初的一段假期,进行独立学习、研究和其他活动。期间,学生不必再为考试和学分操心,可以完全自由地决定他们的活动目标及争取实现这些目标的方法,为此他们成立了专门委员会。

德国大学的自主创新能力培养深受洪堡大学理念的影响,认为大学教育的目的在于培养完人,即个性和谐、全面发展的人。德国大学强调大学的探究性,强调培养人才的创造性、独立性、主动性,重视跨学科研究与教学,以培养学生创新能力为中心,注重完善学生的人格个性,具体措施包括:加强大学的独立性,扩大大学自治权;进一步促进大学多样化、多层次化;加强英才教育;力求课程设置面向实际,加强与社会的交流,密切与社会关系,培养学生的参与意识和社会责任感;提倡独立活动的人才培养模式。这种模式有利于学生拓宽知识面,培养学生自主学习能力、发现问题解决问题能力、组织能力、创新能力与独立科研能力。

英国大学,尤其是牛津大学和剑桥大学,深受纽曼大学理念的影响,把"深测、挖掘和开发学生的潜在能力,激励个人的创造性精神"作为大学教育的指导思想,培养出一代代高水平的人才。近几年英国大学排行榜上一直名列前茅的伦敦大学帝国理工与医学院,要求在世界范围内招收最好的学生并培养他们具有优秀的技术、独创性和宽广的视野。

美、德、英等西方发达国家的大学生自主创新能力培养经验告诉我们:其一,灵活开放的教育制度是自主创新能力培养的基础,以美、日、德、英为代表的西方国家的大学都有较大的自主权,其教育形式和层次丰富多彩,教育制度开放灵活;其二,鲜明的个性是创造的基础,尊重个性,注重个性培养,平等的师生关系有利于学生创造性思维和创新能力的培养与发展;其三,培养大学生自主创新能力必须加强基础教育,拓宽知识面,使知识结构趋于合理;其四,让学生参与科研学术活动是培养大学生自主创新能力过程重要的一环。

四、大学生创新人格培养

1. 创新型人格规定性

（1）创新人格。人格是一个广泛的体系，主要是指人所具有的与他人相区别的独特而稳定的思维方式和行为风格，是指一个人整体的精神面貌，是具有一定倾向性、较稳定的心理特征的总和。创新人格是具有创新活动倾向的各种心理品质的总和，具体就是指由个体内在的创新意愿和创新能力所协调统一构成的较为稳定的、具有独特的心理特征的总和。创新人格是创新的内在依据，是创新活动的内在动力机制，是创新精神和创新意识在个人心理层面的积淀，是成功进行创新活动的关键。

（2）构成要素。创新型人格的构成要素包括创新思维、创新精神、顽强的意志力、科学道德和创造性才能等方面。创新思维和创新精神在前面已经谈过。意志力是心理学中的一个概念，指一个人自觉地确定目的，并根据目的来支配、调节自己的行动，克服各种困难，从而实现目的的品质。意志力是进行自我引导的精神力量本身。坚持实事求是是科学道德的基本要求，包括坚持真理、精益求精、珍惜资源、学术民主、乐于奉献及团结协作等规范。协调能力就是指决策过程中的协调指挥才能，创新活动的决策者能以科学的组织设计原则，善于运用各种组织形式，控制自如，主要包括人际关系协调能力和工作协调能力两个方面。

总之，创新型人格是创新人才的重要品质，是创新人才成长过程中极其重要的教育内容，培养创新型人格应根据其构成要素，有针对性地实施教育。

2. 大学生创新人格培养的价值

创新人格是高校培养创新人才的理想人格，创新人格的培养要突出时代性，其价值主要表现在以下几个方面。

（1）勇于探索未知的领域。创新人格的个体特征表现为独立自觉地思考问题，敢于质疑，具有大胆的批判精神。培养创新人格，能帮助大学生更好地认识失败与成功的辩证关系，不停止探索，保持顽强意志，敢冒风险，坦然面对失败，勇于探索未知的领域，勇于为真理献身。

（2）顽强克服探索中的障碍。培养创新型人格，使大学生明确既定的理想目标，坚定克服困难的勇气和自信，顽强克服探索中的障碍，在创新活动中严谨自律，持之以恒，直至达到成功。因此，培养创新人格，能够帮助大学生树立正确的世界观、人生观、价值观及科学发展观，能够使大学生个体具有坚强的意志力，这是创新型人格的基石。

(3) 善于协作开展科技攻关。培养创新型人格,在创新实践中,善于同团队成员协商合作,发挥集体的智慧,积极协作开展创新和攻关,正确处理知识迅速更新的挑战,善于处理继承与创新的关系,有效地朝向创新目标,取得创新业绩。

(4) 严格遵守科技伦理规范。崇尚科学、追求进步的品质是创新的根本动力,是创新型人才成长的目标和价值导向。培养创新型人格,使创新人才具备高度的社会责任意识,能激发大学生追求真理的激情,帮助大学生自觉树立科学道德,严格遵守科技伦理规范,提高大学生的科技道德素养,促进科技伦理道德素质的提高,为人类发展和进步服务,具有积极的社会价值和深远的历史意义。

3. 当代大学生创新人格的培养

人格的形成是由多方面因素影响和决定的,创新人格的形成也是如此。创新人格的培养是一项复杂的系统工程,培养大学生创新人格,可从以下几个方面进行探索。

(1) 保持好奇心,增强创新需要和动机。好奇心是培养和塑造创新人格的一把钥匙,促使人们了解世界,不拘泥于传统和过去,有效地利用前人的成果去创造未来的新生活。而强烈的创新需要和动机也是培养创新人格必不可少的因素。历史上许多科学家和文化巨匠,如爱因斯坦、巴尔扎克、达尔文等,他们都没有超凡的智力,但最终取得了举世公认的成就,其原因正如爱因斯坦所言:"智力上的成就在很大程度上依赖于性格的伟大,这点往往超出人们通常的认识。"一个人如果没有形成强烈的创新需要与动机,缺乏对某项事业浓厚的兴趣,很难想象他会对这项工作投入巨大的热情。

(2) 提高人格主体的知识水平,强化主体创新意识。创新必须以宽厚的知识作为底蕴,知识的深度和准度制约着创新水平,知识掌握得不够精深和准确,创新就会营养不良。创新意识在创新人格结构中具有十分重要的地位,它影响和制约创新人格的形成,是提高创新能力和创新精神的内在动力。因此,在培养大学生创新人格的过程中,应强化其创新意识。

(3) 加强人格修养,增强责任感和主动性。人格修养是人格主体依据高尚的人格理想所进行的自我锻炼和自我改造,以及通过学习和实践所达到的道德水平。人格主体虽然具备一定的思维能力和自我批判能力,能够进行冷静反思,会将他律的社会要素转化为自律的行为习惯,但他们对加强自身的人格修养还欠缺自觉性,对人格修养的实质还没有通过总结、修正、提高,落实到形成高尚的道德境界和情操上来。因此,帮助大学生正确把握人格修养的出发点和目标,增强修养的自觉性,提高修养层次,使他们树立一种正确的世界观、人生观和价值观,有助于他们创新人格的形成。

（4）培养意志品质，提高主体对挫折的耐受力。创新活动是一个艰苦的过程，只有具备坚忍的意志品质，严谨细致，百折不挠，才能排除各种干扰，自觉朝着创新目标不断迈进。不仅要在思维上突破常规，在行为上不同寻常，这一过程充满艰辛和困难，是创新人格的基石，被誉为现代化学之父的道尔顿说得好："如果我有什么贡献的话，那不是我的才能的结果，完全是勤勉和毅力的结果。"一个人如果没有坚定的意志、顽强的毅力，就很难开发出他的创新力。在创新活动中，常常是谁能坚持到最后一步，谁就会突然发现一条通畅的道路。

（5）养成自立自强的独立精神和能力。现代竞争社会需要具有积极主动、勇于自我表现、自我承担等意识和勇气的人才。只有具备这种独立人格精神，才会积极主动参与事务和融入社会，抓住一切自身发展的机会，最大限度开发自己的才智和潜能。否则即便有自我实现的社会环境，也无法成就事业，实现自己。

总之，知识经济时代为人格主体提供了难得的机遇，为大学生创新人格的培养与塑造提供了较宽松的环境，也提出了挑战。因此，培养与塑造大学生的创新人格是构建和谐社会的需要，我们必须彻底转变教育观念，注重改革传统教学方法，营造有利于创新人才成长的环境氛围，才能培养出一代具有良好创新人格的创造型人才。

第三节　大学生创业素质教育

创业教育的本质是素质教育，创业教育不仅仅是为了让学生创办企业或自主创业。创业伴随着人的一生，创业的触角遍及生活的每一个角落。创办企业是创业，自谋职业是创业，在已有岗位上的创业更具有普遍性。因此，我们倡导的创业是广义上的创业。"创业课程要突出创业意识、创业常识、创业指导、创业心理和创业技能，培养强烈的创业欲望和创业精神"。创业者的素质不是天生的，而是在后天的环境中逐步形成的。高等院校必须顺应创业热潮，构建行之有效的创业教育体系。其中创业教育课程学习是提升大学生创业素质的重要环节。大学生创业素质教育是培养学生的创业意识、创业知识、创业精神、创业能力的活动。作为当代的大学生，无论将来是否去创办企业或自主创业，接受创业素质教育都会更好地促进其职业生涯的发展。

一、创业素质教育的基本内涵

一般认为，创业就是创业者对自己拥有的资源或通过努力能够拥有的资源进行优化整合，从而创造出更大经济或社会价值的过程。素质是指个体本来的性质或素养，是在实际表现中得以综合展示的个人知识、修养、能力诸要素之和。

1. 大学生创业素质教育的含义

创业教育是一种全新的教育理念。它最早在20世纪80年代末，在联合国教科文组织《面向21世纪国际教育发展趋势研讨会》上提出。会议认为，开展创业教育对于培养具有开拓性和个人首创精神、创业能力及技术、社交、管理技能的人非常重要。大学生是最具创新、创业潜力的群体之一，是未来社会的中坚力量，对其进行创业教育是高校适应经济社会和国家战略发展的必然选择，也是高校培养学生创新精神和实践能力的重要途径。基于此，我们认为，大学生创业素质教育是高校以提升大学生综合素质、培养其创业精神和社会适应能力为依归，以创造性和开创性为基本要求，以课程教学与实践活动为主要载体，从而培养他们未来从事创业实践活动所必备的意识、知识、品质、能力等的素质教育。

2. 加强大学生创业素质教育的必要性

在当代社会，加强大学生创业素质教育不仅是应对大学生严峻就业形势，解决他们就业问题要求，更是大学生提升自身综合素质和能力的要求。第一，加强大学生创业素质教育是应对大学生严峻就业形势，解决他们就业问题要求。我国高校在扩招后，由于没有为高校大学生吸纳做好充分的准备，使得4年后高校大学生的就业问题显得来势汹汹，措手不及。第二，加强大学生创业素质教育是大学生提升自身综合素质和能力的要求。创业需要综合素质，特别需要高素质的复合型人才。通过开展创业素质教育，可以开发和提高大学生的创业基本素质，从而培养和提高大学生的生存能力、竞争能力和创业能力等，使其成为高素质的复合型人才。

3. 加强大学生创业素质教育的途径

大学生创业素质教育必须以"创造性和开创性"为基本要求，以课程教学与实践活动为主要载体。因此。加强大学生创业素质教育必须从以下几个方面着手。

（1）高校要树立创业素质教育的观念。长期以来，我国高校以应试教育为培养模式，培养出一大批千人一面的没有个性与创造性的人才。随着我国经济的深入发展和知识经济时代对人才的要求，高校教育必须从应试教育向创业素质教育转变，要改变专业对口的静态就业观，确立就业就是不断创业的动态过程的人才观。对于教师而言，要树立培养学生创业意识的观念。对于学生而言要认识到，考研和就业不再是未来职业的唯一选项，而能自主创业更不失为一个理想的选择。这就要求，学生在学校教学、课外实践活动中，要积极培育自己的创业素质。

（2）整合教育资源，构建创业素质教育课程体系。为创业教育提供多样化途径教育资源也是一个含义丰富的概念，它包括课程设计、师资队伍、教学方法和外延培训等多个方面。教育资源这一环节对培养大学生的创业能力有着切实可见的作用。通过用心设计的课程，将课程开设与讲座结合，请名师、风险投资家、企业高层管理者参与学校教学，传授他们的经验和教训，给学生以真实感强烈的感染和引导，有助于提高学生的创业能力素质，这也恰恰是大学生创业所需的核心素质之一。创业素质与创业实践活动之间有着密切的联系。因此，强调理论和实践相结合、课内和课外相结合、课程教育与外延拓展培训相结合，是培养大学生创业素质的必选之路。学校可以组织丰富多彩的活动：提供创业咨询和指导；请大学生参加小项目开发；组织学生模拟创业等。通过这些活动增强大学生的创新和实践能力。

在构建创业素质教育课程体系方面，要重视教学计划和课程结构体系的制定和设计。第一，在教学计划的制定方面，要从大学生入学开始就开设创业课，传授创业思想，并保持创业教育在时间和内容上的连续性，逐步深入，直到学生毕业。第二，在创业课程设置内容上，要融合基本理论、案例分析和模拟练习，注重实践教学环节，培养学生的创业技能。第三，在创业课程结构体系的设计上，学校相关教务部门要制定科学的创业课程结构体系。

（3）重视实践教学，培养学生创业能力。创业素质教育的一个重要特性就是实践性。因此，我们在进行创业素质教育的实践教学时要把握好以下三点：第一，要加强教学计划内的实践环节，如科研实验、专业实习、军事训练、劳动教育、就业指导等。同时，在教学过程中，要加强情景模拟教学，增加到企业的参观考察的机会，带学生参加社会调查，强化实训教学。第二，要加强教学计划外的实践活动，如校园文化活动、专业技能竞赛、大学生创业大赛、各类型的文化指导服务、青年志愿者活动等。第三，要加强校企合作。校企合作是实践教学的重要方式，可以积极探索各种各样的合作模式，如聘用企业在职人员为兼职教师、企业人员来校做讲座等。第四，高等学校作为培养未来人才的摇篮和基地，应该将创新素质列为大学生素质培养的重要地位。

（4）发挥政府和社会的功能，建立合理的创业机制与环境。创业教育是一项系统工程，因此要借助于社会各界的力量，为大学生创业提供一个良好的可持续的发展环境。首先，要发挥政府的服务功能，推动建立创业文化，做好大学生创业的政策引导、基金支持、以项目促进创业文化普及、将机构组织形成网络，鼓励毕业生的自我创业。其次，全社会要树立支援意识，地区开发局、非政府组织和企业都可以和学校联合开展创业教育，为在校大学生提供实习岗位、捐赠奖学金等形式帮助大学生创业。最后,要充分发挥媒体的重要作用,媒体能够为创业大学生及时提供信息,宣传相关政策,带动全社会探讨相关问题,形成和谐有序的创业气氛。大学生创业活动可以借助媒体的力量,迅捷地传递消息,感染气氛,引导舆论走向。

二、大学生创业意识的培养

创业意识的培养属于创业教育的范畴,创业教育是实施创业的一种方法论体系,是教育思想与教育实践相联系的中介领域,作为一种新的教育思想,它与当前强调的素质教育一样,是对教育观念和教育思想的一个创新,它昭示着高校教学改革的基本方向,有着深远的意义。开展创业思想教育,关键一点就是创业意识的培养,使学生变被动接受为教会学生主动或自主创业。

1. 创业意识的定义

创业意识是指在创业实践活动中对创业者起动力作用的个性意识倾向,包括创业的需要、动机、兴趣、理想、信念与世界观等要素,它集中体现了创业素质的社会性质,支配着创业者的态度与行为,并规定其方向、力度,具有较强的选择性和能动性;是创业者思维活动的产物,是创业者心理活动能动性的集中体现,是创业者源于自己的生理动机和心理动机,对所见、所闻、所知、所了解的客观事物的感觉、知觉,通过判断、推理等对已有的感性材料经过大脑加工,而形成的创业设想,是创业者内在的强烈需要和创业行为的强大驱动力。创业意识是创业者素质系统中的第一个子系统,即驱动系统。

2. 创业意识的要素

(1)创业需要,指创业者对现有条件的不满足,并由此产生的最新的要求、愿望和意识,是创业实践活动赖以展开的最初诱因和最初动力。但仅有创业需要,不一定有创业行为,想入非非者大有人在,只有创业需要上升为创业动机时,创业行为才有可能发生。

(2)创业动机,指推动创业者从事创业实践活动的内部动因。创业动机是一种成就动机,是竭力追求获得最佳效果和优异成绩的动因。有了创业动机,才会有创业行为。

(3)创业兴趣,指创业者对从事创业实践活动的情绪和态度的认识指向性。它能激活创业者的深厚情感和坚强意志,使创业意识得到进一步的升华。

(4)创业理想,指创业者对从事创业实践活动的未来奋斗目标较为稳定、持续的向往和追求的心理品质。创业理想属于人生理想的一部分,主要是一种职业理想和事业理想,而非政治理想和道德理想。创业理想是创业意识的核心。

3. 创业意识的内容

(1) 商机意识。真正的创业者,会在他创业之前、创业中和创业后,始终面临着识别商机、发现市场的考验。他必须有足够的市场敏锐度,可以宏观地审视经济环境,洞察未来市场形势的走向,以便做出正确的决策来保证企业的持续发展。

(2) 转化意识。仅有商机意识是不够的,还要在机会来临时抓住它,也就是把握机会,把商机转化成实实在在的收入和公司的持续运作,最终实现自己的创业梦想。转化意识就是把商机、机会等转化为生产力;把你的才能、你在学校学到的知识转化为智力资本、人际关系资本和营销资本。

(3) 战略意识。创业初期给自己制定一个合理的创业计划,解决如何进入市场,如何卖出产品等基本问题。创业中期需要制定整合市场、产品、人力方面的创业策略,转换创业初期战略。需要指出的是,创业战略不只有一种,也没有绝对的好坏之分,关键是要适合自己的创业之路。在这条路上应时刻保持着战略的高度,不以朝夕得失论成败。

(4) 风险意识。创业者要认真分析自己在创业过程中可能会遇到哪些风险,一旦这些风险出现,要懂得应该如何应对和化解。大学生是否具备风险意识和规避风险的能力,将直接影响到创业的成败。

(5) 勤奋/敬业意识。李嘉诚说:"事业成功虽然有运气在其中,主要还是靠勤劳,勤劳苦干可以提高自己的能力,就有很多机会降临在你面前。"大学生创业,一定要务实,要勤奋,不能光停留在理论研究上。可以从小投资开始,逐步积累经验,不能只想着一口吃个胖子。没有资金,没有人脉都不要紧,关键你要有好的思路和想法,有勇气去迈出第一步,才会成功。

4. 大学生创业意识的培养

(1) 培养风险意识,是培养创业意识的关键。创业教育不可能一帆风顺,要让大学生清楚地认识到市场是无情的,它并非每一次都会青睐大学生创业者。因此,要注重培养大学生的风险意识,使他们能够承受住创业过程中的风险和失败。现实中,很多大学生创业者只看到他人成功的表象,不顾时间、地点的差异,盲目照搬照抄别人的经验,致使自己的优势没有得到充分发挥。

(2) 培养创新意识,是培养创业意识的核心。创新意识的培养,可以激发人的潜能。在创新意识的指引下,大学生在创业过程中往往不会拘泥于固有的模式和思维,勇于进行大胆的探索与尝试,通过不同方案的具体比拟,从中找到最佳的创业捷径,为创业成功打下坚实的基础。

(3) 培养职业规划意识,是培养创业意识的保障。随着市场经济进程的日趋深入,人们择业选择的自主性和空间越来越大,而就业市场的竞争和风险,要求人们必须科学地、合理地设计自己的职业前景,这一趋势已受到人们的日益关注。近年来,"职业生涯规划"已成为出现频率较高的一个新词汇。面对准备创业的学生,必须使他们具有良好的职业规划意识,方能保证创业的成功。

(4)培养大学生吃苦耐劳的意识,是培养创业意识的前提。古人说"宝剑锋从磨砺出,梅花香自苦寒来",人的成长亦是如此,自主创业亦然。尤其是在物质生活比较丰富的今天,培养大学生吃苦耐劳的精神显得尤为重要。实践证明,只有具备吃苦耐劳的创业精神,大学生在创业实践中才能具有更高的成功率,如果生存环境过于安逸,往往影响创业的进取心。事实上,大学生在创业过程中经常会遇到一些棘手的问题。尤其在创业之初,往往条件比较艰苦,只有那些具有艰苦创业意识的人才能奋发有为,努力攻克难关。可见,培养大学生吃苦耐劳的意识,不断地在广大学生中进行艰苦创业精神教育显得十分重要。

三、大学生创业知识的培养

创业知识包括专业知识、经营管理知识和综合性知识,它能够体现创业者的文化素质,文化素质越高,创业成功的概率越高。

1. 创业知识的定义

广义的创业知识是指对创业实践过程具有意义的个体的知识系统及其结构,主要包括专业知识、经营管理知识、综合性知识等。只有系统地掌握了有关学科的基本理论和技能,才能为今后创业打下坚实的基础。

狭义的创业知识是指有关创业过程、步骤、方式等本身所运用到的具体知识。例如,大学生创业时机的选择、创业机遇的寻找、怎样编写创业计划书、如何开办小型企业、如何进行T商注册、如何向银行贷款等。

2. 创业知识的构成

一是专业知识,是从事某一专业或职业所必须具备的知识,一般是与专业、职业能力结合在一起发挥作用的;二是经营、管理知识,是从事经营管理工作必须具备的知识;三是综合性知识,是发挥社会关系运筹作用的多种专门知识,其中包括政策、法规、工商、税务、金融、保险、人际交往、公共关系等。

在创业知识的构成中,经营管理知识、综合性知识与经营管理能力和综合性能力一样,具有内部资源配置和社会关系运筹的特征,并与经营管理能力和综合性能力结合在一起,共同发挥作用。

3. 大学生创业知识的培养

(1)学理性知识。各类学科提供的理论营养:具备专业知识,认清事务本质,把握规律;经营管理知识,人员、经营目标、经营过程、销售过程的管理;财务管理知识,融资、财务结构、资金运营;税收知识,税法、税收筹划;金融知识,货币市场、资本市场等。

(2)经验型知识。从历史和现实管理实践中获得的经验,包括他人的经验和自己的经验。

(3)规则性知识。由一系列人为构建的规则及潜规则所构成,主观设计的法律性规则,也称正式约束或正式规则,如宪法、法令、法规等。理性继承的认同准则与自律等。

4. 大学生创业知识培养的途径

(1)大学课堂、大学图书馆与大学社团。创业者通过课堂学习能拥有过硬的专业知识,在创业过程中将受益无穷;大学图书馆通常能找到创业指导方面的报刊和图书,广泛阅读能增加对创业市场的认识;大学社团活动能锻炼各种综合能力,这是创业者积累经验必不可少的实践过程。

(2)媒体资讯。一是纸质媒体,人才类、经济类媒体是首要选择。例如,比较专业的《21世纪人才报》《21世纪经济报道》《IT经理人世界》。二是网络媒体,管理类、人才类、专业创业类网站是必要选择。例如,《中国营销传播网》《中华英才网》《中华创业网》等。此外,从各地创业中心、创新服务中心、大学生科技园、留学生创业园、科技信息中心、知名的民营企业的网站等都可以学到创业知识。

(3)与商界人士广泛交流。商业活动无处不在。你可以在你生活的周围,找有创业经验的亲朋好友交流。在他们那里,你将得到最直接的创业技巧与经验,更多的时候比看书本的收获更多。你甚至还可以通过电子邮件和电话拜访你崇拜的商界人士,或咨询与你的创业项目有密切联系的商业团体,你的谦逊总能得到他们的支持。

(4)曲线创业。先就业、再创业是时下很多学生的选择。毕业后,由于自己各方面阅历和经验都不够,能够到实体单位锻炼几年,积累了一定的知识和经验再创业也不迟。先就业再创业的学生跳槽后,所从事的创业项目通常也是在过去的工作中密切接触的。而在准备创业的过程中,你可利用与专业人士交流的机会获得更多的来自市场的创业知识。

(5)创业实践。真正的创业实践开始于创业意识萌发之时。大学创业实践是学习创业知识的最好途径。间接的创业实践学习主要可借助学校举办的某些课程的角色性、情景性模拟参与来完成。例如,积极参加校内外举办的各类大学生创业大赛、工业设计大赛等,对知名企业家成长经历、知名企业经营案例开展系统研究等也属间接学习范畴。直接的创业实践学习主要可通过课余时间、假期在外的兼职打工、试办公司、试申请专利、试办著作权登记、试办商标申请等事项来完成;也可通过举办创意项目活动、创建电子商务网站、谋划书刊出版事宜等多种方式来完成。

总之,创业知识广泛存在于大学生的学习、生活的视野之中,只要善于学习,总能找到施展才华的途径。

四、大学生创业能力的培养

1. 创业能力的内涵

创业能力指拥有发现或创造一个新的领域,致力于理解创造新事物(新产品、新市场、新生产过程或原材料、组织现有技术的新方法)的能力,能运用各种方法去利用和开发它们,然后产生各种新的结果。

创业能力分为硬件和软件,硬件就是人力、物力和财力;软件就是创业者的个人能力,包括专业技能和创业素质。创业素质包括创业热情、价值观、发现能力及创新能力。其中任何一个方面都是可以再细分的。与就业能力相比较,创业能力比就业能力多的是发现的眼光,创新的智慧。

2. 创业能力的特征

通过上述的内涵分析可以看出,创业能力是一种以智力为核心,具有创造性特征,与个性心理倾向和个性心理特征紧密相连,与创业的实践活动相伴而生的综合性的实践能力。

(1)创造性。人类实践的本质就是创造,创业能力是一种具有创造性特征的能力,创业能力的基础是创造能力,即在发现问题时,对问题具有高度的敏感性,观念具有高度的流畅性(多样化),能尽快、准确地做出反应,采用恰当的方式方法,创造性地解决问题。它需要有创造性思维和创造性人格的支撑。创造性思维具备创造性活动表现出新颖独特且有意义、有灵感、灵活性强、分析思维与直觉思维的统一、发散思维与聚合思维的统一等特点;创造性人格具有健康的情感、坚强的意志、刚毅的性格、良好的习惯、积极的个性意识倾向等特点。创业能力的创造性体现在创业实践的全过程中,由于优胜劣汰的社会竞争制度,创业实践中的问题解决,必须求新、求异,创业能力的创造性特征在创业实践活动中不断提升。

(2)智能性。创业能力是以智力为核心的综合性能力,智力开发为创业能力提供了有效的智力支持。智力包括观察力、注意力、记忆力、想象力、思维能力等，其中思维能力是智力的核心。创业能力以智力为核心形成了由认知能力、自主能力、职业能力、竞聘能力、社会能力等要素构成的不同层级结构，在不同层级结构中，又有许多因素组合而成创业能力的横向结构。在这纵横交错的能力结构中，若没有智能发挥作用，纵向结构的各层次之间不能灵活转换和逐级递增，横向结构的各要素之间无法有机协调整合，创业实践中的问题则难以很好解决。

(3) 综合性。从创业能力的结构中可以看出，在实践中直接发挥效率的是由多种能力有机构成的综合能力。在创业能力的五大要素中，均有独立的地位和功能，其作用和价值无法由其他要素所替代，任何一个要素的残缺不全，都会影响到其他要素的形成和发展，也影响其他要素功能和作用的发挥，创业能力的各个要素只有按照一定的关系组合和联结起来，才能形成各要素间相互依赖、相互作用的特定结构。结构方式是否合理、结构程度是否紧密，从整体上决定了创业能力水平的高低。合理组织起来的创业能力结构从整体上全方位地直接或间接影响或作用于创业实践活动，使创业实践活动的方向方式、结构和组织形式适应大的社会环境和社会变化的开放系统，从而直接关系着创业实践活动的社会运行和社会效益。

(4) 个性制约性。创业能力是在个性的制约下形成并发挥作用的，是与个性心理特征和个性心理倾向密切联系的综合能力。个性倾向性是人的身心组织的动力机制，它在相当程度上决定了一个人是否敢于创业。由于个性心理特征和个性心理倾向具有鲜明的个性化特点，从而决定了人的创业能力也因人而异。不同心理特征的人，创业过程中身心投入程度也不同，有的指手画脚、夸夸其谈，有的身体力行、出谋划策；不同心理特征的人，创业能力发挥作用的方式也不同，有的敢于冒险，直截了当，有的善于智取，迂回曲折。美国著名管理大师彼得·德鲁克这样描绘成功的创业者："有的偏激，有的驯服；有的胖，有的瘦；有的焦躁，有的从容；有的喜欢豪饮，有的滴酒不沾；有的英俊热情，有的呆板冷漠。"尽管成功的创业者千差万别，但其中还是有很多共同的东西可以描述这一特殊群体的特征。在开拓型个性影响下的创业实践活动，具有明显的连续性和持久性，不屈不挠的意志，求异创新的思维，激情昂扬的斗志，果敢敏捷的行动，在成功与失败、机遇与挑战、顺境与逆境的交替中发挥着重要作用，是实现预期目标，获得创业成功的重要保证。

(5) 社会实践性。创业实践活动影响着创业能力的形成与发展，创业能力只有在创业实践活动提供的规定情境中，才能从无到有、从不成熟到成熟逐渐形成；只有创业实践活动所提供的艰巨而富有挑战性的任务，才能激发创业者的创业激情，启动创业能力，可以说，创业能力的培养离不开实践活动。创业实践活动也为创业能力发挥作用和功效的客观条件和环境,为创业能力表现的发挥提供了时空统一的社会舞台,创业能力也只有在创业实践中才能发挥作用和功效。所以说创业能力往往与创业的实践活动相伴而生、紧密相连。

3. 大学生创业能力培养

(1)注重"通识学习"能力的培养。通识学习是关于人的生活的各个领域的知识和技能的学习,其涉及范围宽广全面。大学生除了学习一门专业知识外,还要注重"通识学习",专业知识有利于寻找到创业的切入点,而创业涉及各方面的知识。学习经济学知识,了解基本的经济学常识和经济政策,市场构成及投资项目的可行性研究,市场营销与广告、促销和创业的相关知识;学习企业管理知识,懂得如何进行企业战略管理、生产管理、市场开发管理、人力资源管理等;学习法律知识,学会把握国家政策和法律法规,特别是地方政策和法律法规,知法守法,合法经营,学会利用法律保护自己的合法权益;学习金融财务知识,把握企业的经营状况,疏通各种融资渠道;学习外贸知识,有利于企业做大,进行各种进出口贸易;学习心理学知识,有利于各种逆境中调整自身的心态,把握下属的心态有利于管理,把握竞争对手的心态有利于赢得主动;学习文史知识,可以提高人文底蕴、了解民情风俗,一个新产品、一个新的推销方案是不是与当地民情风俗相矛盾,是需要确定的。创业知识涉及某个专业、管理学、心理学、社会学、经济学、组织行为学等各方面知识。需要说明的是,大学生在校期间还是以学习专业知识为主,但要注重提高"通识学习"的意识,利用各种业余时间来学习其他方面知识,学习专业知识但不要陷入专业圈子里,知识的学习要有开放性,掌握"通识学习"的人会受益终生,同时学习过程也会贯穿一生。

(2)积极参加创业实践。创业是一个复杂而又艰巨的过程,它对创业者的综合素质要求很高,要求创业者具有合理的知识结构,具备一定的管理知识、商务、税务、投资、法律知识、创业知识和专业知识等,另外,还必须培养些独特的创业素质,包括自立、自强、进取、意志、创新等,再者,还需有合理的能力结构,包括实践能力、开拓创新、组织领导、协调协作和沟通能力、创业能力、创造能力和社会交往等能力。

在所有这些素质之中,除天赋与禀性以外,事业心、责任感、机会识别能力及敢于冒险、充满激情、智慧创意等都是通过在实践中培养和训练获得的。在校期间,积极参加实习活动、创业大赛、市场调研、创业讲座等,利用好大学生创业园区的产学研一体环境,提高实际能力。步入社会,要投身到各种实践活动,不要贪图享受,追求舒适、享乐的工作,不付出、不奉献就意味着没有前途,不要惧怕挫折,一种人把挫折当成绊脚石,而另一种人把它当成通往成功的阶梯。

第四节 大学生创新创业素质教育实践

一、拓展大学生创新创业实践的基础知识与基本技能

1. 构建学科群创业课程模块

通过创建"学科群核心知识集合模块课程"的培养体系,开展大学生职业生存与发展能力训练,提高学生就业竞争力和职业发展能力。建立"学科群核心知识集合模块课程"的培养体系,就是通过设立多元性、开发性与灵活性的专业能力训练模块,满足学生对就业能力和职业发展的迫切需求。

(1)职业能力训练模块。所谓的职业能力指的是人们从事某种职业所需要的多种能力的综合,包括职业技能、职业素质等。

职业能力素质训练课在课堂教学中围绕"一个中心",即学生职业综合素质协调发展与健康成长;发挥"两个作用",即教师的教书育人作用与学生的自我教育作用;实行"三个转变",即教师教学方法、学生学习方法、考查方式的转变;突出"四个重点",即自我教育与人格发展、潜能激发与挫折应对、团队意识与人际沟通、社会适应与职业素质提升;设计"五个环节",即体验、分享、交流、整合、应用。

职业能力训练课程并不是简单的理论加实践,应用型本科院校课程改革的重心应突出职业实用性在课程中的主体地位,用工作任务来引领理论,也就是说,课程建设不应采用传统的理论来编制课程教学大纲和实施教学大纲,而是要根据职业岗位的一般职业素质、"身体-心理"素质及岗位适应能力等的需求特征,来作为工作任务,进行课程设计、实施教学过程与教学评价。

实践证明,体验式职业能力训练是提高学生职业素质的有效手段,应针对职业人员综合素质需求特征及需要对训练项目进行遴选、归类、整合和设计,不同的职业综合素质应采取相对应的训练案例。这对有效保障训练质量具有重要作用。

(2)营销创意模块。营销创意是一种让营销变得与众不同的想法,对一般品牌来说,营销的难度较大,因此更需要创意来整合内容,使常规内容尽可能做到有趣、有关、有价值。创意营销与其他营销模式的最大不同在于,它将统一的创意理念贯穿于产品的研发、生产、推介和销售等各个环节,避免了传统模式中生产与营销脱节的弊病。

创意营销的最终落脚点是市场,要通过销售渠道、销售手段、销售策略等的创

新,最大限度地扩大产品的知名度、影响力,进而提高产品的市场占有率。一些媒体为此进行了不懈探索,譬如通过举办各种公益活动吸引媒体注意力、开展互动性强的社区活动来吸引受众参与、在各种媒体终端同时进行全方位推介等,既充盈着职业精神的气息,也闪烁着创意策划的光彩。

(3)投资理财模块。随着社会不断地发展,学习投资理财是大学生的必修课,同样也是大学生养成正确消费观念的重要阶段,帮助大学生树立正确的理财观,是引导当代大学生形成正确的价值观、人生观和世界观的有效路径,也是构建和谐校园的重要手段,更是培育出具有创新精神和实践能力的应用型人才的捷径。投资理财方式的选择是大学生投资理财的必经之路,作为大学生,资金来源有限并且量小,应该学会怎样用这有限的资金来培养自己投资理财的能力。

通过对存款、股票投资、基金投资、债券、外汇、彩票投资的理论的运用学习和设计,提升当代大学生的投资理财意识,帮助大学生树立正确的投资理财目的,制定理财规划;根据大学生承受风险的能力、资金,选择合适的投资工具,寻找适合自己的投资理财方式;能够有效地结合个人的实际情况,制定理性的消费计划,为每次的消费做一个预算,在控制自己消费的情况下,对多余的资金进行合理科学的投资理财。

2. 做好大学生创业课程的课外辅导工作

创业教育模式是将第一课堂与第二课堂相结合,将创业教育融入素质教育之中,以提高学生自身能力与素质。创业教育重在引导学生产生创业意识,完善知识结构,不断提高学生的综合素质。在第一课堂方面,学校不断调整教学方案,增设更多的创业教育系列课程,目的在于给予学生更多自主选择的空间,以鼓励学生创新思维。在第二课堂方面,学校鼓励学生走进社会,运用自身的专业知识,创造性地投身于各种社会活动中,形成以专业为依托、以项目和社团为组织形式的"创业教育"实践群体。

二、大学生创新创业实践能力培养

创业需要激情和勇气,更需要理性的思考,无论是大学生还是其他创业者,在市场中接受的考验是一样的,所有创业者创办的公司都处于同一起跑线上。创业实践教育弱化甚至缺失是造成大学生自主创业率低的主要原因之一。而高教园区构建大学生创业实践平台,有助于培养大学生的市场意识和客户导向意识,促使其将目光从课堂投向市场,将理论转化为实践,促使学生在"实践—认识—再实践—再认识"这一循环中提升综合实力。所以,改进现有的知识传授型人才培养模式,研究创业实践对大学生创业的影响,在高教园区构建创业实践平台对创新创业型人才培养显得尤为重要。

1. 大学生校内创业实践平台

(1)开设创业教育课程。提升学生的创业实践能力,需要相应的创业课程作指导和铺垫,开设创业教育相关课程,如中小企业创业、创业政策、创业计划、创业选择与实施、创业管理、创业案例分析等。

(2)开展创业实践活动。主要是模拟创业项目,参加创业大赛,在学校建立的创业实践基地或大学生创业园创业。

(3)建设校内创业实践基地。校内创业实践基地建设主要包括创业基地的规划、创业实践相关制度规范的建立,如项目的申请、立项、进驻、退出等运作机制与考核办法。

2. 大学生网络创业实践平台

努力发挥高校的积极作用,促进大学生网络创业健康有序发展。建立高校毕业生网络创业风险基金,支持大学生网络创业。给予学生必要的资金支持,同时鼓励学生利用创业计划多渠道筹措资金。鼓励和积极开展大学生网络创业竞赛活动,提高大学生创业意识和创业能力,促进创业意识、创业能力的提高。对于电子商务类专业学生,可以考虑将网上创业纳入教学实践,通过理论与实践的联系,在提高学生创业能力的同时增加就业机会。

高校应当结合院校所在地和生源所在地的区域经济特点开展创业指导。同时要积极、持续、稳步推进大学生网络创业教育培训活动,促进中西部落后地区大学生网络创业意识和能力的提高,尽快缩小地区差距。

3. 大学生校外创业实践平台

利用校外实训基地进行创业实践,需将学校和企业两者利益结合起来,寻求最佳切入点。

(1)选择合适的企业合作开展创业实践。目前院校所建设的校外实训基地都是建立在校企合作基础上的,选择合适的合作企业很关键,和什么样的企业合作有利于开展创业实践必须经过慎重考虑,否则很容易沦为只有一纸合作协议。在建设校外实训基地开展创业实践时,要综合考虑企业规模、所属行业与学校相关专业的契合度。一般来说,大型企业在投资项目规模、周期等方面与高职院校的创业实践要求相差较大,所以与大型企业合作建设的校外实训基地并不适合进行创业实践,反之,中小型企业投资项目进展会比较快,其规模和周期比较适合与高职院校开展合作进行创业实践。

(2)共建创新创业实践项目。创新工作室以项目为导向,进行创业项目的选择、论证、实施、反馈,所选创业项目跟企业经营范围相关。创新工作室的建设由学校老师和企业指派人员共同负责,具体运作由学生创新团队来进行,项目运作最终要以能给企业带来效益或市场为目标。

三、大学生创业团队的组建

1. 创业团队、大学生创业团队

(1)关于创业团队的界定,理论界还没有统一的定论。Kamm 认为,创业团队是经过构想,决定共同创业并成立公司的一群人。Mkchel 则把创业团队定义为参与且全身心投入公司创立过程,并共同克服创业困难和分享创业乐趣的全体成员。不过大多学者认为,创业团队是联合起来创立一个企业的两个或两个以上的个体,这些个体有着共同的财务利益,而且在企业的前创业期就已经存在。大学生想要成功实现创业,实现人生的梦想,就必须以组建创业团队的方式进行。而什么又是"大学生创业团队"呢？在大学生创业的基础上发现和把握商业机会,由几个有共同的目标并有相同的价值观组建的大学生创业团队,这个团队特点是成员素质普遍较高,都接受过不同专业领域的系统学习和训练,能较快地实现自身的创业目标；大学生创业团队之间既有竞争又有不同行业间的互助,这是与以往传统的创业模式所不同的。

(2)创业团队的组成与结构。Ballow 和 Nordhaug 认为如果创业团队成员为七人或七人以上,会需要太多的管理费用,并且在管理权威与股东权益之间会产生很多冲突。Sandberg 认为对投资者而言,创业团队为三到四人是一个较好的选择。而在创业团队的角色构成方面,Timmons 认为创业团队总是需要一个人扮演领导角色,他能明晰企业的愿景,提出战略让团队其他成员去实现。Ensley 表明,创业团队中存在着领导者,领导者的创业愿景和自我效能感要强于其他的创业团队成员,但其创业技能与其他团队成员没有显著差异,且创业团队的业务增长与领导者的愿景正相关,而与其技能和自我效能感无显著相关。部分学者关注了领导角色扮演者同团队中其他非领导角色之间个性和行为特征差异,他们之间的政治平衡,以及创新战略方面的差异。优秀的创业团队除了领导角色之外,还包括技术专家、赞助人、项目领导者、守门员等角色。

2. 大学生创业团队的特征

大学生创业团队相较于一般的创业团队,其最明显的区别在于创业成员均为大学生,他们拥有较高的学历,较强的专业基础知识,有丰富的知识背景,在能力、技术水平等方面也有一定的优势,通常其创业首先会选择高新科技和一些技术性较强的项目,以发挥其所学知识和技能;其次会选择成本少,风险较小的项目,即使失败,也不会造成非常严重的后果,反而能让大学生从中汲取经验教训,东山再起。对于大学生而言,他们头脑灵活,思维活跃,具有强烈的创新意识和自我实现意识,接受新鲜事物能力强,也能很快通过学习将知识转化为产出。

大学生创业团队的优势可以归纳为:①大学生思维活跃,精力充沛,想象力丰富,对创业具有极大的热情,创新意识和能力较强;②大学生具有较强的专业基础知识和技能,如从事本专业或与之相关的创业活动,成功的概率较高;③大学生的学习能力强,能很快地学习和掌握新鲜事物,善于寻找商机把握机会。

然而,大学生毕竟处于相对封闭的大学校园内,接受的是书本知识而非实践技能,因此大学生创业团队在创业过程中,由于其社会经验、人生阅历等方面的限制,会使得大学生普遍缺乏概念技能,不能很精准地把握市场的变化,也很难适应社会激烈的斗争。除此之外,资金问题也是大学生创业的首要问题,虽然政府出台了很多政策鼓励大学生创业,但是大学生创业企业往往融资困难,流动资金紧张,大学生往往对于企业财务概念很模糊,也会导致企业财务管理混乱。

因此,大学生创业团队要想获得成功也面临着很大的考验。大学生创业团队的劣势可以归纳为:第一,大学生创业团队的稳定性较差;第二,大学生创业团队对市场把握不够精准;第三,大学生创业团队技术力量缺失。总体而言,缺乏专业经营知识和社会经验、稳定性差是大学生创业团队遇到的普遍问题。

3. 在校大学生创业团队组建的思考

要组建一支优秀的大学生创业团队,首先团队成员要志同道合,有共同的创业梦想,相同的价值观和金钱观。志同道合是彼此合作的基础,只有志同道合的创业者才能在创业的道路上相互体谅,共同承担,风雨同舟。志不同道不合很容易在合作的过程中产生分歧,信念和想法很难融合在一起,即使是为了共同创业勉强融合,也会在今后的进程中逐渐暴露出不可调和的矛盾,合作最终很难取得成功,创业的成功就更遥不可及。

其次,创业团队成员要优势互补,性格和能力多元化。创业者之间需要了解彼此的优势和劣势,扬长避短,优势互补,在创业中充分发挥每个人的优势,使得1+1>2,从而实现整个组织所拥有的技能、知识、资源等最大化,使创业企业能够更快的步入正轨并稳步发展。

再次,大学生创业团队需要不断地学习,成为一支学习型创业团队。大学生在学校学习的知识毕竟有限,因此创业并不是学习时期的结束而是新的学习的开始。所谓厚积薄发,只有不断地学习吸收新的知识和掌握更多更宽广的技能才能保持创业团队的生命力和创造力。团队中每个成员需要意识到自己的劣势,通过不断学习来完善各方面的不足,在团队中形成浓烈的学习氛围,从学习中汲取更多的营养和资源,从而促进整个创业团队的强大及创业企业更高效快速地发展。

大学生不仅要学习与创业相关的专业知识和技能,还要学习创建企业所涉及的法律知识和常识,如《合同法》《公司法》《经济法》《税法》等与经营活动相关的法律知识和工商管理的相关规定,才能顺利地创办新的企业,在遇到相应问题时才能妥善解决。

最后,大学生创业团队需要规范化的管理。在团队创建之初要制定好相应的规章制度,明确今后的利益关系和分配原则。大学生创业团队的形成大都以情感为纽带,但是管理一个团队仅依靠友情支配是不够的,还需要理性的和有约束性的规章和制度作为共同创业的行为准则,才不至于在企业发展过程中产生不必要的争议和纠纷,而损害整个创业团队的利益。

第六章　大学生文化素质教育

第一节　文化及大学生文化素质教育

文化与文化素质是两个不同的概念,我们有必要先从理论上弄清两者的区别与联系。

一、文化的基本内涵

文化的含义有广义与狭义之分,广义的文化现象等同于社会现象,狭义的文化现象就是精神现象,不包括客观现象或物质现象。这里我们只列举《中国大百科全书》的《社会学卷》和《哲学卷》来说明这点。《社会学卷》说:"广义的文化是指人类创造的一切物质产品和精神产品的总和。狭义的文化专指语言、文学、艺术及一切意识形态在内的精神产品。"《哲学卷》说:"广义的文化总括人类的物质生产和精神生产的能力、物质的和精神的全部产品。狭义的文化指精神生产能力和精神产品,包括一切社会意识形态,有时又专指教育、科学、文学、艺术、卫生、体育等方面的知识和设施,以与世界观、政治思想、道德等意识形态相区别。"这两个定义基本上是一致的,不同的只是后一个定义把精神产品又分为两类,一类是意识形态,另一类是非意识形态,认为更狭义的文化指非意识形态的精神产品。那么,在这广、狭两种定义中有没有一个为人们更多地使用呢?这两卷都没有提出和回答这个问题,但《社会学卷》曾指出,从词源上讲,在西方,文化的含义是从农作物的培育引申出来的,指人的品德和能力的培养;在中国,与文化相并列的是武功,即文治教化之意,并说:"文化一词的中西两个来源,殊途同归,今人都用来指称人类社会的精神现象",但是"历史学、人类学和社会学通常在广义上使用文化概念"。应该指出,对文化作狭义的理解具有更泛性的趋势,而且从文化理论和文化建设来讲,应该使用狭义的理解,狭义的文化是严格意义的文化,即人类的精神现象和精神产品。

文化一词在马克思主义经典作品中多次出现,但它不是一个特定的术语,其含义是比较宽泛的。他们没有把经济、政治和文化三者并列起来说明社会结构。他们用以说明社会结构的术语是社会存在与社会意识、生产力和生产关系、经济基础（生产关系总和）和上层建筑，上层建筑包括政治和意识形态。如果把文化与经济、政治并列起来，显然文化与意识形态不能相等，因为意识形态只是精神领域的一小部分，所以文化大于意识形态。一般马克思主义哲学教科书创造了"意识形态"一词用以称呼包括意识形态在内的全部意识，但也没有用"文化"一词。毛泽东在《新民主主义论》中提出了经济、政治和文化三者并列的社会结构理论，并规定了三者之间的关系："一定的文化（当作观念形态的文化）是一定社会的政治和经济的反映，又给予伟大影响和作用于一定社会的政治和经济；而经济是基础，政治是经济的集中表现。这是我们对于文化和政治、经济的关系及政治和经济的关系的基本观点。"不难看出，毛泽东的社会结构三分理论与马克思、恩格斯的社会结构二分理论在基本内容和基本基点上是一致的，毛泽东对三者关系的规定根据的就是社会存在决定社会意识、政治是经济的集中表现等原理。因此，毛泽东的三分理论与西方学者的三分理论形式上是一致的，观点上是对立的：毛泽东坚持的是唯物史观，而西方学者坚持的是文化史观，即认为文化或精神是人类社会发展的最后的决定力量，这是一种唯心史观。因此，马克思主义者有时也采用社会结构三分理论来阐明一些问题，不管人们如何理解三者的关系，只要把三者并列，就是承认文化不是经济、政治，而是经济、政治以外的东西，即精神活动及其产品。这就是前面提到的对文化狭义的理解。

从前面的论述可以看出，唯物史观认为文化作为精神活动及其产品是经济、政治的反映，经济是物质活动及其产品，政治不是物质活动，但也是改造社会的客观活动，由于它是经济的集中表现，因而在经济与文化之间起着中介作用，因此，文化是经济与政治的反映，而归根到底是经济的反映。但是，文化还具有相对独立性，因而能反作用于经济基础和政治，其本身也具有传承性和稳定性，是人类社会结构不可缺少的一部分。文化水平的高低也是衡量一个社会文明程度的标准之一。我们对文化内涵的回答就是：文化是人类的精神活动及其产品，是经济和政治的反映，归根到底是人类物质活动的反映。

文化是一个复杂的巨系统，其整个结构可以分为四个层次。第一个层次，在最广泛的意义上，文化包括物质文化和精神文化两部分，是人类实践和智慧所创造的全部物质财富和精神财富的总和，它体现了人类所特有的物质力量和精神力量所达到的水平和活动方式。有人主张把社会的经济、政治等制度，组织，设施及人们参与这些事务的行为方式等从物质文化、精神文化中划分出来，概括为制度文化或行为文化，与物质文化、精神文化并列为三个部分。第二个层次，是指精神文化。

其中包括语言和逻辑；自然科学和技术；人文和社会科学；哲学、艺术、宗教；人们的生活方式、思维方式；民族性格、风俗习惯等社会心理；伦理道德；教育、文化等理论、制度、设施、组织及活动方式；等等。第三个层次，是指精神文化之中被称为社会意识形态的那些观念文化，主要包括政治、法律思想、道德、艺术、宗教、哲学等形式。它们与社会的经济和政治状况联系比较直接，比较密切。作为观念形态的文化，是社会上层建筑的一部分，是社会经济基础的反映，受政治上层建筑的制约，同时又反过来对经济、政治产生巨大的作用和影响，表现出特殊的社会属性。第四个层次，是文化的核心：人们的世界观、价值观、人生观。这四个层次互相关联，构成统一的文化整体。当与经济建设、政治建设相对应来使用文化建设这个概念时，是指精神文化，其外延同物质文明相对应的精神文明一样。有时人们把政治、法律、科技、教育等独立分类，把其余的精神文化现象称为文化，这是实际应用的需要，如政府设立的文化部，其工作对象就只是精神文化的一部分。

二、文化素质的内涵

所谓文化素质，通常是指人们对文化知识的掌握程度及运用发展的能力和品格。文化知识、文化经验、文化智能、文化应用能力和创造发明能力，是构成文化素质的基本因素。

1. 文化素质是人们对于文化的掌握

人类的文化是一个复杂庞大的体系，人们对它的掌握程度通常包含两个方面：从横的方面看，是个别门类的还是多门类的，即知识面宽还是窄；从纵的方面看，对某一门类或几个门类的知识是肤浅地了解还是深入地研究，即知识的深与浅。这"博"与"渊"两个方面的结合构成了一个人的知识结构或框架。一般地说，具有渊博知识的人，其文化素质就高，反之就低。通常说，人们文化知识渊博与否与接受教育的程度有关，教育发展程度一般决定着该国国民总体的文化素质。

2. 文化素质是人们对于文化的运用

毛泽东同志说："读书是学习，使用也是学习，而且是更重要的学习。"有了一定的文化知识之后，这仅是第一步，还必须学会运用文化的技巧和能力，会在实践中去运用它，使之起到团结人民、教育人民、启迪智力、净化灵魂、服务于生产、服务于社会的作用，达到帮助人们改造主观世界和客观世界的目的。如果有了文化不知道或不会应用，就不能说具备了完备的文化素质。因此，在文化建设中应提倡知识教育与智力开发并重，学习文化与应用文化并重，切实提高全民族的文化应用能力。

3. 文化素质是人们对于文化的发展

马克思主义认为,物质世界是发展变化的。人们对于它的认识也是发展变化的,永远不会完结。文化作为人类社会的精神现象,也需要发展变化。人们对于文化的发展主要包括:从前人那里学习与继承的文化;对前人的文化进行改造利用;吸收外来民族或国家的文化;依据社会实践不断发展文化的内容;依据文化实践创造新的文化形式;把原有的文化形式推广应用到一个新的领域等。但是,无论如何,这种发展、创新都是在吸收、借鉴、利用过去文化的基础上进行的。正如列宁所指出的:"当我们谈到无产阶级文化的时候,就必须注意这一点。应当明确地认识到,只有确切地了解人类全部发展过程所创造的文化,只有对这种文化加以改造,才能建设无产阶级的文化。"(参见《列宁选集》第4卷第348页)

三、大学生文化素质的要求

1. 正确的政治方向

习近平同志指出:"中国特色社会主义理论体系,是马克思主义中国化最新成果,包括邓小平理论、'三个代表'重要思想、科学发展观,同马克思列宁主义、毛泽东思想是坚持、发展和继承、创新的关系。马克思列宁主义、毛泽东思想一定不能丢,丢了就丧失根本。"(习近平在十八届中共中央政治局第一次集体学习时的讲话)这就要求我们,努力学习和掌握马克思主义的立场、观点、方法,树立共产主义崇高理想和世界观、人生观,身体力行共产主义道德;要自觉接受马克思主义指导,把坚定正确的政治方向放在首位,不搞指导思想上的多元化;要坚持为人民服务的宗旨,使文化建设服务于社会,服务于人民群众,服务于人民不同层次、多方面的精神需求,激发人民建设社会主义的积极性,使之转化为巨大的物质力量。

2. 广博的文化知识

人类的知识包括三个部分:一是人类对于自然界的知识,也称之为自然科学;二是人类关于社会的知识,也称之为社会科学;三是哲学,哲学是人类对于自然、社会和人类思维的普遍本质和规律的概括和总结。从时间上看,人们还可以把这些知识分为古代的、近代的和现代的知识。列宁说:"无产阶级文化并不是从天上掉下来的,也不是那些自命为无产阶级文化专家的人杜撰出来的,如果认为是那样,那完全是胡说。无产阶级文化应当是人类在资本主义社会、地主社会和官僚社会压迫下创造出来的全部知识合乎规律的发展。"(参见《列宁选集》第4卷第348页)大学生是优秀传统文化的继承者和未来文化的开拓者,应当用人类所创造的全部知识来丰富自己。需要指出的是,近年来由于基础教育中存在着片面追求升学率的倾向,理工科学生轻视人文知识学习,文科学生忽视自然科学知识学习,这种过早的分流引起中学生知识的片面性,造成中学阶段知识结构的不合理,并把这种缺陷带进了大学阶段。因此,大学生应自觉克服自己知识面的狭窄性,自学和选学一些非专业学科,扩大自己的知识视野。

3. 系统的专业知识

大学生的专业知识通常包括四个部分:专业基础理论;技术基础理论;基础技术;专业技术。在这四个部分中,前面两者是解决智能问题的,后面两者是解决技能问题的,它们相互制约,缺一不可。如果放松了基础理论学习,就会失去专业发展的内在动力,把大学生降低为普通技工水平;如果放松了技术的掌握,就无法把专业理论与实践结合起来,削弱了大学生的实际动手能力。因此,大学生应当坚持理论与技能训练相结合、专业学习与专业实践相结合,并具备比较系统的专业知识。另外,由于存在着专业目标确定性与社会需求不确定性的矛盾,大学生还要注意拓宽自己的专业知识面,尽量吸收邻近学科与专业的知识与技术,争取做到一专多能。

4. 较强的文化创造才能

建设和发展中国特色社会主义的文化,是一项开拓性的事业,社会主义大学生作为未来文化的建设者,必须具备较高的创造能力,必须深深根植于中国大地和依靠人民的力量,面向现代化、面向世界、面向未来,创造出无愧于伟大时代的社会主义文化。要不断锻炼自己的创造思维能力、理论研究能力、实践应用能力和文化创作能力。要做到这一点,必须坚持努力学习与深入实践、勤于思索、勇于创新的统一。

一般文化知识、专业知识和创造才能,构成了大学生文化素质的基本框架。如果说一般文化知识是这个框架的底部,专业知识是它的躯干,创造才能则是它的顶点。

四、大学生文化素质教育的基本内容

文化素质教育是素质教育的切入点和出发点,我们要着力于提高学生的文化知识综合素养,提高学生鉴赏的品位,完善其人格的意识和人文的意识。

1. 思维方式教育

学生步入大学,面临着一个全新的教育方式,从学生的角度讲,应当培养自己对知识的汲取能力。在对知识的追求上，不能像在中学学习那样，只围绕着有限的几本教科书进行学习，应当在学好专业知识的同时，广泛地汲取知识。因此，就面临着一个学习方法的变革。要学生彻底抛弃过去死记硬背的学习方法，教师的责任重大。教师在进行文化课教育的同时，要进行思维方式的教育，也就是教给学生汲取知识的能力。因为任何教师都不可能教给学生所有的书本知识，也不可能教给学生终生能用的知识，尤其是在21世纪的知识经济时代，知识的淘汰速度越来越快，如20世纪90年代初计算机专业毕业的学生，如果其知识没有更新，他原来所学的知识大部分已没有应用价值。

2. 审美情趣教育

我们倡导人文精神教育，其中的主要目的就是全方位地培养学生的兴趣，扩充学生在校期间的知识接受量，其中一部分就是审美情趣的培养，也就是美学教育。在一般院校实施的美学教育有别于美学的专业教育。应注重的是从美学的观点（审美），培育学生健康向上的业余爱好，更重要的是也要培养学生学会欣赏、学会享受这样的爱好，从而使学生的身心得到健康的发展，以为社会所用。

3. 创新精神培育

教育要"面向未来"，是一个迎接信息时代学习革命的教育发展战略。信息社会的进一步发展，将引起人们的生存环境、生产方式、生活方式、工作方式、人际交往方式乃至思维方式的变革，从而导致教育目标和人才培养模式的变化。社会及科学技术的进步，经济的发展，不是单纯地使用前人所总结的经验，或科学知识，也不单纯是站在先人的肩膀上走路。重要的是有所创新，也就是对知识或经验有所发展。在大学教育阶段，我们应当注重培养学生的创新精神与创新能力，也就是尽可能地扩充学生的知识面，培养学生善于思维、善于创新、勇于突破老的思维方式或惯用模式的能力。这一点，对于学生走向社会尤为重要。

4. 人格意识培育

所谓人格，是指现实的有特色的个人，是人经由社会化获得的，具有内在统一性和相对稳定性的个人特质结构，是人思想和行为的综合。人生的意义，人生的追求、目的、理想、信念、道德、价值等，其高尚的、善良的、健康的精神，就属于要发扬的人文精神。人的精神空虚，是由这方面的失落、混乱和迷误造成的。生老病死，得失际遇，穷达祸福，顺利和挫折，机会和风险，在这些问题面前，如果没有科学的通达的态度，没有高尚的坦荡的情操，就容易被神秘主义和迷信所俘虏。在中国现今的经济环境下，人文精神在大学教师中的建立，其结果不仅只是对教师本人成长产生影响,而且会对一批人,对社会环境产生良好的影响。高校应在加强科学教育的同时,在教师与学生中加强人文教育,使教师与学生既有良好的科学素质,又有较深厚的人文精神;既有专业知识,又有健全人格,以为社会服务。

第二节 坚持先进文化是文化素质教育的政治原则

一、当代中国先进文化的内涵

1. 当代中国先进文化的基本内涵。

习近平同志指出,一个国家、一个民族的强盛,总是以文化兴盛为支撑的。没有文明的继承和发展,没有文化的弘扬和繁荣,就没有中国梦的实现。中华民族创造了源远流长的中华文化,也一定能够创造出中华文化新的辉煌。要坚持走中国特色社会主义文化发展道路,弘扬社会主义先进文化,推动社会主义文化大发展大繁荣,不断丰富人民精神世界,增强人民精神力量,努力建设社会主义文化强国(《习近平总书记系列重要讲话读本》——关于建设社会主义文化强国)。结合马克思主义、毛泽东思想,分析这段表述,至少涵盖了如下几层要义。

第一,中国先进文化的前进方向通过什么来体现的问题。那就是党的理论、路线、纲领、方针、政策和各项工作,说到底就是通过党的事业的全部来体现。代表中国先进文化前进方向的要求,成为党的理论、路线、纲领、方针、政策和做好各项工作的重要组成部分,换句话说,党要完成新的伟大工程,要实现共产主义的社会制度,党的旗帜上必须永远鲜明的写上:"始终代表中国先进文化的前进方向。"

第二,中国先进文化的前进方向必须体现在哪几个重要层面上。那就是导向所指的"坚持走中国特色社会主义文化发展道路,弘扬社会主义先进文化,推动社会主义文化大发展大繁荣,不断丰富人民精神世界,增强人民精神力量,努力建设社会主义文化强国"。以坚持、弘扬、推动、丰富、增强及建设为主线,构成了一幅骨架坚实、脉络清晰的中国先进文化前进方向的结构示意图。

第三,代表中国先进文化,建设中国先进文化的根本目的或目标,就是促进全民族思想道德素质和科学文化素质的不断提高,说到底就是要使社会主义精神文明建设上水平、上台阶。一方面,中国先进文化能够促进全民族思想道德素质和科学文化素质的不断提高;另一方面,随着全民族思想道德和科学文化素质的不断提高,先进文化的先进性会得到新的提升,先进文化的内涵将更为丰富,更为世人瞩目。两者交互作用,互为升华。

清楚地赋予了中国先进文化前进方向的功能和作用,就是为我国经济发展和社会进步提供精神动力和智力支持。其功能作用大体通过五个方面表现出来:一是通过坚持和捍卫马列主义、毛泽东思想、邓小平理论的教育实践活动来坚定全社会的理想信念,同时通过发展马克思主义、创新社会主义理论来凝聚起坚不可摧的强大的精神支柱。二是通过正确引导人们"认识资本主义发展的历史进程""社会主义发展的历史进程""我国社会主义改革实践过程对人们思想的影响""当今的国际环境和国际政治斗争带来的影响"等重大理论问题,从而激发起更加高涨的改革开放和发展社会主义市场经济、充分展示社会主义优越性的热情,把两个文明建设不断推向前进。三是通过提高全社会的思想道德素质和全民族的科学文化素质,使中国先进文化的内涵更加深邃,前进方向更加明确。四是通过有鉴别、有选择地吸收外来文化的一切优秀成果为我所用,使中国先进文化更加完美,为世界和人类所共识共赏。同时采取积极的防范、抵御措施,最大限度地消除外来文化的消极成分的影响,保持中国先进文化的前进方向永不迷航。五是通过全面开掘、全面创新,使中国先进文化的百花园更加生机盎然、硕果累累、众心向往,以满足不同地域、不同知识层次人们的欣赏水准,在推动需求的过程中发展,以及繁荣中国先进文化。

2. 当代中国先进文化的特质内涵

文化是一定社会的经济和政治在观念形态上的反映,是人类社会历史发展的积淀。当代中国的先进文化,应当是我国现阶段经济、政治和社会状况的反映,它应当而且必须具备如下属性:是以马克思列宁主义、毛泽东思想、邓小平理论为指导的社会主义文化;是与封建主义、资本主义文化有着本质区别的社会主义初级阶段的文化;是与社会主义中级、高级阶段的文化在理想信仰、价值原则、伦理道德的实现程度、层次和范围上具有一定差别的文化;是反映我国现阶段经济、政治状况,符合中国人民根本利益和愿望,符合人类文明进步的方向和潮流的文化;是有利于改革开放,有利于发展社会主义生产力,有利于全面提高人们的综合素质,有利于推进社会主义现代化建设的文化。

综上所述,我们对当代中国先进文化的特质内涵可以作如下概括,即它是民族性与时代性、民族性与世界性相统一的文化;是反映人民意志、代表人们利益的文化;是把弘扬科学理性精神与倡导人文精神相统一的文化;是适应并引导、促进社会主义市场经济建设健康发展的文化;是与现代化进程相适应的文化。

二、发展先进文化的基本要求

建设和发展中国特色的社会主义文化,是一个不断推进的历史进程,是一项复杂艰巨的历史任务,必须作长期不懈地努力。要始终坚持中国先进文化的前进方向,就必须从以下几个方面做起。

1. 要始终坚持马克思主义在思想文化领域的指导地位,决不能搞指导思想多元化

马列主义、毛泽东思想和邓小平理论,是我们认识世界、改造世界的强大思想武器,也是先进文化的灵魂和指南。只有以这一科学理论为指导,才能使我国的文化建设沿着正确的方向健康发展,才能引导人民树立正确的世界观、人生观、价值观,抵御各种腐朽、没落的思想文化的影响,才能保证全党和全国人民形成共同理想和强大的精神支柱。

坚持马克思主义的指导地位,就要正确看待马克思主义与其他各种文化的关系。马克思主义之所以正确,具有强大的生命力,是因为马克思主义这一无产阶级的思想体系赢得了历史性的意义,它并没有抛弃资产阶级时代最宝贵的成就,相反却吸收和改造了两千多年来人类思想和文化发展中一切有价值的东西。

2. 要大力加强社会主义的思想道德建设

中国先进文化的前进方向,是由思想道德集中体现的。加强社会主义思想道德建设,是发展先进文化的重要内容和中心环节。邓小平理论的一个重要观点就是两个文明建设必须两手抓,两手都要硬。如果仅是经济上去了,而因忽视教育导致信仰危机、道德滑坡、思想混乱,经济迟早还会退下来。就建设中国先进文化而言,如果整个社会只讲物质利益,只讲金钱,不讲理想,不讲道德,人们就会失去共同的奋斗目标,失去行为的正确规范,那也就失去了建设和发展先进文化的社会基础和思想基础。党的十六大明确提出,要把依法治国同以德治国结合起来,为社会保持良好的秩序和风尚,营造高尚的思想道德基础。一方面,依靠法律的权威性和强制性,保证国家社会生活有秩序地进行和人民的合法权益不被侵害,避免随意性、任意性;另一方面,通过以德治国的宣传教化、内化提高人们的思想境界,形成强大的社会舆论氛围,依靠积极向上、健康进步的价值评判标准,凭借人的良知和优秀的传统习惯来维系社会生活的有序公正和人民的安居乐业,产生法制所无法代替的自律、约束力量。

加强思想道德建设,尤为重要的是要在全社会倡导爱国主义、集体主义、社会主义思想,反对和抵制拜金主义、享乐主义、极端个人主义等腐朽思想,增强全国人民的民族自尊心、自信心、自豪感,激励人们为振兴中华而不懈奋斗。具体来讲,就是通过思想道德的理论建设,思想道德宣传舆论阵地建设,党风、民风形象示范建设,思想道德标准的分层次整合等,力求在全社会形成追求真善美、抵制假恶丑、弘

扬正气的道德风尚，人人讲社会公德、职业道德、家庭美德的德治局面。

3. 要高度重视信息网络文化对先进文化建设带来的机遇和挑战

信息网络化的飞速发展，既为我们吸收和传播先进文化，加强思想文化建设提供了新的途径和手段，也给西方敌对势力对我们进行思想渗透提供了更为便捷的渠道。现在，互联网上信息庞杂多样，泥沙俱下，良莠俱存，既有许多反映当代科学进步、经济发展和优秀文化成果的有益的信息、动态，也存在大量反动、迷信、黄色、灰色的东西，使人防不胜防，尤其对青少年的毒害和影响极大，有人将其称为"网上海洛因""网上冰毒"，事实上一点也不过分。互联网已经形成了一个新的思想文化阵地和思想政治斗争的战场。对此，消极回避、因噎废食、一味封堵是不行的。面对这种形势，只能因势利导，趋利避害，一方面抓住网络化发展带来的机遇，利用网络为传播先进的思想文化服务，另一方面保持高度警惕，高度重视网上斗争，加强管理、主动出击，使积极、健康、进步的东西占据主流，使反动、腐朽的东西没有市场，从而把信息网络对思想文化领域带来的消极影响减少到最低程度。

4. 要切实加强党对文化建设的领导

我们党的三代领导集体，对文化工作一贯十分重视，并身体力行，为全党和全国人民做出了表率。毛泽东同志不仅是一位伟大的革命家、战略家、理论家，而且还是一位伟大的文艺家，他在《延安文艺座谈会上的讲话》成为我党我军文化建设的奠基理论，毛泽东的诗词、书法更是气势磅礴，手笔空前，独树一帜。毛泽东和毛泽东思想，作为当代中国先进文化的杰出代表，成为我们党思想上和精神上的一面光辉旗帜。邓小平同志在其理论体系中，一贯重视党对文化工作的领导，他的关于教育的"三个面向"的思想，培养"四有"社会主义现代化建设者和接班人的思想，两个文明一起抓、两手都要硬的思想，都是我们加强对文化工作领导的重要的指导原则。

加强和改进党对文化工作的领导，必须学会尊重和运用社会主义文化事业发展的客观规律。要认识和掌握文化工作的特点和文化发展的规律，尊重文化工作者的创造性劳动，充分调动他们的积极性，激励他们进行不懈的探索和创新。努力培养一大批全面掌握建设中国特色社会主义理论、学贯中西、联系实际的理论家，一大批坚持正确方向，深入反映生活，受到群众喜爱的名记者、名编辑、名导演、名作家、艺术家、名主持人等顶尖人才。同时，充分发挥老专家、老学者、老艺术家对中青年人才的传帮带作用。借助文化领域知识密集、人才密集的优势多出精品、快出精品，通过几代人的艰苦努力，力争推出一批当代中国文坛、教坛、画坛、剧坛等各个领域的大师级代表人物。

加强和改进党对文化工作的领导,还必须旗帜鲜明地反对封建主义的糟粕文化、资本主义的腐朽文化、信息网络中的垃圾文化,通过教育疏导、完善法规、批判惩戒等手段,最大限度地抵制、弱化消极、落后、腐朽文化的影响。

三、发展文化需要正确处理的几个关系

1. 在对待文化创新方面,应处理和利用好文化艺术的创造和科学技术的发明之间相互依存、相互作用的关系

人类文化发展的历史证明,对于民族文化艺术最有效的保护就是与时俱进的不断发展,发展才是硬道理;对于民族文化艺术最有效的继承就是和母体血肉相连的不断创新,创新才有生命力。

文化艺术的创造与科学技术的发明相互依赖、相互作用,有着千丝万缕的联系。它们血脉相连,是一对共同脱胎于人类改造自然、改造社会及自身完善的不懈追求和丰富想象之母体的孪生姐妹。所不同的是,他们运用不同的方式孕育出不同的结果。例如,同样是出于对高飞苍穹、登上月宫的想象,文艺创造的结果是"嫦娥奔月",而科技发明的结果却是"阿波罗登月飞船"。正像列宁所说的那样:"神奇的预言是神话,科学的预言却是事实。"人作为科学技术发明的主体,由于文化艺术对人的塑造有着鲜明的作用,所以他能够潜移默化地推动科学技术的进步,不仅能够开拓文艺的新形式、新领域,并且能够推动人们研究和认识科学发明与文学艺术创造之间相互促进、相互作用的规律。人类文化艺术发展的历史早已反复证明,科学技术的发明不仅对文化艺术的创造产生着重要影响,甚至可以使其产生革命性的变化;文化艺术创造往往给科学发明以灵感动力,赋予科学发明以超凡的审美情趣和形象的思维空间。艺术借助科技展翅高飞,科技受到艺术的滋养更加光彩夺目。

在明晰了科技发明与文化艺术的创造之间的关系之后,对两者的创新发展,应确定如下几种观念,即在狭义的文化中,文化艺术作为一种社会意识形态,是人们对于社会生活的能动的审美反映,它的产生和发展从来离不开社会物质生活的形态;在广义的文化中,科技进步也是文化成果的重要标志,科技文化与人文文化相比,人文文化比科技文化更具有宏观性、社会性、调控性。因此,科技发明特别是科技成果的推广应用,应受到人文文化的调控。例如,克隆技术、环境保护技术、信息技术、空间技术、军用技术等,必然有个轻重缓急,排序先后之分,不能盲目发展,更不能发展那些与人类自身和社会进步有害的科学技术。

2. 在对待外来文化方面,应处理好有选择地借鉴、吸纳、引进与有目的的出口、推广民族文化之间的关系

一方面,要把当代中国先进文化推向前进,要建设中国特色的社会主义文化,就必须积极吸收和借鉴一切对我们有用的外来文化,包括西方资本主义国家先进的科技文化成果。以海纳百川的胸怀、熔铸百家的气魄,密切关注各民族文化发展趋势,相互取长补短,吸纳优秀文化成果,不断充实和丰富自己,这是人类文明发展和民族文化进步的重要成果。正如习近平同志指出的:"丰富多彩的人类文明都有自己存在的价值。要理性处理本国文明与其他文明的差异,认识到每一个国家和民族的文明都是独特的,坚持求同存异、取长补短,不攻击、不贬损其他文明。不要看到别人的文明与自己的文明有不同,就感到不顺眼,就要千方百计去改造、去同化,甚至企图以自己的文明取而代之。历史反复证明,任何想用强制手段来解决文明差异的做法都不会成功,反而会给世界文明带来灾难。"(参见习近平的《中国共产党人始终是中国优秀传统文化的忠实继承者和弘扬者》,在纪念孔子诞辰2565周年国际学术研讨会暨国际儒学联合会第五届会员大会开幕会上的讲话)

另一方面,西方敌对势力加紧对我国实施"西化""分化"策略,这就要求我们在吸纳、借鉴外来文化时必须保持高度警惕和深刻反思。西方敌对势力妄图颠覆中国共产党的领导和中国的社会主义制度,一个很重要的手段就是进行意识形态渗透,利用国际经济文化交流和文化传播渠道,竭力宣扬、推行西方的议会民主、三权分立、多党制,美化以个人主义为核心的价值观念和生活方式,其目的就是诋毁中国共产党的领导,否定社会主义制度的优越性,让我国人民特别是青年产生信仰危机,成为西方和平演变的俘虏,使中国发生像苏联、东欧那样的演变。为坚决抵制和回击西方敌对势力的"西化""分化"策略,我们在学习、借鉴西方文化成果的时候就一定不能盲目地、不分青红皂白地全盘吸收,而应采取科学分析的态度,区分先进和落后、科学和腐朽、有益和有害,吸收那些先进的、科学的、有益的东西,抵制一切落后、腐朽、有害的东西。

对于中华民族的优秀文化遗产和当代中国的先进文化成果,我们也要通过各种渠道向外传播,使外来文化中越来越多地带有中国先进文化的成分,从而彻底打破西方敌对势力妄图利用文化渗透实现和平演变的梦想。

3. 在确立对文化成果的鉴定标准上,应处理好文学价值标准与社会价值标准的关系、大众喜闻乐见与具有较高的价值含量的关系

对文化成果的鉴定评优,是推动文化发展的一个重要途径,是构建优秀文化发展平台的一个重要举措。在对文化成果的鉴定标准上,向来存在两种倾向:一是只

认票房价值,而不考虑文化成果的文学、社会价值;曾几何时,一些丑化民族、自由化的电影、书稿畅销、卖座,迎合某些反华、排华倾向的东西能够在国际上得大奖,这绝不是个单纯的文化艺术标准问题,而是有着深刻的政治和国际背景,这一点警示我们,对文化成果的评判,应该政治标准(文学、社会价值标准)第一,艺术标准第二。二是搞少数人的玄而又玄的纯文学评比标准,从来不管大众的、社会的呼声和评论。而我们需要的标准是,既能体现文化成果的文学价值标准,又能体现文化成果的社会价值标准;既被大众所喜闻乐见,又具有较高的价值含量。一句话,需要的是两者的统一。

第三节 大学生人文精神教育

一、人文精神的含义

人类社会的文明,贯穿其中的精神发展,千姿百态,源远流长。一个民族的精神发展、思想情感,归根到底是一定物质生活条件的产物,历史的产物。在不同的占有形式上,在生存的社会条件上,耸立着由各种不同的表现独特的情感、幻想、思想方式和人生观构成的整个上层建筑。瑰丽多姿、意蕴深广的人文精神,也是它们自身形成时所处的那个社会的产物。每个社会时代都有其相应的人文精神。同一时代的人文精神,也会因具体历史时期和条件的不同,显现出其差别性和具体的特点。

1. 人文精神的内涵

人文精神作为民族的精神发展和人的精神世界的表征,作为实践主体(也是文化主体)的精神品格、精神追求的体现,在肯定它源于社会实践的基础上,还必须进而联系到整个精神文化的层面,才能进一步把握和理解。在古代,文明、人文,是指社会的礼仪制度、道德规范和文德教化而言,与今天所说的文化有相通之处。这或许意味着,我国最早的人文概念,实际上是按照当时社会的整个文化层面来使用的。在一个民族文化的创造、变革与发展中,必然会孕育出体现崇高价值追求,激励人们前进,支撑文化和社会向前发展的宝贵精神。历代的实践主体和文化主体,都对这种精神的丰富和发展做出过自己的贡献。

因此,我们可以大致对人文精神作这样的认定:所谓人文精神,即在历史中形成和发展的,由人类优秀文化积淀、凝聚、孕育而成的精神。在每个民族的历史发展中,既有进步的,具有人民性、革命性的文化,又有落后的,带有腐朽性、反动性的文化。人文精神则是由优秀文化孕育而成的精神。就其与实践主体、文化主体的关系而言,人文精神是内在于主体的精神品格。这种精神品格,在宏观方面,汇聚于作为民族脊梁的民族精神之中;在微观方面,体现在人们的气质和价值取向之中。例如,追求崇高的价值理想,崇尚优良的道德情操,向往和塑造健全、完美的人格,热爱和追求真理,养成和采取科学的思维方式,等等。

马克思曾说:"任何真正的哲学都是自己时代的精神上的精华","文化的活的灵魂"。因为"人民最精致、最珍贵和看不见的精髓都集中在哲学思想里"。这说明,凝聚了人民最珍贵思想精髓的哲学,是时代精神和优秀文化的理论升华,它无疑在人的精神世界中起着统摄的作用。马克思主义哲学是人类历史和优秀文化的必然产物。今天,只有这种科学的世界观和方法论,才能为开拓、发展人的精神世界提供正确的指南,它成为社会主义文明的活的灵魂。我们今天需要弘扬的人文精神,总的说应当是以马克思主义的世界观为指导,以文化修养为基础,以崇高信念和优良道德为核心,融文化修养、道德修养、科学精神和唯物辩证的思维方式于一体的一种精神。

2. 人文精神与人才的培养

没有科学传播的教育只是培养信仰而不是教育,同样,没有人文影响的教育只是传授知识也不是教育。这两者是人才素质教育中绝不可分割的。专业教育仅为青年大学生提供了未来生活和发展的一方面基础,另一方面基础就是非专业方面的人文素养的养成。所谓教育本质上是人的灵魂的教育,做人的教育。而人文教育的最终目的就是"教人做人"。台湾淡江大学干脆以"功在做人"作为自己的校训,只有人文素质高的人,才会思考人类社会、自然、他人、自身的问题,才能真正懂得做人的真谛。人文素质的高低在一定程度上取决于人文教育的作用,不少专家学者认为正是人文教育告诉了人们:人类文明是怎_产生的;人类社会是怎样组织和发展的;人对自然、对社会、对他人、对自己应该有什么态度;什么是正义,什么是邪恶,什么是高尚,什么是卑劣,什么应追求应捍卫,什么应摒弃?人文教育使人们了解了世界,了解了祖国,了解了人类,了解了自己,了解了对社会的责任,从而才可能更关心整个世界、人类、社会……

概括起来,高层次人才的人文素质应包含以下几方面内容。

第一,具有丰富的人文科学知识,这是形成人文素质的基础,包括文、史、艺术、科学技术史、伦理学等。中科院院士、华中理工大学校长杨叔子教授在访美时,几位华裔教授直言不讳地批评大陆教育有缺陷,说我们的留学生懂 abc,懂 xyz,懂美元英镑,就是不了解长城、黄河,不了解文天祥、史可法,不了解《大学》《中庸》,对中国文化、历史如此无知,又如何对民族、对国家有了解、有感情、有责任心而去为它服务?如此言论确让人振聋发聩。北师大有位书记在一次人文讲座中,有的学生问读《红楼梦》有什么用?他说:"不读《红楼梦》的人,不读唐诗宋词的人,文学素养特别差的人,他就脱不了俗。"好书会对你发生潜移默化的作用,这种影响甚至是进入灵魂层面的。人文教育的作用并不是功利性的,它主要起神示、陶冶性的潜在作用。众所周知,哈佛大学有个著名的"零点项目"研究计划,它并不是从科学技术教育的方向来找20世纪50年代美国空间技术的差距,而是从艺术素质的落后来考察美国空间技术落后的原因。以往人们普遍认为艺术思维与科学思维完全不同,而"零点项目"就发现,情况并非如此绝对,两种思维有许多共同之处,它们是相互弥补、相互促进的。事实上,我们有许多信手拈来的不少大科学家都有很高的艺术、文学造诣的例子。爱因斯坦认为,这个世界可以由音乐的音符组成,也可以由数学公式组成。李政道则从20世纪80年代开始,每年回国两次积极倡导科学与艺术的结合。钱学森的观点是:科学家不是工匠,科学家的知识结构中应该有艺术,因为科学里有美学。

第二,对人类对民族命运的关注和责任感。对人类问题有责任感的人,才会有爱国之情,爱人民之虔心,爱社会之善举,爱家园之真切,爱自己之自尊。据说1988年有近2/3的诺贝尔奖得主聚集在巴黎开会,会议宣言的第一句话就是:如果人类要在21世纪生存下去,必须回首千年去汲取孔子的智慧。高科技发展到需要人的理智去驾驭时,人们才知道东方文明智慧的作用是不可忽略的,这就是仁者爱人,爱人,即爱这个社会、爱自己的民族、爱我们的地球。

第三,高尚的人格要素和健康的心理素质。教育也是人格养成的事业,人格的力量是不可战胜的。古训道:有德不敌。认知情,心服于德而不服于力。高层次人才必须是道德高尚的人,这也是文化时代提出的要求。另外,健康的心态也是我们必须重视培养的大学生素质。许多大学生的心理调查表明,我国青少年心理状态不容乐观,百分之二十以上的人有不同的心理障碍。这种情况的产生不能不引起我们对大学生心理健康的重视。浙江大学新任校长潘云鹤教授上任之初就提出了人才培养的KAQ模式,K为知识,A为能力,Q为素质,即人格和心理。他尤其强调Q的培养。为此,他特别提到一个美籍华人的观点:他希望自己的孩子读书成绩中等即可,而素质一定要好。随着现代社会的日益复杂和高速变化,一个人的成功并不完全取决于他的知识,而更取决于非智力系统。现代不少年轻人一遇到困难就退缩,一失恋就自杀,这样的人才智再高,但终不是正常的人。美国心理学家最近提出:影响人快乐和成功的关键是与生活各层面息息相关的情绪智商。这种智商由如下五部分组成:①了解自己的情绪,即能立即觉察自己的情绪,了解产生情绪的原因;②控制自己的情绪,能安抚自己,摆脱强烈的焦虑、忧郁,控制刺激情绪的根源;③激励自己,能整顿情绪,让自己朝着一定的目标努力,增加注意力和创造力;④了解别人的情绪,理解别人的感受,察觉别人的真正需要,具有同情心;⑤维系融洽的人际关系,能够理解并应对别人的情绪。

二、人文精神的一般特点

1. 历史性和时代性

人文精神是历史的产物,即是历史形成和发展的。这种历史性也就是时代性。在马克思主义的观点看来,精神生产随着物质生产的改造而改造。精神的东西含有认识主体的能动创造,但归根结底是一定历史时代人们的物质生活过程的必然升华物。因此,不同时代的精神表征,会有不同的内容和形式。人文精神的本质内容、思想形式及特征,都是受它所产生的历史时代、具体条件制约的。只有与一定历史时代、历史条件相应的人文精神,没有超历史、超时代的人文精神。

由于人文精神具有历史性和时代性,在认识和思考的方法上,就不能脱离具体的历史,去寻找"一般的""永恒的"人文精神。我们不否认不同时代的人文精神存在着某些共性,但重要的是注意不同历史时代的区别,重在研究一定时代的人文精神。同时,更要立足今天建设中国特色社会主义的时代要求,批判继承历史上优秀的思想成果,大力弘扬广大人民在长期革命和建设实践中所形成的那些最珍贵的精神,使之凝聚成新条件下最宝贵的民族之魂。

2. 民族性和开放性

民族性是说像整个文化具有民族的特点一样,人文精神也具有民族的特点。人类历史是一个基于社会基本矛盾的辩证发展过程。生产力和生产关系的对立统一,经济基础和上层建筑的对立统一,是历史的、具体的。它在不同的国家和民族会有不同的具体情形。这是人文精神之所以具有民族性的根源。由此亦知,对民族性的特点不应作静止的理解,似乎只有符合民族的某一古代传统才是民族性。因为在历史的辩证发展中,民族的精神传统也不断经历着继承创新、演变发展。在中华民族的历史上,注重社会责任,关心国家社稷,重视整体和谐,推崇"公忠为国"的整体精神和爱国主义精神十分突出。这种精神的形成,就是同中国社会特定的经济、政治背景和具体的历史特点直接相关的。就拿爱国主义精神来说,显然在不同的时代和不同的条件下,具有不同的内容。

民族性和开放性是一个问题的两面。任何民族的精神发展都有其特点,即有其独立存在的价值和根据。同时又是相互间建立互相吸收、互相发展的开放关系的客观基础。事实上,每个民族的优秀文化必然是这样那样地具有开放性的,否则就不可能发展,就要衰落。尤其是世界进入近代以来随着世界市场的开拓,使一切国家的生产和消费都成为世界性的了,物质的生产如此,精神的生产也是如此。各民族的精神产品成了公共的财产。民族的片面性和局限性日益成为不可能。在当今世界上,各民族间优秀文化的开放——形成互相吸收、互相发展的关系,日益成为历史的潮流。

可见,认识民族性和开放性的特点,对于正确对待中华民族的精神发展同世界上其他民族精神文化的关系,有着重要的意义。一方面,中华民族的文化和精神发展,首先要有民族的特性,要体现中华民族的独立和尊严、进步和发展,也要坚持自己民族的精神发展的主体性。一个民族如果丧失了自己在精神上的主体性,就失去了独立存在的价值,就不可能自立于世界文明之林,会成为他人的附庸。另一方面,要积极学习、借鉴、吸收世界上其他民族的文明成果。在这个问题上,要认真汲取以往这样或那样陷入民族的片面性、局限性的教训。凡是对我们有价值的精神文化,都要有分析地学习和借鉴。这样做的目的,是在于博采众长,更好地丰富自己的民族文化,促进自己民族的精神发展,从而以自己的优秀成果和世界上别的民族一起,共同推动人类文明的进步。

3. 意识形态性

每个民族每一时代的人文精神也是一个系统,其中不同层次与社会经济、政治制度的关系有着不同的情况。但既然每一历史时代主要的经济、生产方式与交换方式及必然由此产生的社会结构,是该时代政治的和精神的历史所赖以确立的基础。那么,人文精神就其核心和总体来说,无疑是有意识形态性的。在迄今为止的文明史上,是具有阶级性的。马克思不止一次地说过,统治阶级的思想在每个时代都是占统治地位的思想。人文精神作为一定社会的精神表征,不可能不属于一定阶级的思想体系,否则,就不称其为优秀文化孕育的精神了。

有一种观点认为,把问题提到意识形态的层面就会离开学术研究的轨道而意识形态化,不利于讨论的进行。这是一种糊涂的、错误的认识。人文精神就其核心和总体具有意识形态性,是客观的事实。正视这一点,对人文精神和人文社会科学的研究并不是外加的东西,恰恰是进行实事求是地科学分析的前提。把意识形态性当作人文理性的对立面,并不符合人文精神的历史逻辑。

因此,问题并不在于是否可以真的超越一切意识形态,而在于排斥什么意识形态,主张什么意识形态。在我国,以马克思主义为指导的社会主义意识形态已经确立了主导地位,我们要弘扬的人文精神,在总体上无疑是这种意识形态的有机组成部分,其实质即社会主义的精神文明,而不是游离于社会主义精神文明之外的东西。党的十六大指出:"建设有中国特色社会主义的文化,就是以马克思主义为指导,以培育有理想、有道德、有文化、有纪律的公民为目标,发展面向现代化、面向世界、面向未来的,民族的科学的大众的社会主义文化",并强调,为此"就要坚持用邓小平理论武装全党,教育人民"。这是社会主义精神文明建设和中国特色社会主义文化建设的总要求,也是今天弘扬人文精神所应遵循的总要求。

三、当前弘扬人文精神的主要内容

1. 爱国主义和社会主义相统一的精神

爱国主义是中华民族历史长河中的重大主题,华夏文化的灿烂篇章。今天弘扬人文精神,理所当然要把爱国主义作为人生和社会生活的基本主题,发扬民族自尊心、自信心、自豪感,以维护中华民族的独立、尊严,为中华民族的振兴、发展多做贡献作为神圣使命。历史已经证明,只有社会主义能够救中国,能够发展中国。因此,这种爱国主义精神应是与社会主义相统一的精神,即要高举爱国主义和社会主义相统一的伟大旗帜,以四项基本原则为立国之本,以改革开放为强国之路,使华夏文明在社会主义的基础上实现伟大复兴,通过中国特色的社会主义现代化建设自立自强于世界民族之林。

2. 民族的主体性和开放的广阔视野相统一的精神

民族的主体性是民族的独立、尊严、自主的表征。国家、民族要独立自主,不但经济上政治上要独立自主,思想、文化上也要独立自主。而我们要坚持的民族的主体性,是在当今扩大开放环境中的主体性。面对世界科技、经济日新月异的发展和各种思想文化的互相激荡,把民族精神的主体性同开放的视野统一起来,使我们民族的主体性提升到新的水平,无疑应成为新的人文精神的重要内容。这就要求大力发扬中华民族自强不息的传统,坚持独立自主,同时具有宽广的眼界,博大的胸怀,积极学习、借鉴、吸收世界上其他国家民族对我们有用的东西。在学习别人好东西的同时,又要防止把腐朽当神奇,把痈疽当宝贝。要努力坚持和发挥自己的优势,保持、巩固和发展自己的根基。

3. 为人民服务和个人正当合法利益相统一的精神

全心全意为人民服务,是中国共产党的立党之本,是党、国家、军队的根本宗旨。以为人民服务为出发点和归宿的革命传统和价值观,把古代优秀传统中的先忧后乐、注重社会责任的整体主义精神上升到了全心全意为人民服务的新高度,是人类优秀文化在人生观、价值观上的集中体现,并在我国开创了一代社会新风。在发展社会主义市场经济的条件下,需要在全社会大力发扬以为人民服务为核心、以集体主义为原则的社会主义道德,反对和抵制拜金主义、享乐主义和个人主义。同时要强化民主法制观念,尊重个人正当、合法利益,使人们懂得要依法办事,依法律己。努力在全社会形成把国家人民利益放在首位,而又充分尊重公民个人正当、合法利益的社会主义利益观;形成团结互助,平等友爱,共同前进的人际关系;形成约束和制止不文明行为,扶正祛邪,扬善惩恶的社会风气。

第四节 大学生文化素质教育相关问题

当前,我国理工科高校在教育改革中,已经认识到加强大学生人文素质教育的重要性和必要性,并积极进行这方面的探索与实践。但理工科大学生人文素质教育是一个系统工程,包含着目标与内容、渠道与措施、条件的保证及检查评估等诸多环节。因此,要做好这样一项关系到人才培养质量的带有全局性的工作,必须按照教育目标的要求,根据人才的成长规律,认真研究、精心谋划,从而建立起人文素质教育的科学体系。

一、人文素质教育的目标

当前,我国理工科高等教育正按照"培养基础扎实、知识面宽、能力强、素质高的创新人才"的总体要求,积极探索,大胆实践,进行教育体制、教育结构、课程体系、教学手段等一系列改革,努力构建适应21世纪社会主义现代化建设需要的人才培养新机制。加强理工科大学生人文素质教育,培养全面发展的高素质科技人才,就是这场重大变革中的一个重要课题。理工科大学生人文素质教育是以理工科大学生为对象的教育,应围绕"培养基础扎实、知识面宽、能力强、素质高的创新人才"的总体要求而展开。加强理工科大学生人文素质教育的目的在于使理工科大学生知识结构更为合理、素质更为全面、适应性更强、创造能力更高。理工科大学生人文素质教育的目标可以概括为:通过各种教育活动及大学生自身的实践,使学生具备人文知识、端正人文态度、提升人文精神,实现科学素质与人文素质的有机结合,成为适应社会发展与人类自身发展需要的高素质科技人才。具体体现为如下六个方面的目标。

1. 文化知识素质目标

通过人文素质教育,使大学生认识祖国丰富而悠久的文化遗产的内涵、价值及其现代意义,产生民族认同感和自豪感,继承中华民族优秀文化中"团结统一、独立自主、爱好和平、自强不息"的光荣传统,增强献身祖国、追求真理、崇尚科学的自觉性。基本了解世界不同民族的文化特点、思维方式及其背景,正确理解民族文化与世界各民族文化的关系;认识文化与人类、社会、经济等之间的关系,把握人类文化的时代特点和发展规律,形成良好的文化修养。

2. 历史知识素质目标

通过人文素质教育,使大学生认识中华民族几千年的文明史和自强不息的民族精神,了解世界发展史;能以史为鉴,以客观、全面、发展的眼光和负责的态度对待历史、现实和未来,深刻理解和平与发展的历史潮流及其现实的曲折性,具有强烈的历史责任感。

3. 哲学修养素质目标

通过人文素质教育,使大学生具有良好的哲学修养,形成科学的思维方法,树立正确的世界观和人生观;理解经济、政治、社会、文化等社会构成的内涵及其相互关系;正确认识自然及其对人类社会的意义,认识自然与生态、环境、资源的关系,树立正确的自然观;正确认识科学技术的本质、作用及局限性,树立正确的科技观和发展观;认识社会发展的规律和本质,明辨是非,正确分析各种社会现象及背景,分清什么是真善美,什么是假恶丑;具有适应时代变化与发展的思想观念,眼界开阔,思维能力强,能理性地选择价值目标。

4. 思想道德素质目标

通过人文素质教育,使大学生树立坚定的社会主义信念,热爱祖国,关心集体,尊重他人;树立正确的权利义务观念、民主与法制观念和社会公德意识,有较强的社会责任感;具有崇高的理想抱负、正确的人生观和信仰追求;树立艰苦奋斗、不怕困难、勇于拼搏的精神;讲文明、懂礼仪,具有高尚的情操和良好的道德修养。

5. 文学艺术修养目标

通过人文素质教育,使大学生具有较丰富的文学艺术知识,形成较深厚的文化底蕴;具有良好的语言能力,能熟练地表达自己的思想情感;具有正确的审美观和一定的审美修养。

6. 人格与心理素质目标

通过人文素质教育,使大学生具有健全的人格、健康的心理品质和鲜明的个性;自信、自尊、自立、自强,能较好地处理人的理性、情感、意志等方面的矛盾冲突,善于合作,敢于竞争,勇于探索。

以上六个方面的目标,是一个全面的、理想的人文素质教育目标,要求理工科大学生全部在毕业时达到是不现实的,也是不可能的。因为人文素质的养成是一个长期的任务,伴随着人的一生,大学教育仅是其中一个重要阶段。同时,各学校可根据其人才培养方向在目标上有所侧重;学生也可以有自己的个性特点,并不一定在目标要求上面面俱到。人文科学是人类精神价值和精神内涵与表现的科学,以人的心理、意识、情感、意志、兴趣、语言、行为为基础的科学,引导人们去思考人生的目的、意义和价值,去追求人的完善、完美;社会科学是以社会结构、社会组织、社会群体行为等社会现象为研究对象,与国计民生息息相关的科学,促使人们认识和思考与自身密切相关的事物和现象,确立自身的定位、取向,选择实现社会价值和个人价值相统一的途径和方式。理工科大学生人文素质教育不同于文科专业教育,不可能系统、全面地学习人文社会科学的所有内容,而应以完善理工科大学生知识结构、提高其全面素质为核心,有所选择、有所侧重。

二、人文素质教育的内容体系

根据理工科大学生人文素质教育的目标,人文素质教育的内容体系主要包括以下七个方面。

1. 历史与文化教育

中华民族几千年的悠久历史,是一部人类社会发展的进步史、文明史。中国在自己的历史长河中,形成了优良的文化传统。这些传统随着时代的变迁和社会进步获得扬弃和发展,对今天中国人的价值观念、生活方式和中国的发展道路具有深刻的影响。中国的悠久历史和优秀文化是一笔极为宝贵而丰富的精神财富,是一个取之不尽、用之不竭的精神宝库,也是一种特殊的思想资源和教育资源。通过历史与文化教育,使学生了解中华文明的博大精深、源远流长,摒弃民族自卑感,批判民族虚无主义,激发他们强烈的爱国情感与高度的民族责任感,重塑民族人文精神。当代大学生中有一股崇尚西方文明而漠视民族优秀文化的思潮,有的不顾国家和民族的利益,忘记了社会责任,以出国留学为名行贪图享乐之实,甚至做出有辱人格国格的事情。因此,对大学生进行历史与文化教育,具有十分重要的现实意义。

2. 世界观与方法论教育

以马克思主义哲学为主要内容的世界观和方法论教育,是人文素质教育内容的核心部分。哲学修养对于树立正确的世界观和人生观,提高学生的全面素质具有十分重要的作用。科学技术是一个大体系,包含十个主要门类,每个门类都有一个联系马克思主义哲学的桥梁(如自然科学,工程技术门类的联系桥梁是自然辩证法)。这个桥梁是从这个科学门类的研究成果中提炼出来的思想,它能丰富和发展马克思主义哲学,而马克思主义哲学又通过这一桥梁来指导这个科学门类的科学研究。该项教育以马克思主义哲学为指导,批判地继承人类文化遗产,吸收古今中外一切优秀的思想。同时,根据理工科大学生的培养方向,要有针对性地增加与科技发展密切相关的世界观与方法论内容,如科技哲学、科技伦理学、自然与生态学等。

3. 价值观与道德观教育

价值观与道德观是思想品德的核心,是如何做人的主要内涵。该项教育内容以集体主义为核心,包含着十分丰富的内容。其中既有中华民族传统伦理道德、价值标准,又有符合社会主义本质规定和时代发展要求的、适应现代社会既竞争又合作的新价值观和道德观。这一方面的内容关系到理工科大学生"价值理性"和"尚德精神"的确立,具有十分重要的现实意义。在市场经济大潮的冲击下,当前社会在道德认识、道德观念、价值标准、价值判断上,出现了许多似是而非的东西,也出现了"道德滑坡""价值混乱"的现象。加强大学生价值观和道德观教育,有助于帮助他们澄清这方面的模糊认识和错误认识,树立正确的价值观和道德观。

4. 现代公民教育

一个合格的人才首先是一个合格的公民。进行现代公民教育是加强理工科大学生人文素质教育的一项重要内容。进行现代公民教育,要使大学生正确认识社会发展的规律和前进方向,正确认识改革、发展、稳定的关系;深刻认识社会主义社会公民的基本要求,明确自身的权利和义务,增强社会责任感。需要指出的是,对他们进行公民教育不能按照普通公民标准去要求。教育的超前性和进步性决定了我们培养的人才的智力水平、思想觉悟、道德水平都应高于一般的社会普通公民。要学会关心人、帮助人,努力做到先公后私,先人后己,助人为乐。

5. 文学与艺术教育

文学与艺术可促使人们加深对社会与人生的认识和理解,教人爱美向善,追求崇高与完善。李政道博士说:"科学和艺术是一个硬币的两面,而这个硬币就是文化。"大学生只有经过高品位的文学艺术感受、想象、体验、撞击、理解等活动,才能获得思想、升华精神、坚定意志、激发灵感、净化心灵。这种以陶冶高尚情操和提高审美修养为主要目的的教育,对大学生人文精神的培养具有潜移默化的作用,是其他内容和因素所不能替代的。该项内容要注意吸收古今中外的文明成果,兼收并蓄,古为今用,洋为中用。

6. 健全人格与心理素质教育

教育不仅是社会发展的需要,也是人的发展的需要。教育所肩负的更为重要的使命是陶冶人性,铸造健康完善的人格。日本中央教育审议会对教育目的作了这样的概括:"教育是以完善人格为目标的,只有人格,才是统一人的各种素质和能力的本质价值,即教育的目的不仅在于适应国家和社会的要求,开发人的能力,而且在于培养作为国家和社会主体的人本身。"我们加强人文素质教育,也要关注人的内心世界,关注人的发展,培养大学生完善的人格,提高大学生的心理素质。与人的发展有密切关系的人格学理论、心理学理论及实践性与针对性均较强的心理咨询,都应作为该项教育的重要组成部分。

7. 人文学科新观念新理论教育

人的认识总是不断深化、不断发展的。人文社会科学方面的新思想、新理论随着时代的前进而不断出现,为我们的人文教育注入了新的内容,开辟了更为广阔的视野和空间。因此,对于反映时代潮流和社会发展趋势的人文社会科学新观念新理论,要及时向大学生进行传授,如新出现的环境伦理学、可持续发展理论、生态与资源理论、生物工程学等,对理工科大学生来说是不可缺少的。以上内容体系体现了理工科大学生人文素质教育的全面要求,各项内容之间既有区别又有联系,既有侧重又有交叉,它们相互影响相互促进,共同构成了人文素质教育内容体系的有机整体。因此,我们要正确把握各项内容之间的关系,既注重发挥某项教育内容的独特功能,又注重发挥整个内容体系的综合效应,还要考虑相关因素。

第七章 大学生传统文化素质教育

　　中国传统文化源远流长，博大精深，积淀着中华民族最深层的精神追求，代表着中华民族独特的精神标识，为中华民族生生不息、发展壮大提供了丰厚滋养。大学生是中国传统文化的继承者和创造者，学习传统文化知识，提高传统文化素养，继承和弘扬优秀传统文化精髓，创新、发展优秀传统文化是历史赋予当代大学生的重要使命，也是实现中华民族伟大复兴"中国梦"的现实要求。当前，面对国内外各种思想文化的相互激荡，以邓小平理论和"三个代表"重要思想、科学发展观和习近平总书记系列重要讲话精神为指导，加强大学生传统文化素质教育，提高大学生传统文化素质，增强大学生民族自信和文化自信是大学生素质教育的重要内容。

第一节　传统文化与大学生传统文化素质

一、传统文化的内涵

　　所谓传统文化，是指一个国家或民族在长期的社会生产和生活实践过程中创造和发展起来的，经历史积淀、传承而保留下来的具有稳定特质的文化。它是历史的遗产，文化的结晶，一个国家或民族的历史越悠久，其传统文化也就越厚重。在人类发展的历史长河中，不同国家、不同民族都创造出了绚丽多彩、各具特色的传统文化，它们历经世代传承和发展，其中的一些思想文化依然深刻影响着现代人的价值观念、道德意识、生活方式和行为规范等多个方面。当今世界，随着文化与经济、政治的不断交融，传统文化已经成为提高民族凝聚力和创造力的重要源泉，成为国家综合国力竞争的重要因素和经济社会发展的重要支撑。

　　中国是一个拥有5000年历史的文明古国，在漫长的历史发展过程中，中华民族及其祖先创造出了辉煌灿烂的中华文化。中华文化是中华民族几千年文明的结晶，它博大精深，不仅包括儒家、道家、佛教，还包括墨家、名家、道家、法家、兵家等多种文化形态。千百年来，中华文化汇聚、融合了不同民族的文化元素，经过长期积淀、凝结，形成了许多优秀、精辟、独特的思想精华。这些优秀传统文化思想已经深深融入中华民族的文化血脉之中，为一代又一代中华儿女所敬仰、认知、学习、传承。例如,"诚意、正心、修身、齐家、治国、平天下"的人生理想,"穷则独善其身,达则兼济天下"的处世态度,"为天地立心,为生民立命,为往圣继绝学,为万世开太平"的道义担当,"见贤思齐""知行合一""己所不欲,勿施于人""三省吾身""君子慎独"的修身之方,"孝悌忠信""百善孝为先""家和万事兴"的齐家之略,"水能载舟,亦能覆舟""治国必先富民"的理政观念,"博学、审问、慎思、明辨、笃行"的治学之道,"天下兴亡,匹夫有责""先忧后乐""舍生取义"的爱国精神,"富贵不能淫,贫贱不能移,威武不能屈"的道德操守及"上善如水""和为贵""致中和"的人际哲学等。中华民族之所以能历经磨难而生生不息、朝气蓬勃,并不断发展壮大,始终巍然屹立在世界的东方,正是因为有这些优秀传统文化的滋养。对这些优秀传统文化,需要人们通过不断挖掘、学习,充分汲取其思想精华的正能量,推动传统文化创新发展,为实现国家富强、民族振兴、人民幸福的"中国梦"提供强大的精神动力和智力支持。

二、传统文化素质教育对大学生成长和发展的重要作用

传统文化素质是文化素质的重要组成部分,通常是指人们对于传统文化的认知、理解程度,以及通过创造性转化与发展,使之内化于心、外化于行的能力和品格。它是一个综合性的概念,涵盖传统文化知识、能力、品格和修养等多个方面,具有鲜明的民族特色。传统文化素质主要通过传统文化教育去传递传统文化知识,塑造和培养人的内在品格和能力,从而增强文化自信和民族自信,推动优秀传统文化的传承与创新。

传承和弘扬中华民族优秀传统文化,推动文化创新是教育的一项重要任务。我国《教育法》第七条明确规定,"教育应当继承和弘扬中华民族优秀的历史文化传统,吸收人类文明发展的一切优秀成果。"党的十八大以来,以习近平为核心的新一届中央领导集体高度重视和弘扬中华优秀传统文化,并将其作为治国理政的重要思想文化资源和国家文化的重要软实力。习近平在多个场合强调了学习、传承和弘扬中国优秀传统文化对提高国民素质和国家综合实力的重要意义。2013年3月,在中央党校80年校庆的讲话中,习近平指出:"中国传统文化博大精深,学习和掌握其中的各种思想精华,对树立正确的世界观、人生观、价值观很有益处。学史可以看成败、鉴得失、知兴替;学诗可以情飞扬、志高昂、人灵秀;学伦理可以知廉耻、懂荣辱、辨是非。"2014年9月,在纪念孔子诞辰2565周年国际学术研讨会暨国际儒学联合会第五届会员大会开幕会上,习近平进一步指出:"中国优秀传统文化的丰富哲学思想、人文精神、教化思想、道德理念等,可以为人们认识和改造世界提供有益启迪,可以为治国理政提供有益启示,也可以为道德建设提供有益启发。"为进一步加强和完善新形势下中华优秀传统文化教育,2014年3月,教育部印发了《完善中华优秀传统文化教育指导纲要》,提出了新时期加强中华优秀传统文化教育的指导思想、基本原则和主要内容。目前,传统文化素质教育已经成为我国大中小学和幼儿园学生文化素质教育的重要内容。

大学生作为接受高等教育的特定社会文化群体,肩负着传承学术思想、创造文化成果和服务社会的重要使命。当前,随着经济全球化的迅猛发展,西方资本主义国家的意识形态、思想文化、道德伦理、价值观念乃至生活方式对我国传统文化产生了深刻影响。面对西方外来文化的冲击,一些大学生出于对外来文化的好奇与新鲜,开始接受、认同,甚至盲目崇拜西方的价值观念和生活方式。由于缺少对祖国优秀传统文化的认知,有些大学生的精神世界变得浮躁不安、迷茫不定、幽暗不明甚至荒芜不堪。在这种背景下,加强传统文化素质教育,加深大学生对于中华民族优秀传统文化的认知和理解,引导大学生完善人格修养,丰富精神世界,对于促进大学生的健康成长和全面发展具有十分重要的现实意义。

首先,传统文化素质教育有助于大学生树立正确的世界观、人生观和价值观。

大学时期是一个人一生中最美好的一段时光,也是一个人的世界观、人生观、价值观形成和发展最重要的时期。尽管这一时期,大学生的思想、道德和心理等方面已经有了一定发展,但社会生活经验还不够丰富,思想还不够成熟,在理想与现实、物质与精神、个人与他人、个人与国家等一系列重要问题上存在困惑与迷茫。面对纷繁复杂的现实世界和相互激荡的各种思想文化,如何看待世界,如何对待人生,如何分辨善恶等都是大学生不得不思考和回答的问题。中国传统文化博大精深,在世界观、人生观和价值观等方面留下了许多宝贵的文化遗产,认真汲取其思想精髓,引导和鼓励学生理解和掌握优秀传统文化,可以帮助学生正确认识人与自然、个人与国家及人与人的关系,深刻理解善恶界限,学会辨别是非曲直,并产生追求真、善、美的动力和实现自我、服务社会的美好愿望。例如,在如何对待人生、对待生命的问题上,尽管传统文化的不同形态提出了不同的观念,道家提倡顺其自然,较为看重自然生命,儒家则倡导"内圣外王",更为看重伦理生命,但无论儒道,都把"天人合一"视为人生的最高境界,追求一种超越现世人生的精神价值,而不是留驻现世人生中的感性物质。面对人生中出现的困难与挫折,中国传统文化始终表现出一种乐观的理性主义态度,"天行健,君子以自强不息";"胜人者有力,自胜者强";"故天将降大任于斯人也,必先苦其心志,劳其筋骨,饿其体肤,空乏其身,行拂乱其所为,所以动心忍性,曾益其所不能。"这些经典古语和名言都是鼓舞大学生积极、明朗、乐观地看待人生、克服困难、坚守理想的优秀资源,充分挖掘和利用好这些资源,可以帮助大学生调整心态,树立正确的人生观,提升人生境界。

其次,传统文化素质教育有助于大学生深刻理解和践行社会主义核心价值观。

中国优秀传统文化是社会主义核心价值观的重要思想源泉。党的十八大报告明确提出了以"三个倡导"为主要内容的社会主义核心价值观,即"富强、民主、文明、和谐、自由、平等、公正、法治、爱国、敬业、诚信、友善"。其中,富强、民主、文明、和谐是国家层面的价值目标,自由、平等、公正、法治是社会层面的价值取向,爱国、敬业、诚信、友善是公民个人层面的价值准则。这三个层面都直接或间接地传承了中国传统文化中的思想精华。例如,国家层面倡导的"富强、民主、文明、和谐",借鉴了传统文化中"自强不息""民为邦本""以和为贵""文明以止""化成天下"等思想;社会层面倡导的"自由、平等、公正、法治",借鉴了儒家"天人合一""允执厥中""隆礼重法"思想;个人层面倡导"爱国、敬业、诚信、友善",继承了传统文化中"至诚""至善""仁爱""友善""敬业乐群"等思想因此,加强传统文化素质教育,弘扬中国优秀传统文化,有助于大学生加深对社会主义核心价值观的理解和认识,增强大学生的爱国主义情怀,提高大学生的社会责任感和历史使命感,使其能够积极、自觉地践行社会主义核心价值观。

再次,传统文化素质教育有助于大学生树立文化主体意识和文化创新意识。

当今世界正在发生深刻复杂的变化,经济全球化、文化多样化持续推进,各种思想文化交流、交融和交锋更为频繁和激烈。西方发达资本主义国家凭借其在经济、科技和军事等领域的先发性优势,在全球张扬、推广其强势文化。在这种背景下,一些欠发达国家和民族的传统文化被排斥、挤压、侵蚀,甚至废弃,导致传统文化发展危机和边缘化程度不断加深。面对外来强势文化的侵蚀和不同思想文化的相互交流、交融和交锋,博大精深的中华优秀传统文化是我们在世界文化激荡中站稳脚跟的根基。对于大学生来说,如果没有文化主体意识,就有可能被其他文化侵蚀甚至同化,沦为西方文化的盲目追随者和附和者。因此,加强传统文化素质教育,能帮助大学生进一步廓清中国历史文化发展脉络,充分认识中国优秀传统文化的内在价值和所具有的独特魅力,树立对中国传统文化持久生命力的坚定信念,不断提高文化自觉和文化自信。只有树立了文化主体意识,毫不动摇地坚持中华文化的主体性,大学生才能正确地对待外来文化,做到既不妄自尊大,也不妄自菲薄,镇定从容地与外来文化进行沟通、交流,并有针对性地吸收、借鉴外来文化的有益养料,滋润、丰富、发展和创新中国传统文化。

最后,传统文化素质教育有助于大学生完善人格修养,实现全面发展。

人格是个人在性格、气质、能力、道德品质等方面的总和。人格决定人生,健全的人格是一个人获得成功和幸福的重要因素。我国著名教育家蔡元培认为,"人生的目的,在于发展自我的人格,以达到完善的境界。"爱因斯坦也认为一个人智力上的成就很大程度上取决于人格的伟大。因此,人格形成和培养对个人全面发展具有十分重要的作用。现代心理学和教育学研究表明,人格的形成是先天的遗传因素、后天的环境因素和社会教育共同作用的结果。其中,文化作为一种深深熔铸在一个国家和民族生命力、创造力、凝聚力中的力量,在人格的塑造和发展中具有特殊的、不可替代的作用。文化不仅可以给一个国家和民族提供是非、善恶、美丑、真伪、好坏的判断标准,还可以通过社会教育使其内化为人的正义感、荣辱感、是非感、审美感、道德感和责任感,从而形成稳定的人格特征,并使内蕴于其中的民族传统和民族精神得以传承延续。

从总体上看,我国大学生大多数都具有较高的人格修养,他们理想远大、乐观向上、与人为善、脚踏实地、不畏艰险、勇于拼搏、敢于创新。然而,受社会转型、全球化、互联网和多种文化思潮等消极因素的影响,部分大学生的人格出现了畸形发展,主要表现为自我中心意识强烈、团队协作意识薄弱、个人诚信缺失、感恩意识冷漠、社会责任感淡薄、艰苦奋斗精神弱化、心理承受能力脆弱等多个方面。近年来,在高校不断发生的校园恶性伤害事件,进一步折射出大学生在人格方面存在的一些缺陷和问题。要改变这种现状,必须对大学生人格的培养和发展进行正确的引导与教育。中国传统文化中蕴藏着丰富的人格教育资源,挖掘和利用其中的优秀成果,从中汲取营养,不仅可以帮助大学生树立理想人格,完善人格修养,提升人格魅力,还可以弥补现阶段大学生人格教育的缺陷,培养出更多全面发展的高素质人才。例如,传统儒家文化中提倡"亲亲而仁民,仁民而爱物""立爱自亲始"及"老吾老,以及人之老;幼吾幼,以及人之幼"的博爱情怀,道家主张的"道法自然""为而不争""谦下不争""少私寡欲""清静无为""返璞归真""顺其自然""强大处下,柔弱处上"的处世智慧,墨家倡导的"贫者见廉,富者见义,生则见爱,死者见哀"的君子之道等都对大学生建构理想人格,领悟立身处世准则,提高人格修养具有积极作用。

第二节　大学生传统文化素质教育的基本原则

大学生传统文化素质教育必须坚持以马克思列宁主义、毛泽东思想为指导,深入贯彻落实党的十八大、十八届三中全会、十八届四中全会精神和习近平总书记系列重要讲话精神,全面贯彻党的教育方针,以立德树人为根本任务,以弘扬爱国主义精神为核心,以大学生的家国情怀教育、社会关爱教育和人格修养教育为重点,立足时代特征和我国国情,根据大学生身心发展特点和传统文化教育规律要求,坚持理论联系实际、综合创新和发展原则,植根传统,面向未来,兼容并蓄,积极吸收和借鉴国外优秀文化成果,培养和塑造出具有坚定的马克思主义信仰、深厚的传统文化修养、扎实的专业知识和技能、强烈责任感的社会主义事业的合格建设者和接班人。

一、科学性原则

大学生传统文化素质教育要以先进的科学理论为指导,遵循科学的方法和规律,把握正确的政治方向,明确培养目标,加强制度设计,合理制定教育计划,精心设计教育形式和内容,认真实施教育方案,加强教育效果反馈,全面提高大学生传统文化素养。当前,我国正处于经济社会全面转型的关键时期,多样化的思想观念、多元化的价值取向对大学的教育理念、方法产生了重要影响。在这种背景下,大学生传统文化素质教育必须将中国特色社会主义理论体系、社会主义核心价值观作为贯彻始终的主线,坚持把中华优秀传统文化教育与培育和践行社会主义核心价值观相结合,坚持运用历史唯物主义和辩证唯物主义的立场、观点和方法,深入挖掘和阐发中华优秀传统文化及其当代价值。

在大学生传统文化素质教育计划、教育形式、教育内容和教育方法的制定和选择方面,要准确把握传统文化素质教育的特点,既要尊重传统,又要关照现实,让传统文化素质教育更贴近大学生的发展需要,从而增强传统文化的吸引力、说服力、感召力和亲和力。例如,在选择传统文化素质教育内容时,要萃取那些最能反映中华民族价值观念、理想信念、爱国情怀、伦理道德、民情民俗等具有时代价值和进步意义的思想精华,让大学生从中吸收精神营养,提高自身素质。

二、理论联系实际原则

这一原则包含四个层面的要求:一是大学生传统文化素质教育必须紧密结合大学生身心发展特点和成长实际需要,在教育内容、教育方式和教育手段上充分考虑当代大学生崇尚自由、追求个性、强调自主、思维独立的特点,面向全体,尊重个体差异,因人施教、按需培育,采用灵活多样的教育方式,构建多元化的传统文化教育平台,增强学生学习的自觉性和自主性;二是大学生传统文化素质教育必须紧扣时代主题和中国特色社会主义建设实际,有针对性地引导学生把个人梦想和中国梦紧密融合在一起,把个人价值与社会价值紧密结合在一起,把个人命运与国家命运紧密联系在一起,努力成为中国特色社会主义事业合格的建设者和接班人;三是大学生传统文化素质教育必须紧密联系高校思想政治教育实际,处理好传统文化素质教育与思想政治教育的关系,高校思政理论课是开展中华优秀传统文化素质教育的重要载体,在推进大学生传统文化素质教育的过程中,既要注意保持传统文化素质教育的相对独立性和教育特色,又要注重加强传统文化素质课程与思想政治理论课程的交融和互动,促进传统文化素质教育与思想政治教育融合发展;四是大学生传统文化素质教育必须与社会实践教育相结合,要充分利用现有各类传统文化教育资源,大力开展以弘扬传统文化为主题的各种各样的实践活动,通过参观、学习和互动,深化大学生对于传统文化深厚意蕴的认知和领悟,要鼓励大学生积极参加社会调查、志愿服务、公益活动等传统文化社会实践活动,在继承和发扬中华优秀传统文化的同时,增强大学生的文化认同和文化自信,在此基础上,引导大学生从自我做起,从小事做起,做到知行合一、言行一致,成为中国优秀传统文化的继承者、传播者和践行者。

三、综合创新原则

所谓综合创新原则,是指在大学生传统文化素质教育过程中,要坚持"古为今用,洋为中用,去粗取精、去伪存真、批判继承,综合创新"的方针,要积极引导大学生深入学习中国古代思想文化的重要典籍,理解中国传统文化的主要内容和精神实质;同时,我们必须清楚地认识到,文化是政治和经济的反映,一定的文化是由一定的政治经济所决定的。任何一种优秀的传统文化,只有随着时代的发展,不断地扬弃、改造和创新,才能保持其旺盛的生命力。中国传统文化是以农耕为主的自然经济为基础,以血缘宗法关系为纽带而形成和发展起来的,不可避免地具有历史和阶级的局限性。因此,在大学生传统文化素质教育中,要注意引导学生辩证对待传统文化,坚持批判地继承,而不能简单移植、全盘否定或毫无原则地兼收并蓄。要启发学生根据时代的需要,认真学习和借鉴世界优秀文化成果,主动从其他国家和民族的文化中汲取有益成分,并把弘扬中华优秀传统文化与学习、借鉴国外优秀文化成果结合起来,博采众长,开阔视野,创新思维,综合创新传统文化,推动中国传统文化的现代性转化和创新性发展。

四、循序渐进原则

传统文化素质教育有其内在的规律性,要循序渐进,分级分类有序进行,不能急功近利,急于求成。大学生传统文化素质教育既要充分考虑与中小学阶段传统文化素质教育的有效衔接,突出大学传统文化素质教育的特色,又要综合考虑大学生不同阶段的思想心理特征和成长需要,分阶段、分层次、有重点、有计划、有步骤地推进大学生传统文化素质教育。一般来讲,与中小学生的传统文化素质教育相比,大学生传统文化素质教育至少要突出三个方面能力的培养,即认知能力、价值判断能力和践行能力。首先是大学生对中国传统文化的认知能力,主要表现为大学生对传统文化思想精华的理解能力、学习能力和初步研究的能力;其次是大学生对中国传统文化的价值判断能力,主要表现为大学生对传统文化精华与糟粕的辨别能力、判断能力、决策能力;最后是大学生对中国传统文化的践行能力,主要表现在日常的学习生活中,大学生能否身体力行,自觉地维护和发扬中华优秀传统文化,恪守中华民族传统美德和道德规范。大学生成长和发展的不同阶段有着不同的思想心理特征和发展需求,传统文化素质教育必须把握不同阶段的大学生的思想特点和成长规律,由易到难,由浅入深,由知到行,逐步深化提高,使大学生系统地掌握传统文化精华,有效地提高大学生的传统文化修养,促进其全面发展。

第三节　大学生传统文化素质教育的基本内容

大学对学生的教育主要包括知识传授、能力建设和人格养成等三个方面。根据教育部印发的《完善中华优秀传统文化教育指导纲要》的要求,大学阶段的传统文化素质教育,应以天下兴亡、匹夫有责为重点的家国情怀教育,以仁爱共济、立己达人为重点的社会关爱教育,以正心笃志、崇德弘毅为重点的人格修养教育为主要内容。

一、大学生传统文化素质教育的基本内容

1. 家国情怀教育

以天下兴亡、匹夫有责为重点的家国情怀教育,重点在于引导大学生深刻认识中国梦的内涵、意义,深切感受中华民族同心奋进的深沉力量,增强国家认同,培养爱国情感,树立民族自信,牢记所肩负的历史责任,坚定为实现中华民族伟大复兴的中国梦而奋斗的决心和信心。

2. 社会关爱教育

以仁爱共济、立己达人为重点的社会关爱教育,重点在于引导大学生正确处理个人与他人、个人与社会、个人与自然的关系,学会心存善念、理解他人、尊老爱幼、

扶残济困、关心社会、尊重自然，培育集体主义精神和生态文明意识，形成乐于奉献、热心公益慈善的良好风尚，培养大学生做高素养、讲文明、有爱心的中国人。

3. 人格修养教育

以正心笃志、崇德弘毅为重点的人格修养教育，重点在于引导大学生明辨是非、遵纪守法、坚韧豁达、奋发向上，自觉弘扬中华民族优秀道德思想，形成良好的道德品质和行为习惯，培养大学生做知荣辱、守诚信、敢创新的中国人。

二、大学生传统文化素质教育的根本任务

围绕以上三个方面的主要内容，结合现阶段大学生传统文化教育实际，大学生传统文化素质教育应重点做好以下几个方面的工作。

1. 传统文化知识教育

与中小学生相比，大学生心智更为成熟，思维更趋理性，且经过多年的系统学习，已经具有了一定的传统文化基础知识和一定的文化感悟力。大学阶段，传统文化素质教育应更系统、更深入地传授传统文化知识，引导学生认真研读传统文化经典，深刻领悟传统文化精髓。在教育内容安排上，不应再局限于对传统文化经典格言、片段的诵读、学习和理解层面，而应将重点转向中国古代思想文化的系统学习和经典著作的研究方面，通过对传统文化知识的系统教授和对优秀传统文化经典的深入挖掘，帮助大学生把以前学过的传统文化知识贯穿起来，从而使其更全面、更深刻地认识中华优秀传统文化的历史渊源、发展脉络、基本走向，深刻理解中国优秀传统文化的精神特征和价值取向，系统掌握中国古代儒家、道家、佛家、法家、墨家等主要学派的主要思想，深入领会中国传统伦理道德和中华民族传统美德，不断拓展视野，丰富传统文化知识，提高传统文化理论水平。大学生传统文化素质教育应从以老师为中心的灌输式教育向以学生为中心的启发式教育、研究式教育转化，强调自主式学习、探究式学习，以提高学生对中华优秀传统文化的自主学习和探究能力为重点。

2. 传统文化创造、创新能力培育

在传授传统文化知识和挖掘传统文化典籍的过程中，应引导大学生自觉运用马克思主义的立场、观点和方法，分析中国传统文化价值，对中国传统文化中具有进步意义的成分科学地加以阐发。通过系统的传统文化素质教育，使大学生深刻认识到中华优秀传统文化是中华民族的根本基因，是各族人民共有的精神家园，离开了优秀传统文化的滋养，中华民族不可能历经磨难而不衰，更不可能兴旺发达，保持旺盛的生命力。

现阶段,中国优秀传统文化对社会发展的作用突出表现为对"中国梦"、社会主义核心价值观和中国特色社会主义理论的涵养方面。继承和弘扬中华民族优秀传统文化,必须紧密结合"中国梦"、社会主义核心价值观和中国特色社会主义实践。2013年8月,习近平总书记在全国宣传思想工作会议上针对中国传统文化提出了"四个讲清楚"的重要任务,即要"讲清楚每个国家和民族的历史传统、文化积淀、基本国情不同,其发展道路必然有着自己的特色;讲清楚中华文化积淀着中华民族最深沉的精神追求,是中华民族生生不息、发展壮大的丰厚滋养;讲清楚中华优秀传统文化是中华民族的突出优势,是我们最深厚的文化软实力;讲清楚中国特色社会主义植根于中华文化沃土、反映中国人民意愿、适应中国和时代发展进步要求,有着深厚历史渊源和广泛现实基础"。"四个讲清楚"不仅为中国传统文化当代价值的挖掘和阐发指明了方向,也为大学生传统文化素质教育提供了指南。在学习和研究中国古代优秀文化经典的过程中,应积极引导和启发学生顺应时代要求对中国传统文化中的思想精华、道德精髓等加以延伸阐发,使中华民族最根本的文化基因与当代文化相适应、与现代社会相协调,从而进一步增强大学生的文化自信和文化创新意识。

3. 理想人格教育

健全的人格是大学生成才的必备条件,人格教育是大学生传统文化素质教育不可或缺的重要方面,充分利用中国传统文化对理想人格的构想、设计和塑造,引导大学生完善人格修养,尤其是要引导大学生学会正确认识自我,懂得尊重、关爱他人,真切关心国家民族命运,自觉把个人理想和国家梦想、个人价值与国家发展结合起来,为实现中华民族伟大复兴的中国梦而不懈奋斗。

第四节 大学生传统文化素质教育的途径

一、加强课程体系建设,拓宽大学生传统文化知识覆盖面

近年来,国内高校在传统文化素质教育方面已经进行了很多有益的探索和实践。一些高校相继开设了中国传统文化课程,申报建设了一批精品课程,通过系统讲授中国古代名家经典及其思想文化,深度挖掘中国传统文化当代价值,为继承和弘扬中国优秀传统文化做出了积极的贡献。然而,由于在课程设置上还存在着课程体系不完善、结构散乱、内容缺乏系统性、课时安排随意性大等方面的问题,大学生传统文化素质教育总体上还处于散杂乱状态。在这种情况下,推进大学生传统文化素质教育,面临的首要问题是大学生传统文化课程体系的建设问题。

建设大学生传统文化素质教育课程体系,首先,应明确传统文化素质教育课程的目标,确定课程定位,制定课程标准。根据高素质专门人才的培养目标,社会对人才思想道德、文化素质的要求和传统文化素质教育以文化人、以文育人的特点,结合有关法律法规、教育规划和发展纲要中对大学生优秀传统文化素质教育的要求,明确大学生传统文化素质教育各课程的教学目标和教学内容,确立各课程在大学生传统文化素质教育课程体系中的定位。在课程结构安排上,高校应统一开设中华优秀传统文化经典必修课,统一课程目标、课程模式和课程内容。在此基础上,结合地域特色、专业特点和学生求知需求,选取传统文化中的经典文献,开设传统文化专题选修课,对传统文化中某一方面的具体内容进行深入介绍,从而形成以传统文化公共必修课为主干、以若干专题子课程为支撑的多维立体式课程体系。

其次,要精心设计教育内容。面对卷帙浩繁的中华古代文化典籍,应根据大学生成长和发展需要,萃取与时代主题、社会主义核心价值观和中国特色社会主义发展要求相切合的教育内容,突出地域特色和专业特点,强化以爱国主义为核心的民族精神,以仁爱、正义、诚信为主要内容的传统美德和以格物致知、正心诚意、尚德守志为重点的高尚人格。

再次,加强大学生传统文化素质教材建设。教材是课程体系设计的重要内容,也是开展教育工作、提高教育质量的重要保证。传统文化素质教育课程教材的编写要围绕课程目标和课程标准的要求,结合传统文化课程教学实践的经验,组织具有深厚传统文化造诣的专家学者和丰富教学经验的优秀教师编写多层次、成系列的传统文化素质教育教材。

最后,要设计灵活多样的教育形式。因材施教,不拘一格,重内容、轻形式,重精神、轻文体,重体验、轻说教,重启发、轻灌输,真正达到学以致用,修身养德,健全心智,完善人格的教育目标。在课程考核方式设计方面,要创新考核方式,突出实践能力和创新思维。

二、加强社会实践教育,提升大学生传统文化素质

1. 社会实践教育是大学生传统文化素质教育的重要环节

社会实践教育是大学生传统文化素质课程教育的必要补充和延伸,也是提高大学生传统文化素质最直接、最有效的途径之一。大学生处于求知增智、人格塑造的黄金时期,丰富多彩的社会实践不仅能加强大学生对传统文化知识的理解,帮助

大学生把抽象的理论知识转化为具体的实践行为,而且还有助于大学生对传统文化的创造性转化和发展。一方面,通过各种社会实践教育,大学生会逐步认同和接受优秀传统文化所体现出来的价值导向和伦理道德,并逐渐将其内化为自己的理想信念。另一方面,社会实践教育通过不断发挥大学生的主体性,使大学生的创新意识在社会实践中得到激发,能运用所学的理论知识和社会实践经验来诠释、改造传统文化,从而推动传统文化向现代化的转型和发展。

2. 大学生的社会实践教育的主要形式

根据开展社会实践的地点不同,可以将大学生社会实践教育分为校内社会实践教育和校外社会实践教育两类。校内社会实践教育主要包括专业实践教育、文明修身主题教育、文化艺术节、大学生社团活动及创新创业实践教育等多种形式。

1) 校内社会实践教育

专业实践教育实践的目的是加强学生对所学专业理论知识的理解,培养学生实践能力,提高专业技能和专业素质。专业实践教育一般是在大学生专业课程理论学习之中或结束后,围绕专业理论教学内容,开展相关的课程实验、实训和校内实习等。大学生应积极参加专业实践教育,深刻体会蕴涵在各门课程中反映人类文明成果、弘扬民族精神、体现科学精神、揭示事物本质规律的内容,努力提高自身的创新精神和实践能力。

文明修身主题教育活动是大学生校内社会实践教育的重要形式,主要是通过校园广播、橱窗报栏、网络等渠道宣传文明修身要求,并组织开展主题摄影展、演讲比赛、校园文明之星、文明宿舍评选等活动,培养学生文明意识,提升学生文明素养,养成学生文明习惯,创建和谐文明校园。

文化艺术节不仅是大学生发挥个性、展现自我风采的重要平台,也是大学生接受传统文化教育和熏陶的重要途径。丰富多彩的文艺表演、书法绘画展览、诗歌朗诵比赛、读书节等活动,让大学生充分感受文化魅力,激励大学生追求梦想,树立正确的人生观、世界观和价值观。其中,近几年兴起的大学生读书节倡导大学生博览群书、弘扬经典、享受阅读、养德励志,已经在北京大学、清华大学、人民大学、北京师范大学、北京理工大学、北京交通大学、对外经贸大学等八十多所高校相继开展,受到了大学生的普遍欢迎,产生了良好的社会反响。

大学生社团是由兴趣爱好相近的大学生自愿组成的非正式组织,其形式多种多样,既有围绕学术问题、社会问题进行学习交流的学习小组,也有根据大学生在文学艺术、体育、音乐、美术等方面的兴趣爱好组成的协会,有文艺协会、棋艺协会、摄影协会、话剧团、篮球队、足球队、数学社、物理社、化学社等。通过参加丰富多彩的社团活动,提高了大学生的文化品位和审美情趣,培养了大学生的合作意识。近年来,在国内高校出现了一批以弘扬中国传统文化为目标的大学生社团,如专注于中华民族传统服饰文化和北京大学的服饰文化交流协会、中南民族大学等多个高校的剪纸艺术协会、济南大学陶艺协会、中山大学汉服文化协会等也在弘扬民族文化、展示民族风采、丰富大学生文化生活方面发挥了积极作用。

创新创业实践教育是为增强大学生的创新能力和创业能力而开展的专题实践活动,具体包括创新训练项目、创业训练项目和创业实践项目三类。创新训练项目是本科生个人或团队,在导师指导下,自主完成创新性研究项目设计、研究条件准备和项目实施、研究报告撰写、成果(学术)交流等工作。创业训练项目是本科生团队,在导师指导下,团队中每个学生在项目实施过程中扮演一个或多个具体的角色,通过编制商业计划书、开展可行性研究、模拟企业运行、参加企业实践、撰写创业报告等工作。创业实践项目是学生团队,在学校导师和企业导师共同指导下,采用前期创新训练项目(或创新性实验)的成果,提出一项具有市场前景的创新性产品或者服务,以此为基础开展创业实践活动。每个项目资助经费可达10万元。目前,大学生最关注的课外社会实践是全国"挑战杯"竞赛,它有两个并列项目,一个是"挑战杯"中国大学生创业计划竞赛(简称"小挑"),另一个则是"挑战杯"全国大学生课外学术科技作品竞赛(简称"大挑")。这两个项目的全国竞赛交叉轮流开展,每个项目每两年举办一届。

2)校外社会实践教育

大学生校外社会实践教育活动主要包括社会调查、生产劳动、志愿服务、生产实习、校外勤工助学活动等。

社会实践调查是大学生认识社会、培养能力、提高素质的重要途径。大学生应围绕我国经济社会发展的重要问题,运用所学的科学理论和方法,开展调查研究,分析存在的问题,提出解决问题的意见和建议。在参与社会调查的过程中,要尊重客观实际,认真收集资料。要树立问题意识,善于发现问题、提出问题、分析问题、研究问题,并主动运用所学理论和方法回答问题,积极推动问题的解决,不断提高自身的实践能力和研究能力。

劳动是中华民族的优良传统美德,组织大学生参加一定时间的生产劳动是实现高等教育培养目标不可缺少的重要环节,也是对大学生进行传统文化素质教育的重要途径。与上一代大学生相比,当代大学生多是独生子女,劳动思想观念比较淡薄,劳动技能不强,缺乏吃苦耐劳精神,缺乏对他人、对社会劳动成果的正确认识。为此,大学生要认清劳动的本质与意义,树立正确的劳动观。马克思明确指出:"任何一个民族,如果停止劳动,不用说一年,就是几个星期,也要灭亡。"在参加生产劳动过程中,大学生应树立以勤劳俭朴为荣、以不劳而获为耻的观念,热爱劳动,尊重劳动,把对未来幸福生活的追求建立在辛勤劳动的基础之上。

大学生志愿服务主要包括大型活动志愿者服务,青年志愿者社区发展计划,公益宣传志愿者服务和文化、科技、卫生"三下乡"志愿者服务。例如,现已开展的志愿服务西部计划、贫困地区支教计划、青春红丝带志愿行动等活动都是大学生志愿服务的重要项目。大学生应根据自身实际和服务对象的需求,积极参加扶贫开发、社区建设、环境保护、大型赛会和慈善救助等各种志愿服务活动,主动将所学知识和技能服务人民,奉献社会,树立为人民服务的道德观,大力弘扬仁爱至善、敬老爱幼、扶弱助残的传统美德,积极为人类发展、社会进步和社会福利事业做出应有的贡献。

生产实习是大学生直接参与企业生产过程,通过从事企业生产、经营和管理等具体工作,使专业知识与实践相结合的教学形式。大学生参加生产实习,要做到爱岗敬业,努力做好本职工作,不断丰富专业知识,提高专业技能。同时要懂得自尊、自重、自爱,尊敬领导、团结同事,保持和谐的人际关系。

校外勤工助学活动是帮助家庭经济困难的大学生了解社会,取得合理的经济收入的有效渠道,也是高校实施传统文化素质教育的重要途径。家庭经济困难的学生应克服自卑心理,增强自强自立意识,通过参加勤工助学活动自食其力,减轻家庭经济负担。同时,要树立对他人、对集体、对社会、对国家负责的意识,要自立自强、诚实守信、俭朴节约、知恩图报。

3. 加强大学生传统节日文化教育,弘扬中华民族优秀传统节日文化

传统节日是一个国家或民族历史文化长期积淀、凝聚的结晶,是民族情感、民族文化的集中展示和表达。我国传统节日历史悠久、内涵丰富、形式多样,历经世代传承,已经融入中华民族的思想观念、伦理道德、文化心理、审美旨趣和生活方式之中,形成了中华民族特有的传统节日文化。中国传统节日文化植根于中国传统文化,寄托着人们对美好幸福生活的憧憬向往,蕴含着整个社会的道德判断和价值取向,承载着中华民族传统文化血脉和思想精华,是维系国家统一、民族团结和社会和谐的重要精神力量。当前,面对世界范围内各种思想文化的相互激荡和社会上一些不良风气对大学生的影响,充分运用民族传统节日文化对大学生进行传统文化素质教育,对于丰富大学生传统文化素质教育的内容,创新大学生传统文化素质教育载体,拓宽大学生传统文化素质教育途径,增强大学生民族自信和文化自信,全面提升大学生综合素质具有十分重要的意义。

1)加强传统节日文化知识学习,深刻理解传统节日文化内涵

中国传统节日文化内涵丰富、底蕴厚重,它发端于古代农业社会的岁时节令,具有浓厚的农业色彩。例如,清明最开始就是古代农业生产中一个重要的节气。古代农谚有"清明前后,点瓜种豆""春分早、谷雨迟,清明种薯正当时"之说。清明一到,气温转暖,降雨增多,是播种耕作的大好时节。后来,由于清明与寒食的日子接近,而寒食是民间禁火扫墓的日子。于是,寒食与清明两个节气就合二为一了,而寒食的习俗就变成了清明时节的一个习俗。这一习俗延续到今天,清明节仍然是人们扫墓祭祖、踏青郊游、探亲访友的重要节日。民间传说寒食是为了纪念春秋时期的晋国名臣介子推被火焚于绵山,晋文公下令禁火。清明节也因此具有了宣传道德模范,弘扬爱国精神的意义。清明节所蕴含的介子推忧国忧民、忠君爱国、清明廉洁的爱国精神和"功不言禄"、功成身退的奉献精神,是中华民族传统文化的思想精髓之一,也是今天培育和践行社会主义核心价值观,实现中华民族伟大复兴"中国梦"的重要精神支撑。

大学生是中国传统节日文化的继承者,也是中国传统节日文化的创造者。应认真学习传统节日文化,了解民族节日风俗知识,深刻领会蕴含于传统节日文化之中的爱国情操、价值取向、精神追求和道德理想,坚定民族自信、文化自信,树立远大的理想,积极努力,创造有信念、有梦想、有奋斗、有奉献的人生。

2)正确认识传统节日文化,推动传统节日文化创新发展

根据文化结构理论,传统节日文化可以分为表层文化、中层文化和深层文化三个层面。表层文化是指传统节日文化外在的物质表现形态,如传统节日服饰、吉祥装饰物、器具和食物等在传统节日我们能观察到的东西;如春节时的对联、福字、窗花,端午节时的龙舟、粽子、雄黄酒,中秋节的月饼等。中层文化是指传统节日文化的形式层面,包括传统节日的礼仪习俗、行为规范和禁忌等。在传统节日里,人们在着装、饮食、行为上会遵循传统习俗,保持传统特色。例如,在冬至,中国北方地区有宰羊、吃饺子、吃馄饨的习俗,南方地区则有吃冬至米团、冬至长线面的习惯。深层文化则是指传统节日文化中蕴涵着的关于真、善、美的观念,它是传统节日文化中最深邃、最难理解和把握的部分,是传统节日文化的核心。

近年来,受各种因素的影响,一些人对于中国传统节日文化的认识仅停留在表层,将传统节日等同于吃、穿等物质消费。一些商家借机炒作,使传统节日成为商家推销节日商品,谋取利润的手段。一些地方对传统节日文化的继承也仅从形式上去模仿甚至复原传统文化的某些特定仪式,而忽视了传统节日文化的内在精神。对传统节日文化的这种认识是浅薄的、片面的,不仅是对传统节日文化的曲解,也

是对中华优秀民族文化的破坏,是不利于传统文化的现代化转化和发展创新的。大学生是祖国的栋梁,民族的希望,肩负着传承和弘扬中国优秀传统文化的历史使命,必须珍视传统节日文化,保护传统节日文化,认真挖掘传统节日文化所蕴含的文化精髓和精神价值,在传承中不断创新,使传统节日文化展现出强大的生命力与创造力。

继承和创新传统节日文化,要坚持以邓小平理论、"三个代表"重要思想、科学发展观和习近平总书记系列重要讲话精神为指导,从现代社会文明的价值体系出发,科学、理性地分析传统节日文化资源的现代性价值,弘扬传统节日文化中积极、健康,符合现代文明发展要求的道德情怀、价值理念和礼仪规范,坚决摈弃传统节日文化中的一些愚昧落后、功利迷信、奢侈浪费等不健康因素,积极倡导文明、和谐、喜庆、节俭的节日文化,推动传统节日文化的健康发展。

3) 利用传统节日,提高大学生传统文化素质

传统节日是展示和传播优秀传统文化的重要阵地,也是弘扬和培育民族精神,联结民族情感,增强民族凝聚力和认同感的重要载体。我国传统节日形式多样,大学生应积极参加传统节日活动,通过切身体验,理解传统节日文化中蕴含的爱国主义情怀、社会关爱精神和理想人格诉求,不断提高自身的传统文化素质。

在我国的传统节日中,包含了大量关于热爱国家、热爱民族、热爱家乡的内容,具有弘扬爱国主义精神的重要功能。例如,端午节最初是人们祛病防疫的节日,后因爱国诗人屈原在这一天投湖自尽,便成了我国汉族人民纪念屈原的传统节日。传说屈原死后,楚国百姓十分哀痛,纷纷涌到汨罗江边去凭吊屈原。人们划起船只,在江上来回打捞他的真身。有人拿出为屈原准备的饭团、鸡蛋等食物,丢进江里,希望鱼龙虾蟹吃饱之后不再伤害屈原的身体。有人将雄黄酒倒进江里,希望驱散江中的蛟龙水兽,保护屈原身体。后来,人们担心饭团为蛟龙所食,就用楝树叶包饭,外缠彩丝,形成粽子。这一做法传扬开后,被保留延续至今。今天,每逢端午节,人们用划龙舟、吃粽子、饮雄黄酒来纪念这位伟大的爱国诗人,表达对他爱国忧民、忠心报国、无私无畏、忠贞不渝精神的无限敬意和怀念。屈原精神是一种爱国主义精神,纪念屈原的端午节传承的不仅仅是吃粽子、赛龙舟等民俗,更重要的是对屈原的祭奠和屈原精神的继承。

家庭和睦、社会和谐、世界和平是人们共同的向往。我国传统节日中蕴涵着丰富的社会关爱思想,如以尊老、敬老、爱老、助老为主题的重阳节也是我国一个具有悠久历史的节日。九九重阳,九九谐音"久久",九在数字中又是最大数,有长久长寿之意,加之秋季是一年收获的黄金季节,重阳节包含着希望老人生命长久、健康

长寿的深刻寓意。古代诗词中有不少贺重阳、赞重阳的诗词佳作。在节日习俗方面，传统节日完美地展现出了人们追求家国平安、社会和谐的美好愿望。例如，春节放鞭炮、贴春联、拜年，端午节佩香囊，腊月二十三小年扫尘、祭灶等都体现了中华民族对美好未来的永恒的憧憬与追求。在这些传统节日里，人们开展传统节庆活动，遵照传统风俗习惯，换上节日服装，品尝各种节日特色食物，传颂古老传说，传递古老文明，把对民族文化的认同感、归宿感都融入传统节日的每一个细节，通过过节，延续传承优秀传统文化精神。

4）正确认识西方文化，理性对待"洋节"

随着经济全球化趋势的深入发展和我国改革开放的不断扩大，中西文化交流更为频繁密切，西方文化对我国传统文化的冲击和渗透不断加深，给我国传统节日文化、价值观念和生活方式带来了深刻影响。同时，由于各种原因，我国很多优秀传统节日文化没有很好地保护和传承下来，致使一些人逐渐失去了对它们的兴趣和向往。反映在现实生活中，西方节日受到青年人的青睐，而传统的中国节日则被冷落。大学生作为中华民族传统文化和民族精神的继承者和创造者，面对日趋盛行的西方节日，在思想上必须保持高度的警惕。要坚持正确的世界观、人生观、价值观，学会思考、善于分析、正确判断。

与具有农业色彩的中国传统节日不同，西方节日带有浓厚的宗教色彩，很多节日都与宗教直接相关，如万圣节、感恩节、圣诞节等。作为西方国家和民族历史文化长期积淀的产物，西方节日文化也是人类文明发展的重要成果。大学生可以通过了解西方节日及其习俗，更充分认识西方各民族的历史与文化，开阔视野，增长见识，增强与西方国家和民族的沟通、交流。在学习和交流的过程中，应主动汲取西方节日文化中与中国传统节日文化价值观念、传统美德相一致的内容，而不能随波逐流，盲目崇拜西方节日。

中国传统节日是珍贵的中华民族文化遗产的重要组成部分，凝结着中华民族的民族精神和民族情感，承载着中华民族的文化血脉和思想精华，既需要薪火相传、代代守护，也需要与时俱进，创新发展。大学生应坚持中国传统文化的主体性，高度重视传统节日，积极保护传统节日，大力弘扬传统节日文化。同时，应结合时代的新进步和我国社会从传统农业社会向现代工业社会转型的实际，主动汲取世界各国节日文化中的积极因素，不断丰富传统节日文化内涵，创新传统节日文化形式，使其不断发扬光大，从而更好地满足当代人审美特征和情感需求。

第八章 大学生心理素质教育

大学生群体,大都处于生命发展的黄金阶段,他们富有朝气、生机勃勃、精力充沛,他们已经具备相当的知识基础及相应能力,他们的身心发育已处在关键时期,即逐步趋于成熟,但这种成熟仅是相对的,尤其表现在心理素质方面。因此,大学教育一方面要加大心理健康教育力度,为促进他们形成良好的心理素质提供必要的教育条件;另一方面,青年大学生,更应该自觉地接受各种形式的心理健康教育,获得有价值的现代心理知识,掌握科学的心理方法,形成良好的心理品质,使自己获得全面、和谐的发展,形成健全的人格。

第一节 大学生心理素质概述

心理素质在人的素质结构中居于重要地位,它既是先天遗传因素和后天社会环境影响、教育要求相互作用在人的主体内部的形成及相对定型,也是人的主体性的核心成分。心理素质,在很大程度上,决定着人的主观能动性,它具有促进人发展的动力功能,即心理素质直接控制着人体自然力的发展,调动着活动能量的释放,影响着人的整体素质的发展。

一、心理素质的内涵

心理素质是指个体在活动中表现出来的各种内在的、深层次心理特征的总和。它是由心理潜能、心理特点和心理品质三个因素构成的。

(1)心理潜能。每个人生来都具有一定的、甚至是优秀的潜能,它是心理素质的一个构成因素。心理潜能并不神秘,它是心理素质发展和形成的前提。这种潜能既可以体现在智力(能力)方面,也可以反映在非智能方面。前者称为智能潜能,后者则称为非智能潜能。由于智力与能力是两个相对独立的概念,所以智能潜能又可以一分为二,即智力潜能和能力潜能。

(2)心理特点。每个人生来都具有多种多样的心理特点,它分别体现在一种心理因素上。例如,感知的直接性、具体性,思维的间接性、概括性,情感的波动性、感染性、两极性,意志的目的性、调控性,智力的针对性、广扩性、深入性、灵活性等。

潜能与特点都是人与生俱来的,但前者是发展的可能性,后者则已是现实性。从先天的角度看,两者之间没有一条不可逾越的鸿沟。心理特点既然是先天的,因而它也是比较稳定的。但稳定的心理特点并非一成不变,而是具有一定的可塑性。

(3)心理品质。潜能与特点都是先天的,而心理品质则是后天的。它也体现在形形色色的心理因素上,如观察的目的性、敏锐性、精确性,记忆的持久性、准确性、备用性,思维的敏捷性与灵活性、广阔性与深刻性、独立性与批判性,情感的倾向性、多样性、固定性,意志的自觉性、果断性、坚持性、自制性,智力的统一性、顺序性、严密性、创造性等。品质与特点虽有后天性与先天性之分,但两者之间也很难有一条不可逾越的鸿沟。一般地说,心理品质是在心理特点的基础上形成的,但它一经形成并趋于稳定之后,就可把它看成是一种心理特点。在心理素质中,心理品质占有主导的地位。在这个意义上,把心理素质与心理品质看成一回事也未尝不可。

二、心理素质在素质结构中的地位及与其他素质的关系

(1)先天素质是心理素质产生的基础。对个体而言,先天素质的好与坏会直接影响到心理素质的质量水平。一般来说,身体强健的人对挫折的忍耐力比较强,而虚弱的人在面对同样的困难时可能会难以承受。人们的认识活动,特别是感觉、知觉等都不同程度地依赖于其感知器官、神经系统,特别是大脑结构和机能的状态,也将对人们的智力水平及整个心理活动产生决定性影响。

(2)心理素质是产生和形成养成素质的基础,同时,养成素质又给予心理素质的发展以重要的影响。这一点已经为大量的事实所证明,一方面,人们的政治、道德等素质的形成与提高,依赖于心理素质的发展与支持。就是说,要培养较高的养成素质,首先要求个体已经达到某种智能水平,具有某种基本的认知能力,而且需要非智能因素的积极参与才能够实现。而另一方面,养成素质在形成的过程中同时会促进心理素质的发展,提高心理素质水平。

(3)在人的综合素质结构中,心理素质占据着重要地位。首先,它是人的综合素质的核心。心理素质对生理素质的影响是明显的,不仅在一般意义上心理健康可以促进身体健康,而且积极健康的心理活动对保持感知器官、运动器官、神经系统和大脑的健康都有重要作用。同样,养成素质更需要心理素质的支持,高水平的养成素质必然有赖于高水平的心理素质;心理素质水平低下者是无法养成优良的政治和道德素质的。因此,培养心理素质是提高人们整体素质水平的关键。其次,心理素质是素质的中介。没有心理素质这一中间环节,人的综合素质中的各因素

就会像一盘散沙,彼此既无法形成关联,又难以从低级向高级发展。在人的综合素质结构中,心理素质是身体素质、养成素质联系和发展的中介。

三、心理素质的主要特点

1. 整体性

心理素质既不是单一结构的,也不是许多种个别素质的简单相加的总和,实际上,它是一个由多种成分构成的综合结构,是一个有机整体,是各种良好心理品质的有机结合。在心理素质这个复杂的结构体系中,各成分间并不是彼此孤立的,而是相互作用、相互影响、相互依存的,如果其中一部分发生变化,其他部分也会跟着变化。而某一种心理成分的良好发展既可以促进其他心理品质的发展,也可以弥补其他心理品质的不足,但某一种心理品质的欠缺又会阻碍和制约其他心理品质的发展。这一素质结构特征体现了对素质教育内容的全面性要求。

2. 质量性

心理素质强调的是高质量、高水平、高层次。对个体而言,形成和培养的每一项心理因素其内容都应该是高质量的,并且在实践中都能够得到高水平的发挥,并不断向更高层次发展。强调心理素质的质量性特征,就要求我们在教学中,一方面要不断地培养和提高学生的心理品质,另一方面要使心理素质结构的优良性能得到充分发挥。也就是说,素质教育不只承担对基础教育的弥补性功能,而更应该定位在高质量的培养上,显示出其未来发展性的功能。

3. 个别性

有位哲学家说过:世界上没有两片完全相同的树叶。人和人之间也不可能完全相同,而每个人所具有的心理素质就更不会相同。俗话说:"人心不同,各如其面。"心理学研究发现,即使是遗传因素相同的同卵双生子,他们的心理面貌也存在着很大的差异。针对这种个别性特征,我们认为,对不同学生不能进行同一人才模式的培养,而应该发挥其各自的优势与专长,力求使每个人的心理素质都能够变为他的心理优势。

四、心理素质的分类

心理素质划分为智能因素素质和非智能因素素质两大类。

1. 智能因素素质

第一,智力因素素质。所谓智力因素素质,是指智力及其五种因素都各自蕴含有心理潜能、心理特点与心理品质等三项素质成分。

第二,能力素质。所谓能力是指人们成功地完成某种活动的个性心理特征。能力形成和发展的因素主要有三个方面：一是先天性因素,包括遗传因素和胎儿受其母体内影响造成的个体特征；二是后天环境影响和教育因素,包括家庭教育影响、学校教育和社会思想文化的作用；三是个人主观的努力。总之,能力是在个人生理素质的基础上,经后天教育和培养,并在社会实践中形成和发展起来的。

能力素质是一种与智力相对应的能力,也有其一定的心理潜能、心理特点与心理品质,因而也可以说是另一类心理素质。但是,能力与智力的关系较为特殊,为了便于阐述两者各自的性质,我们可以将它们分别开来,当两者与非智力因素对应时,又可以把智力与能力合二为一,用智力(能力)或智能一词来表示。它们的这种特殊关系,是由两者相对独立的性质所决定的。我国自孔子以来就有不少思想家、教育家阐述了智力与能力的这种性质,我们将其概括为智能相对独立论,简称为智能独立论。其基本含义是,智力与能力是两个相对独立的概念,两者既有区别,又有联系。从区别看,可以将智力、能力并列起来,各自加以论述；从联系看,则可以把两者统一起来,以便与非智力因素相对应。

众所周知,能力是人们在认识客观事物的过程中形成的,是保证人们有效进行认识活动的稳定心理特点的综合,包括观察力、记忆力、想象力、思维力和注意力等五种基本心理因素。在能力活动中,这五种因素各自具有一定的地位与作用。

其一,观察力。观察力是智力活动的门户,又是智力活动的源泉。观察是有目的、有计划并有思维积极参与的一种特殊形式的感知活动。观察力是在观察活动中逐渐形成的一种比较稳固的认知特点。对学生而言,观察力是一项非常重要的素质,如果一个学生有比较强的观察力,他就可以发现别人不易发现的细节,获得更多的信息和知识,从而使自己的经验更加丰富。

其二,记忆力。记忆力是智力活动的基础,又是智力活动的仓库。记忆是人们对过去经验的保持和再现。它包括四个环节：识记、保持、再认和回忆。对学生而言,良好的记忆力不仅能够使其掌握更多的知识,而且也能够使之保持得更长久。

其三,想象力。想象力是智力活动的翅膀,又是智力创造性的条件。想象是在已有表象的基础上进行加工改造,从而形成新形象的过程。丰富的想象力不仅可以增强学生学习的主动性,也可以提高其学习的创造性。在某种意义上说,想象力比知识更重要。

其四,思维力。思维力是智力活动的核心,又是智力活动的方法。思维是人脑对客观现实的间接和概括的反映,是一种更高级、更复杂的认识过程。没有思维,人们就无法发现事物之间的本质特征和内部规律。对学生而言,较高的思维水平和良好的思维品质是搞好学习的重要条件。

其五,注意力。注意力是智力活动的门户,又是智力活动的组织维持者。注意是人们对一定对象的指向和集中。对学生而言,拥有良好的注意品质,将会提高学习的效率。

2. 非智能因素素质

所谓非智能因素素质,是指非智能及其五种因素都各自蕴含有心理潜能、心理特点与心理品质等三项素质成分。正如大家所知道的,非智能因素包含的心理成分是极其广泛的,但从其是否对学生搞好学习有积极作用这一点来考虑,则应由动机、兴趣、情感、意志与性格等五种基本心理因素组成。从这个角度看,所谓培养非智能因素素质,就是培养这五种因素。如果再进一步分析,我们还可以从上述五种心理因素中找出12种对搞好学习作用较大的因素来,这就是:成就动机、求知欲望、学习热情、自尊心、自信心、好胜心、责任感、义务感、荣誉感、自制性、坚持性、独立性(一般称之为具体的非智能因素)。从这个角度看,所谓培养非智能因素,就是培养这12种心理因素。

五、心理素质的结构

心理素质结构是指各种心理素质之间的内在关系,这种关系包括两个方面:一是纵向关系,组成纵向结构;二是横向关系,组成横向结构。下面,从心理素质三因素的关系,以及三因素的体现者智能因素与非智能因素的关系等两个方面来加以分析。

1. 心理素质"三因素"的关系

心理素质由心理潜能、心理特点与心理品质三因素组成。从纵向看,它们的结构是:心理潜能—心理特点—心理品质。就是说,潜能发展为特点,特点实质上就是潜能;特点可以发展为品质,品质也可以转化为特点。简而言之,这三个因素的纵向关系是先天(潜能与特点)与后天的关系,前者是后者的基础,后者是前者由可能性变成了现实性。从横向看,三因素的结构是:心理潜能—心理特点,心理特点—心理品质,心理品质—心理潜能。就是说,三者不再显示为层次关系,而是处在交互作用之中。

2. 智能因素与非智能因素的关系

心理潜能、心理特点与心理品质蕴含在或分属于智能因素与非智能因素之中,所以谈心理素质的结构时,分析一下这两者的关系是必要的。

第一,智能因素与非智能因素的关系模式。总的来说,智能因素与非智能因素是密切联系、互为条件、彼此制约的。

第二,智能因素促进非智能因素的发展。紧张的智能活动是艰苦的脑力劳动,没有非智能因素的积极参与和支持,人们将无法克服困难,排除障碍,成功地实现最后目标。智能对非智能因素的影响,一方面表现为外在的,开展智能活动对非智能因素提出一定的要求,因而促进其发展;另一方面表现为内在的,即在实践活动中形成的智能各因素的稳定特性,可以直接转化为性格的理智特征,成为一个人性格的内在成分。

第三,非智能因素促进智能的发展。非智能因素对智能的影响主要表现为两方面:一方面,非智能因素的发展,可以促进智能的提高,它是挖掘和发挥智能潜能的金钥匙;另一方面,非智能因素可以在一定程度上补偿智能方面的某些弱点,正如俗话所说:"勤能补拙""笨鸟先飞"。

第四,智能与非智能因素发展具有一致性。智能的发展使非智能因素得到相应的发展,智能水平高的人,其非智能因素的水平也会很高,反之,智能水平低下的人,非智能因素水平也往往比较低。心理学研究发现,超常人才通常具有这样一些特点:兴趣广泛,求知欲旺盛;思维敏捷,逻辑性强,富有创造性;注意力集中,记忆力强;上进心强,不甘落后,有毅力;谦虚、忍让、冷静、沉着。

第二节 心理素质教育的特征

心理素质的培养要普遍加强。心理健康是青少年走向现代化、走向世界、走向未来、建功立业的重要条件,而健康心理的形成需要精心周到的培养和教育。教师仅关心青少年的身体健康是远远不够的,必须把关心青少年的心理健康,把培养健康的心理素质作为更加重要的任务。而要想成功地进行心理素质教育,必须对心理素质教育的含义、特点作一个准确、科学的界定。

一、心理素质教育的含义

顾名思义,心理素质教育就是全面提高学生心理素质的教育。这里的"全面"有两个含义:一是所有学生的心理素质都要提高,无论是优秀生、中等生,还是所谓的"差生"都要一视同仁,在某种意义上更要重视提高"差生"的心理素质。因为"差生"之所以"差",主要是由于其心理素质水平低于优秀生和中等生。另外,由于女生的心理素质特别是其中的非智能因素一般来讲不如男生,所以还要着重培养与提高女生的心理素质。二是心理素质的各个组成因素都要得到一定程度的提高。也就是说,在心理素质教育中,一方面要把开发心理潜能、发展心理特点与培养心理品质结合起来,另一方面潜能、特点、品质都蕴含在智能与非智能因素之中。因此,又必须把发展智能与培养非智能因素结合起来。这样,才能使心理素质得到全面提高。

所谓心理素质教育,就是要使全体学生的心理素质得到全面提高的教育。其具体表现是:心理潜能、心理特点与心理品质都得到开发与发展,智能与非智能因素都得到培养与提高。

二、心理素质教育的特点

心理素质教育与学科教育有所不同,它关注的是人内在心灵的成长,而心灵的成长是极为艰难复杂的,它既易被外界许多不定因素干扰,又易受内心难以捉摸的心理状态的影响。现将其归纳如下几点。

1.适应性与整体性

心理素质教育要适应各年龄阶段学生的身心发展特点,不能拔苗助长。有一个古训说道,你不能把一个成年人的脑袋安放在年轻人的肩膀上。有的时候,教师非常希望学生能够马上就具有其希望具有的素质,但是这种一步登天的想法是不切实际的,而只能帮助学生慢慢地成熟。这点其实是与心理素质的发展性相对应的。心理素质要经过一个不断递进的发展过程,要注意每一个发展阶段不同的发展特点和可能达到的发展程度,前一阶段是后一阶段发展的基础,后一阶段又是前一阶段发展的延续。心理素质教育要研究和掌握这种发展的规律,在心理素质发展的每一阶段寻求最优的教育方法,抓住最佳的教育时机,让学生的心理素质得到最好的发展。不要"时过而后学,则勤学而难成"。

整体性表现在:第一,注重整体学生的心理素质的培养。以前的应试教育有一个明显的弊端,就是教育对象的局限性,重视拔尖学生的培养,而忽视对差生的教育,难以做到"大面积丰收"。素质教育与之最大的不同就在于教师关注每一个学生的成长,不漏掉一个学生,帮助每一个学生在他自己的起点上前进,在他自己的优势上发展。心理素质教育也同样如此,即面向全体学生,使每一个学生的心理素质水平都得到不同程度的提高。第二,把提高心理素质与提高其他素质结合起来。由于人的综合素质具有整体性,它的各个要素之间是密切联系、相互渗透的,并由此而构成一个有机整体,在实际活动中发挥着整体功能,很难把它们分裂开来,也很难孤立地发展某一素质。因此,发展心理素质要与发展政治、道德、身体、科学、文化素质结合起来,共同提高。仅靠一门心理素质教育课是不够的,还需要其他任课教师的配合,一起来培养学生的各种素质,这样,心理素质教育的实效性才能够得到较好的体现。

2. 个别性与艺术性

个别性是指心理素质教育要注意学生的个别差异。心理素质教育面对着一个由个体素质差异悬殊的学生组成的群体。学生水平的参差不齐,决定了教师不可能采用整齐划一的一刀切的教育办法。

教育是一门科学,也是一门艺术。心理素质教育亦是如此。艺术性就是指心理素质教育要密切注意教材、教育方式,以及学生天赋的发展,灵活运用各种教育技巧。具体表现在:第一,教师的言辞要委婉达意,注意场合,讲究分寸。心理素质教育关注的是学生心灵的成长,而心灵又是最为脆弱、敏感的,需要备至的呵护。倘若教师的训斥过分严厉,而忽略场合,如当着全班同学的面,大声地批评一个自尊心极强又较自卑的学生,那么,这位学生的心灵就会受到沉重的打击,可能对老师产生强烈的逆反心理,也可能变得更加自卑,从而形成难以弥补的心灵创伤。第二,采用多种多样的方式。心理素质的培养不同于某个知识点的传授,知识的本身有许多的内容,已能从其中找到许多的乐趣。相对而言,心理素质要显得更为抽象,更为内隐,如果仅是靠单一的说教,那么这种极具浓烈灌输色彩的方式,马上会引起学生心理上的反感,教育的效果自然不尽如人意。教师要想办法赋予抽象的心理素质教育以活力,用多变的教育方式吸引学生的注意,引起学生的兴趣。第三,与学生心灵相通。"心有灵犀一点通",用心灵的沟通来哺育学生心灵的成长应是较为艺术且合适的方法。教师在表达自己的意图和希望时,可以通过各种途径,可以是一个眼神,也可以是姿态、手势、表情等言语以外的方式来表达,求得一份无言的默契。

3. 坚持性

心理素质教育是比知识技能的传授更加细致而见效缓慢的工作。心理素质作为一种机能性的东西,它的形成不是一个简短的、一蹴而就的过程,这就要求教师必须有毅力,善于坚持,其中很重要的一点便是用发展的眼光来看待、对待学生。心理素质的培养,如意志品质的培养,不是上了几次课,克服了几次困难,意志就坚强如铁了;在自我管理情感的能力培养上,也不是训练了几次情感控制的办法之后就认为可以做自己情感的主人了,等等,诸如此类。由于学生正处在身心迅速发展变化的时期,心理素质的养成大多需经历许多不断的反复过程,对于这些反复,教师一定不能稍有困难就心灰意冷、弃之不顾或者是大发雷霆,迁怒学生,而是要有信心,有耐心。另外,对学生心灵成长中出现的一些问题也要用发展的眼光来对待。既用发展的观点来动态地审视问题,又用发展的眼光解决问题、预测咨询结果。要能够很专业地区分学生的正常心理特征和异常心理变化,区分一般心理问题和心理障碍,竭尽所能地促进学生的最佳发展。

三、心理素质教育的目的

心理素质教育的根本目的是全面提高学生的心理素质。

1. 开发心理潜能

在人身上,有生理潜能与心理潜能。前者是身体素质教育的开发任务,后者则由心理素质教育来开发。由于生理潜能与心理潜能难以截然分开,所以两项任务的划分也只能是相对的。开发潜能特别是心理潜能的重要性与必要性,早已成为国内外教育界的共识,并认为人的心理潜能巨大,业已开发的只不过10%或15%而已。因此,我们应当把开发心理潜能作为心理素质教育的一项重要任务来抓。

2. 发展心理特点

在人的身上,有生理特点与心理特点。身体素质教育开发前者,心理素质教育则开发后者。这一任务有两项要求:一是巩固心理特点,二是改善与提高心理特点。也由于生理特点与心理特点常常紧密地联系在一起,所以也难以将两项任务完全分割开来。例如,关于高级神经活动基本过程的那些特点,就可能要由这两种素质教育来共同担当。前面说过,心理特点众多而复杂,并且是可以发展和提高的。因此,心理素质教育也必须以发展心理特点为自己的一项重要任务。

3. 培养心理品质

在心理素质中,心理品质占有主导地位。因此,在心理素质教育中,应当特别注重对心理品质的培养。心理品质是在心理特点的基础上形成的。因此,在心理素质教育中,应当把两者结合起来加以培养。全面提高学生的心理素质,是心理素质教育的总的目的。这一目的可以表现为两种形式:①积极形式,是培养心理素质,促进心理健康;②消极形式,是解决心理问题,保持心理健康。

四、心理素质教育的意义

1. 促进学生学业成绩的提高

相关的测验结果表明,部分学生成绩低下,是心理素质方面的原因造成的,问题主要表现有:缺乏耐力、容易被人误解、思想不集中、缺乏自信心、缺乏观察力、过于担心将来的事、容易动怒、缺乏决断能力等。试想,一个上课无法集中自己的注意力、没有耐心又少自信的学生,他的学习情况会好吗?相反,一个上课注意听讲、善于思考又能坚持的学生,他的学习效果也是不言自明的。学生良好的心理素质,还能充分发掘自身潜能。例如,对自己的信心、意志的忍耐力与坚持性等都是挖掘潜能的重要因素。而挖掘自身潜能,等于把心理素质的内潜性发挥了出来,把潜力所具有的可能性转变成了现实性,表现的结果就是大大地提高自己的学习水平、学业成绩。可见,以培养学生良好的心理素质为目的的心理素质教育,能够促进学生的学习进步。

2. 促进学生良好养成素质的形成

养成素质是人们在选择、适应与改造社会环境的过程中逐步形成起来的一系列稳定社会性品质的综合,主要包括政治品质、道德品质、科学品质、文化品质等。良好的养成素质对社会的发展有着积极的推动力。我们知道,人的整体素质由自然素质、心理素质与养成素质三大成分构成。心理素质在素质结构中处于核心地位,它在自然素质的基础上,对养成素质的形成起着重大的作用。这是因为顺应社会发展的个体心理必须是健康的心理,只有在健康的心理素质指导下表现出来的行为才会接受社会的道德规范,符合社会的发展要求,与社会的发展保持一致,从而使个体形成良好的政治品质、道德品质、科学品质、文化品质等,进而形成良好的养成素质。反之,个体的心理如果处于一种不平衡、不健康的状态,所表现出来的外显行为,则会与社会主流的道德规范、价值观念相悖,以至于形成不良的品德,产生不道德行为。而心理素质教育恰好就是要纠正学生的不良心理行为,培养学生良好的心理素质,所以说,心理素质教育有助于学生形成优良的政治素质、道德素质、科学素质、文化素质,养成高水平的好的行为习惯。

3. 促进学生身心的健康发展

自然素质是心理素质的基础,这是因为先天生理条件是心理机能产生的必要的物质前提。先天生理条件指有机体与生俱来的感觉器官和神经系统方面的生理解剖特点。倘若没有这个前提或这个前提已有缺陷和病变,那么相应的心理机能就无法产生,如已有多例临床病例证实,先天脑发育不全或后来受到部分损伤者,其相应的心理机能就难以发展起来。另外,先天生理条件的个别差异为心理机能形成的个别差异提供了潜在的可能性,如美国哈佛大学著名发展心理学家杰罗姆·坎根在经过了数十年的研究实验确认,有15%~20%的青少年天生就属于"行为压抑型"。他发现,这些人出生后,面对陌生环境,心跳都比其他人快;21个月大时,心率监测显示,这些胆小的人在退缩不前时,心率与发生焦虑时的一样快。

这些都说明,个体的身体和心理素质是紧密联系的。在伴随着身体成长的过程中,心灵也在不断地成长。当然,心理素质的形成除了先天条件的影响外,还受后天许多因素的作用。这使得致力于培养优良心理素质的心理素质教育成为可能,而且由于身体和心理的不可分割,于是在心理素质教育培养优良心理素质的同时,事实上也促进了身体素质的提高,促进了身体与心理的和谐发展。

第三节 大学生心理素质教育的原则

在心理素质教育过程中,为了取得更好的成效,在不同的领域我们应该遵守不同的原则。

一、一般的实施原则

一般在实施心理素质教育时应遵循以下两条原则:

1. 智能与非智能因素结合的原则

任何教育工作都需要学生全部心理活动,即智能因素与非智能因素的积极参与,才能收到预期的效果,心理素质教育也不例外。何况心理素质教育本身就是发展智能和培养智力因素的,所以更有必要把两者结合起来。

2. 积极培养与消极防治协同的原则

青少年学生绝大部分都是具有健康心理的人,所以我们必须将主要精力与时间用来培养他们的心理素质,使其心理更加健康,避免产生心理问题。当然,对少数有心理问题的学生,也应当对他们进行心理辅导或开展心理咨询,以帮助他们解决心理问题。前者是积极的、主要的,后者是消极的、辅助的。在心理素质教育过程中,必须主辅协同,方能相得益彰。

二、教学领域的基本原则

1. 主体性原则与发展性原则

所谓主体性原则,就是在心理素质教育中,始终尊重学生的主体地位,发挥学生的主体作用,调动学生的主体积极性。也就是说,要让学生成为课堂的主人,成为教育的主体,让他们表现出更多的自主性、积极性、能动性和创造性来。在课堂上,学生应该成为主角,教师是配角,学生的活动要多于教师的活动。对教师来说,提高学生的心理素质,必须遵循主体性原则,也就是要尊重、相信、理解和关心每一个学生,使每个学生都能发现自己的潜能和价值,并尽可能地发挥出来。

所谓发展性原则,就是指把人的心理活动看作一个动态的变化发展过程,认识到人的心理素质始终处在不断地形成和发展过程中,即使是同一素质,在不同的年龄阶段也会有不同的特征表现。苏联心理学家维果茨基提出"最近发展区"的理论,要求教学应超越学生的已有水平,向最近发展区推进。最近发展区就是指存在于学生现有的水平与可能发展和达到的水平之间的领域。也就是说,教学应走在发展的前面,教学的内容应适应每个学生的最近发展区,而不是他们的现有水平。对教师来说,发展才是教学的最终目标。

2. 激励性原则与渐进性原则

所谓激励性原则,就是在心理素质教育中,采用种种激励手段,调动学生的内部心理机制,激发他们的动机、兴趣、情感,使其积极地投入到智能活动中去,从而取得更好的成效。一般的激励有两种方式:一是物质激励,二是精神激励。在学校教学中,我们可以将这两种方式结合起来运用。

所谓渐进性原则,就是强调素质教育不能急于求成,要考虑到学生的接受能力,循序渐进地进行。在教学过程中,教师可先针对每个学生的特点,制订相应的培养计划。在每个计划中,首先确定一个较长远的心理素质发展目标,然后将这一总目标分解成若干小目标,将它们按顺序排成一个序列,让学生每一阶段达到某一个小目标,这样一步一步,直到所有的目标都得以实现。

三、课外活动领域的基本原则

1. 趣味性原则与独立性原则

课外活动与课堂教学的一个显著区别,就是前者通常依照自愿原则,因而更依赖于学生对活动本身的兴趣。如果学生不愿参加,或者对活动不感兴趣,那么他就不可能从活动中受益。趣味性原则就是要求在开展课外活动时,应尽可能使其内容丰富多彩,形式多种多样,以适应学生多方面的兴趣。课外活动的组织和安排应该打破班级界限,而由学生凭兴趣自由选择。

同课堂教学相比,课外活动是发挥学生独立自主精神的最好场所。独立性原则就是让学生独立自主地组织和安排课外活动,成为课外活动的真正主人,教师应退居第二线。人们应认识到,课外活动不是课堂学习的延续,它应该具有相对的独立性。

2. 创造性原则与实践性原则

在课外活动中坚持创造性原则,就是要让学生在自己制订活动计划、安排活动内容、考核活动结果的过程中,开动脑筋,积极探索,发挥创造性的想象和思维,从而大大地提高创造能力。可见,在课外活动中,人们有更多的机会和条件来发挥和施展自己的才能,从而使自己的心理素质得到不断发展。

课外活动有利于手脑结合,也有利于理论和实践的结合。因而在课外活动中必须遵循实践性原则。这一原则要求,学校应该广泛开展课外活动,让学生有更多更好的机会学会动脑和动手。在掌握科学知识的基础上积极地解决实际问题,而反对教师越俎代庖,包办一切。众所周知,心理素质是在实践过程中形成和发展的,不经过实践,心理素质就将停滞不前。

第四节 大学生的心理特征

一、大学生一般心理特征

我国大学生的年龄绝大多数处于青年中期,少数处于青年后期,只有极个别的(如少年班学生)处于青年初期。他们的心理特点既不同于少年,又不同于成年。他们丢掉了少年的幼稚性,但是还不具备成年的成熟性,呈现出由少年心理向成年心理过渡的状态。对这种心理状态,可以用"过渡性心理"或"前夜性心理"(即成熟的前夜的心理)来描绘。"过渡性心理"或"前夜性心理"的最大的和最普遍的心理特点是"发展中的矛盾性"。大学生心理发展的总趋向是走向成熟,但是,在走向成熟的过程中,他们的心理不仅蕴涵着矛盾和冲突,而且充满着矛盾和冲突。主要表现在以下三个方面,即心理水平的二重性、心理倾向的二重性、心理素质结构的二重性。

1. 心理水平的二重性

大学生主要处于青年中期,其心理发展水平的最一般特征是二重性,即正在迅速地走向成熟,但是又未真正完全成熟。目前在校大学生一般年龄在 17~23 岁。他们的生理发展虽然在有些方面还会有所增长,但是,基本上已经成熟。生理成熟促进了心理的成熟,大大加快了心理成熟的过程。但认真分析就会发现,他们的心理并未真正完全成熟,即使直接受生理成熟影响的某些心理也不例外(如尚不善于处理异性关系等)。这就造成了大学生心理发展水平的特殊的二重性状态。例如,他们已经达到法定的公民年龄。进入大学学习,对许多事情均有自己的见解,因此,往往以成人自居,说话做事带有成人的味道。然而,他们的心理确实未达到成人水平,特别突出表现在对待社会政治问题上,往往带有只知其一,不知其二的"幼稚的深刻性"。有人认为,他们只能是"准成人"。如果以人生观建立作为心理成熟的标志,那么,大学生的人生观正处于积极建立和尚未最后建立的过程中。走向成熟和尚未真正完全成熟的心理状态,是大学生心理向前发展的根据和基础,同时,又是其他心理特征产生的原因。

2. 心理倾向的二重性

所谓心理倾向的二重性,是指大学生心理倾向具有积极方面,又具有消极方面。在四年的校园生活中,大学生的心理迅速走向成熟,一般具有积极的方面,这是大学生心理倾向的主导方面。但是,由于大学生的心理尚未真正完全成熟,其不成熟性所具有的欠缺、不足和弱点,便构成了心理的消极方面。而且某些可能属于积极方面的特点,由于不成熟性的制约也可能产生出消极的特点和表现。

第一,大学生积极心理倾向的主要表现为:其一,富于理想。大学生的心理处于由少年期到成年期、由不成熟到成熟的过渡阶段,未来必将到来,而未来又是极不确定的。这时,他们对社会和人生的认识能力也有明显提高。因此,他们一般都爱探讨社会的发展和个人的前途,并以满腔热情去展望未来。他们富有理想、向往未来、追求真理,有积极向上的强烈要求。从发展心理学的角度说,这时是对他们正确思想教育的最好时机。其二,热爱生活。大学阶段,他们出现大量类似成人的新需求,并希望获得充分满足,具有追求美好生活的强烈愿望。他们希望自立自强、追求新知和理论、关心祖国、渴望成就、热爱丰富多彩的课余活动、向往真诚的友谊和高尚纯洁的爱情。对此,他们不仅具有希望,而且满怀信心。其三,朝气蓬勃。他们处于身体成长和生理机能发展的高峰期,浑身有使不完的劲,而且,他们也感觉到自己的青春活力和巨大的能量。这种充沛的生理能量,经常表现为朝气蓬勃,奋发有为的心理特点,如果在正确的理想和信念的支持下,则能产生不怕艰险、勇往直前和持续拼搏的积极性。其四,情绪强烈并有所控制。一方面,大学生的需要丰富,而且比较强烈,经常会激起强烈的情绪。另一方面,他们控制情绪的能力正处于由弱变强的发展之中。他们控制情绪的能力虽然仍然不高,但总比青年初期有所增强,具有积极的意义。其五,抽象思维迅速发展。大学生由于学习的知识越来越多,受到的思维训练越来越复杂,因而,抽象思维的能力获得了突飞猛进的发展。同时,思维的辩证性、发散性都有了新的提高,加上丰富活跃的想象力,促进了思维的活跃性和创造性,因而产生了积极的创造欲和成就感。其六,自我意识有了新发展。社会对他们的期望较高,教育的影响较深及身心发展迅速,促使他们的意识达到了新的水平。这使他们加深了对自我的认识,增强了自尊、自立、自律和自强的信念。其七,更善于人际交往。大学生比中学生更少受家长的直接约束,人际关系明显扩大了,经验增多了。他们十分珍视友谊,不再以偶然机遇为基础,而往往以长期观察和相互了解为基础。愿意与异性交往,对爱情一般比较迫切,开始了恋爱的尝试。

第二,大学生消极心理倾向的主要表现为:其一,易于轻信似是而非的理论和理想。他们富于理想,向往未来,追求新知,但是,又缺乏理论基础和社会经验,往往容易"以新为美",对凡是未见到过的理论或理想皆极感兴趣,容易做所谓"新思潮"的盲目追随者。其二,容易造成失败或挫折。他们热爱生活、兴趣广泛,但往往不顾条件允许,急于满足需要,极易造成失败或误入歧途,使身心遭受挫伤。其三,滥用充沛的精力或蛮干。他们精力充沛,但往往使用不当,或者不顾条件和可能地蛮干,或者用在不该从事的活动上,或者使用精力过度,均可能产生事与愿违的结果。其四,容易感情用事。情绪强烈、热情高涨,属于积极的心理倾向,但如果缺乏理智和自制力,则将成为感情的俘虏,走向反面。大学生特别在政治活动、人际冲突和与异性交往中容易感情用事,铸成错误。其五,因脱离实际而产生思维的片面性。抽象思维迅速发展有利于认识事物,但如果脱离实际,单凭抽象推理和想象,也容易导致片面结论,在实践中遭受挫折和失败,结果或对现实不满、怨天尤人,或者消极泄气,产生自卑感。其六,易于片面夸大自我的价值和作用。自我意识有两种发展可能,一是产生正确的自我观;二是陷入狭隘的自我观。如果脱离社会与个人的关系,片面夸大自我的价值和作用,必然走向狭隘的利己主义。一些大学生恰恰由于过分强调自我而陷入利己主义泥坑。其七,易于进行盲目的交往。大学生交际的热情高,又比中学生较少家庭约束,当没有掌握社会交往的正确准则时,则容易因交际受到腐蚀,甚至走入歧途。

3. 心理素质结构的二重性

大学生由于心理发展处于走向成熟和尚未真正完全成熟的阶段,因此,心理素质结构存在着二重性,即心理素质结构的矛盾性和冲突性。这种矛盾性和冲突性既是大学生各种复杂心理现象产生的原因,又是大学生心理发展、走向成熟的动力。具体心理素质结构矛盾如下:

第一,理想与现实的矛盾。大学生富于理想,向往未来,追求完美,基本上是个理想主义者。而现实却是真善美与假恶丑并存,与理想差距甚大,这往往导致他们的挫折感、失落感,以至对现实的不满情绪。

第二,情感与理智的矛盾。他们的需要丰富而广泛,并且总是迫切追求满足,但是实际上不可能都得到满足。这就产生了需要与满足的尖锐矛盾。在这种情况下,他们往往知道怎样做是对的,但却无法用理智控制自己,情感有余而理智不足。这常常使他们铸成大错,追悔莫及。

第三,强烈求知欲与识别力低的矛盾。大学生的求知欲极强,对知识的需求如饥似渴,然而分析与识别能力不足。他们的吸收能力大于分辨能力,这就造成了在各种错误思潮和黄色文化面前,盲目吸收,受到腐蚀的现象。有的人虽然深受其害却仍然津津乐道。

第四,独立性与依赖性的矛盾。大学生成人感强,企图竭力摆脱家长的约束,寻求独立,可是,他们身上的依赖性仍然很强,并未能真正独立。这一方面因为他们在经济上还必须依赖家庭;另一方面在少年儿童时期形成的依赖心理并没有完全消失。他们入校后在生活上不适应、学习上不适应等,都是与他们的独立性相矛盾的。

第五,闭锁心理与交往需要的矛盾。大学生由于自尊心强和自我意识的发展,不愿将内心的秘密外泄。这就造成了一定时期的心理闭锁性。他们虽然生活于父母亲人和师生之间,却感到缺少可以向之吐露心曲的人,产生了孤独感。然而,内心中却存在着强烈的交往需要。这就产生了难以排解的内心矛盾和冲突,严重的会产生压抑感或精神变态。

第六,强烈的性意识与婚恋观欠缺的矛盾。大学生的性发育已完全成熟,性意识很强烈。加上在大学里,男女青年十分集中,有谈情说爱的极好条件。因此,谈恋爱现象比较普遍。然而,一些同学由于缺乏正确的恋爱观,在两性关系上不够严肃,有的产生了恶劣的后果。强烈的性意识与婚恋观上的欠缺构成了尖锐的矛盾,迫切需要引导和教育。

大学生心理上产生这些矛盾是很苦恼的,非常渴望获得人们的同情理解和帮助。这些心理矛盾可能成为他们心理发展的障碍,也可能成为他们心理发展的动力。因此,作为教育者,必须理解他们,及时给予热心的关怀和指导,使其内心的矛盾体验化作心理发展的巨大动力。

二、大学生特殊心理特征

大学生的心理是一个多层次、多系列的复杂结构。研究大学生的心理特征,除了要从整体上研究大学生的一般心理特征外,还有必要从某些方面进一步研究大学生的特殊心理特征。

1. 大学生心理发展的阶段性

大学生在四年生活中,心理发展呈阶段性变化,基本表现为三个阶段,即一年级、二三年级和四年级。在每个发展阶段上，大学生的心理都有不同的特征。

第一，一年级。这是由中学生活到大学生活的转换期，也是由心理不适应到心理适应的转换期。这个阶段大学生总的心理倾向是积极、热情、充满信心，但是，由于生活环境、学习方式、师生关系的不适应，也产生了许多尖锐的心理矛盾和冲突。例如，自豪感与自卑感的矛盾（中小学时代的成功和荣誉，使其有明显的优越感和自豪感。而大学生中的群英荟萃局面，又使一些人丧失信心，产生自卑感希望与失望的矛盾），入校前，他们往往把大学想象为"天堂般的美好"，可是，入学后却发现大学既没有天堂般的美好，又没有中学时的单纯，于是，产生了失望的情绪轻松感与压抑感的矛盾（刚入大学普遍有一种轻松感和"喘口气"的想法，可是马上对倾盆大雨式的学习感到不适应，产生压力和难以摆脱的苦恼）。

第二，二三年级。这是大学生活适应期，也是大学生活全面发展和深化的时期。他们摸清了大学的生活规律，变得积极、主动了。但是，他们的思想和学业开始了分化和转折。许多学生世界观和人生观趋于稳定和定型，许多学生变得积极上进、思想活跃、兴趣广泛、奋力拼搏，而有的则思想消沉、胸无大志、六十分万岁，甚至走上错误道路。

第三，四年级。这是大学生活的结束期，也是大学生活到社会工作的转变期。他们的世界观基本形成，学业基本定型，心理与成人接近。这一时期大学生的心理有紧迫感（临近毕业觉得有好多事没有做完）；忧虑感（担心毕业就业不理想，出去工作不适应）；焦灼感（集体松弛、做事无心、坐卧不安）。在这种情况下，如果引导得好，能够抓紧这段时间取得新的成绩，善始善终，顺利走上工作岗位；如果引导得不好，还可能出现许多意想不到的问题。

2. 大学生的自我意识

所谓自我意识，是指一个人对于自己的意识。自我意识是一种多维度、多层次的心理系统。大学生的自我意识虽然并不完善和成熟，但是，已有了较高的发展水平。这表现在：第一，能够经常地进行自我意识的分化和统一。他们的自我意识已经分化为主体的我（即观察者的"我"）和客体的我（即被观察者的"我"），理想的自我和现实的自我，并能够用"主体的我"和"理想的自我"去观察、分析和统一"客体的我"和"现实的自我"。第二，自我评价比中学时代更符合实际，对自我形象的认识也更具全面性和完整性，但是，有时对自我的评价仍爱犯偏高或偏低的毛病。第三，自我情感体验丰富，敏感性强，有明显的波动性。第四，自我控制的能力比中学生明显增强。他们有强烈的成人感，厌恶依赖性和幼稚性，有自我设计的积极愿望，希望自立、自律和自强。因此，要引导大学生自觉进行自我教育，以社会发展的规律和社会利益为准绳,正确地认识自我,对待自我和完善自我。

3. 大学生的需要

需要是个体缺乏某种东西的紧张状态,它是个性积极性的源泉。大学生的需要结构有自身的特点。这表现在:第一,大学生的需要是丰富多彩的(在一次调查中,学生列出需要多达 830 种),但是,基本的需要可概括为六类,即生理需要、安全需要、交往需要、尊重需要、发展需要和贡献需要。第二,大学生的六类需要强弱不同。其顺序是(由强至弱),发展需要、尊重需要、交往需要、贡献需要、安全需要和生理需要。在多次调查中,大学生均把"发展需要"中的"求知需要"列做第一位,把"尊重需要"中"成就需要"和"自尊自立需要"列在前面。这说明大学生需要的层次较高,具有积极向上的巨大潜力。第三,虽然从总体上看大学生需要的顺序是"发展需要—生理需要"依次降低,但是,在调查中均有人把六类需要中的任何一种列为第一位。这说明大学生的需要结构具有差异性特点。

4. 大学生思维的发展

大学生的思维具有比中学时更高的抽象概括性,理性思维正在形成,辩证逻辑思维达到了较高的水平,并在积极发展抽象思维的基础上,进一步发展了思维的独立性、探索性和发散性。第一,思维的独立性。大学生爱独立思考问题、分析问题和独立寻找问题的答案,不迷信权威,喜欢争辩。这说明,他们思维的独立性获得发展。这应当予以鼓励,但是,也应注意引导他们正确对待已有的知识,防止将独立思维变成"脱缰野马"。第二,思维的探索性。大学生知识的积累、强烈的求知欲和好奇心,以及献身科学事业的精神,推动了他们对未知事物深刻探究的积极性。他们不仅对未知事物热心探索,而且对已知事物也表现出重新探索的积极性。这是创造性思维的动力所在。第三,思维的发散性。大学生的发散性思维得到了有力发展,每遇问题能发散出多条思路,想到多种可能和方案,进行多维的思考和分析,显示了思维的全面性和灵活性。这是创造性思维的基础。当然,大学生的发散性思维尚显不足。发散性思维的三个标量——流畅性(按照问题的方向发散)、变通性(向不同的方面发散)、独特性(以新的观点,重组思维空间发散),以流畅性最好,以变通性次之,而以独特性最差。因此,在大学阶段,应在流畅性的基础上,下功夫培养思维的变通性和独特性。

第五节 大学生心理素质教育中相关问题

"教会学生如何做人"是大学教育应该完成的根本培养目标和任务。"学会做人"最为重要的就是教育培养的教育主体具有健康的心理素质和健全的人格品质，而人格的核心在现代社会来讲是诚实、守信、骨气。在这个意义上，健康的心理素质的培养是现代大学教育的基础和最为关键的教育内容。

一、心理状态的现代结构

心理学把人的复杂的心理现象分为三个范畴，即心理过程、心理状态和个性，并从三个不同的方面及其相互关系来研究人的心理活动。

心理状态是介于心理过程与个性特征之间的一系列特殊心理现象的总和，是心理因素有机结合的组合体。心理状态既包含在心理过程和个性特征之中，是心理过程和个性特征的直接表现，但又并不只是心理过程和个性特征本身。心理状态是心理过程与个性特征之间的中介。心理学方面的学者认为心理状态可以分为三大类：一是认识过程中的心理状态，如惊讶、疑惑、确信、好奇心、求知欲、顿悟、定势等；二是情绪和情感过程、意志过程中的心理状态，如情感状态（应激、激情、心境、热情）、意志状态（动机冲突、果断、犹豫、克制、追求）、注意状态（专心、分心）等；三是综合的心理状态，如情感、疲劳等。

任何一种形式的心理状态都具有一定的综合性，就是说，心理状态既具有各种心理过程的成分，也带有个性特征的色彩。我们把心理状态分为三类，就是按其成分的主要倾向来划分的。

1. 调整心理状态，使心理现代化

实践告诉我们，心理的健康并没有什么绝对的标准。事实上，它是一个动态的概念。

在现代化社会中，个人的心理现代化的程度也是衡量其健康与否的重要标志。现代科学技术的飞速发展及随之而来的生活方式的变化，特别要求人们能欣然接受和迅速适应生活方式的改变，成为具有创造性智慧和新思想的人。实践证明，一个国家的落后和不发达不仅仅表现为一系列社会经济统计指数，还表现为一种国民的心理状态。一些学者在研究了许多发展中国家追求现代化的坎坷道路之后强调指出，人的现代化是国家现代化必不可少的因素，人的心理状态的现代化并不是现代化过程结束后的副产品，而是现代化制度与经济赖以长期发展并取得成功的先决条件。在现代人们的新观念中，人的质量已成为当代全球性问题及人类文明面临的那些困窘问题的思考中心。而国民的心理状态、人的现代化和人的质量很大程度上又都与这个国家的文化传统和民族精神有直接联系。

在当代的社会生活中，现代化机构和制度鼓励它的工作人员努力进取，讲究办事效率,积极主动地承担责任,严格遵守操作规程和纪律。现代国家,要求它的全体公民关心和参与国家事务和政治活动。但是,由于中国长期处于封建社会的统治之下,经济落后,自给自足的自然经济占有很大的优势。因此,在我国众多的人群中,就有不少人具有"传统人"所广泛具有的那些特征,害怕和恐惧革新和社会变革,不信任乃至敌视新的生产方式、新的思想观念;被动地接受命运,盲目服从和信赖传统的权威;缺乏效率和个人效能感;顺从谦卑;缺乏突破陈旧方式的创造性想象和行为;凡事总要以古人、圣人和传统的尺度来衡量判断,一旦与传统不同,便加以反对和诋毁;对公共事务漠不关心,与外界孤立隔绝;妄自尊大;凡与眼前和切身利益无明显联系的教育、学术研究都不加重视或给予蔑视和排斥等。所有这些,严重地束缚着人们去适应现代化的要求而发挥自己的潜能。可见,人的心理状态的现代化必将是一个长久的历史过程。

2. 心理状态的现代结构

心理状态的现代结构,主要是指心理因素的现代化,包括认识品质、情感品质、意志品质、个性心理特征等几个方面,以及这些心理状态能够适应现代化生活的特点。

我国学者认为,心理状态的现代结构有以下几个方面。

第一,准备和乐于接受新的生活经验、思想观念和行为方式。这是一个首要因素,它指的是一种心理倾向,这种倾向可以以不同的形式在不同的环境下表现——愿意服用新的药物和采用新的卫生方法,愿意采用新的种子、农药或新的耕作方法,愿意结识新的不同的人。虽然个人或团体常在生活的某一领域或方面表现出乐于接受新事物的程度,比在生活的另一领域方式和态度对待生活要强一些,但准备和乐于接受新的生活经验、思想观念和行为方式,却是它们共同的和普遍的特征。

第二,尊重并愿意考虑各方面的不同意见。一个心理现代化的人对各方面的不同意见,甚至反对的意见,都能有所尊重并有所理解,加以认真的考虑、取舍。他不会去要求所有的人都必须和自己的看法一致,也不唯恐别人的不同意见会推翻自己的看法而对它不遗余力地施加攻击和否定。同时,具有现代心理状态的人也不会盲目的接受地位比自己高的人的意见,他愿意同上级交换看法;他也不会因为别人的地位低于自己,而不肯接受和听取他们的意见。

第三,有强烈的个人效能感,对人和社会的前途、能力充满信心。现代人相信人的力量,相信自己的力量。坚信人能认识自然,利用自然,进而改造和控制自然,坚信人类能够解决自身的问题。相信自己有能力和他人合作来克服生活中的困难和迎击挑战。同时,办事讲究效率。反对以敷衍的态度对待工作,注重现在,守时惜时。

第四,可依赖性和信任感。心理现代化的人对于"他生活的世界是可依赖的"与"可以信任他周围的人和社会组织能够实现他们的任务"这两个方面,怀有较大信心。他不赞同事事均由命运决定或生来不可改变的宿命论观点,他更信赖人类的理性、信念的力量和由理性、信念支配下的社会,更信赖他人。

第五,新的公民感。心理现代化的人不像传统人那样相信平均就是公平。他更倾向认为,公平是技术和贡献为依据的分配。因此,他们重视专门技术,具有愿意根据技术水平高低来领取不同报酬的心理基础。

第六,相互了解,尊重他人和自重。心理现代化的人更注重人际间的相互了解,他们对他人的权利和自尊,尤其是弱者和地位较低的人,如妇女、儿童,能给予更多的保护和尊重。

第七,主动性。心理现代化的人在工作中有更多的主动性,不是消极被动地做上级分配给他的工作,而是积极有效地了解本职工作及与此相关的生产过程和原理、生产的计划和部署。表现出个人期望在认识客观规律的基础上发挥自己的才能和创造力,热爱自己的事业,对自己从事的工作怀有极大兴趣。

二、发展和完善自己,培养成功意识

目前构成大学生群体中的个体,大多是"独生子女",由于我国社会经济的快速发展,普通家庭经济收入及生活质量获得了快速提高,他们几乎是在父母的精心呵护,甚至溺爱中成长起来的一代人,生活无忧无虑,缺乏人生锻炼,加之受中国传统文化的影响,因而,独立意识较差,不少大学生缺乏"巅峰体验",没有全力以赴去做某些看起来不可能完成的事情的意识。因此,现代大学生在大学学习阶段接受一些成功学方面的知识及训练是很必要的。

1. 当代大学生需要高度重视培养成就动机——"努力+动机+智商+机遇=成功"

目前在成功学研究方面最有影响是在当代美国,其中最负盛名的成功学研究者有卡耐基、拿破仑·希尔、斯蒂芬·柯维、奥格·曼狄诺、乔·吉拉德等。美国成功学研究理论提出,成功是处在以物质名利和内在的心灵同时达到获得与满足,并认为,追求成功路径是在健康心灵的基础上获得认同感和肯定感,在健康和幸福的基础上追求成功。其中,著名的乔·吉拉德在他的成功学专著《踏上你的巅峰之路》中,总结了成功的六个简单步骤:其一,耐心。胜利属于耐心等到最后一刻的人;机会总在最后一刻才出现。其二,考虑周密。凡事三思而后行,要考虑事情的每一层面,不要随意跟着潮流走。其三,毅力。要有坚韧不拔的毅力,眼光永远盯紧目标,不轻易放弃梦想。其四,朋友是不可或缺的。在你追求成功的旅途中,光是孤军奋战是不行的,朋友能够为你提供帮助。其五,团队精神。如果你身边有志同道合的朋友,如果你想要融入团队里面,你就必须有良好的团队精神和人际沟通。其六,拓展人际关系网。当你的社交圈子不断扩大,你需要建立一个关系网。如果你留给别人良好的印象,并且恰如其分地与人交往,那么你就会有一群好朋友,甚至不需要召唤,他们就会主动与你联系。

美国心理学家麦克里兰提出的"成就需要理论",其要点有二:其一,具有高度成就动机的人的数量和质量是一个社会组织宝贵的资源;其二,具有这种高度成就动机的人是可以培养的。

无可否认,当代大学生人人都想成功,它作为一种理想和追求源于内在的心理动力,同时,最终能否成功,与一个人的心理素质有着密切的联系,历史上有成就的人,以及现实社会的成功者,无一不具备良好的心理素质。

2. 保护而不要污染自己的小环境

人的社会性决定了人是生活在一定群体关系的组织内的。个体人在社会组织中存在着两层基本的关系,其一,个体的人与人之间的关系;其二,个体的人与组织群体的关系。这种人际关系氛围就构成了个体社会生活的小环境。成功学理论中揭示出了一条规律,大凡成功者,都善于营造和保护自己的小环境,只有如此,才能赢得大多数人的支持与帮助,否则与成功无缘。美国国家科学委员会一份关于大学生教育问题的调查报告指出,人际交往能力和专业成绩相比,如果不是前者更加重要的话,至少同等重要。日本大型企业在录用大学毕业生时,注重独立人格甚于学习成绩。大学环境或大学氛围,十分有助于大学生的进一步社会化,所谓社会化,是指人际交往范围的扩大化和人际交往心态的成熟化。大学生在大学学习阶段,应以健康的交往心态,营造有利于自己的健康的人际关系网。"天时不如地利,地利不如人和"这是中国一条有名的古训,并早已深入人心。在中国流行几千年至今仍备受推崇的儒家文化,就是以"仁"从"人"从"二","二人"也,即人与人之间的相互统一,即它是建立在人与人之间的情感、心理相融合的基础上的。孔子提出"克己复礼为仁""仁者其言也韧",它的主旨意思是人要不断磨炼自己的意志和品格,去适应各种环境、与他人建立和谐的关系,并且强调恭敬、宽大、谦让,不与环境、他人发生冲突。今天的大学生,应该学习中国传统的古典文化,从传统文化中吸取有利于自身健康成长的文化思想养分,并与现代文化思想进行有机融合,逐步健康成长。良好的人际关系包括沟通能力、合作能力和主动关心别人的意识。关系他人、关心集体在某种意义上讲是在更好的关心自己,只有如此才能有效保护自己的小环境,一个孤芳自赏的人不可能成为现实生活中的成功者。

3. 善待失败

由于现实生活的复杂性和社会生活的多层面性与不确定性,决定了人一生中不可能一帆风顺,也决定了不是每一个追求成功的人都能如愿以偿。正确面对现实社会的挫折,真正生活在顶峰的总是少数人,成功是相对的,成功感也是相对的。人生难免有很多挫折和暂时的失败。失败与成功有着密切的联系,"失败是成功之母"的名言,深刻揭示了成功与失败之间的关系。就一般而言,观察社会追求成功的人,必须善待追求成功道路上的暂时失败,善待失败,就是获取成功良好的另一开端。古往今来,许多伟人与名人,历经磨难,都曾陷入过逆境,但是他们都能从失败的困境中奋起,把失败变成了获取最终成功的动力和机制。大学生,作为国家和社会的未来人才,肩负着民族和国家的使命,树立远大的理想和抱负,为祖国现代化建设事业建功立业,不仅是社会对青年大学生的希望和要求,也有利于大学生进入职业生涯的健康发展,追求事业的成功。因而,大学生应从失败与成功命题的辨证关系中汲取人生生存和发展的智慧。面对暂时的挫折与失败,应该做到:

第一,重视自己,接纳自己。如果不能接受自己,就不能真正发展自己。也就是说,不应该完全否定自己,而是正确分析自己,失败难免,既不可悲,亦不可怕,而应从失败中汲取经验教训。要总结自己失败的经验教训,就应该把重点放在总结自己不足和失误上,同时也应分析自己的优势和潜力,对最终成功充满信心。

第二,要有坚韧不拔的恒心和毅力。具有这种精神的人,本身就表明具有良好的、稳定而成熟的心理素质。同时更需要一个从失败走向成功的正确的行为模式,即集中精力去干手头的事并尽力干出最好的结果,当在某个问题上无法取得进展时,要有一种补偿能力,即开辟新的发展领域;当处在下阶段时,一定要稳住。一个人遭受挫折和失败时,往往情绪消沉甚至恶劣,产生烦恼、失望乃至绝望,容易意气用事,导致意识模糊,从而受到新的挫折和失败,这是一个恶性循环,这不仅于事无补,反而会毁了自己,这一点,对于大学生来讲是应该力诫的。对于一个心理素质良好和健康的人来讲,在暂时受挫和失败时应该保持沉着和理智,即有一颗"平常心"。现代社会的各种环境、各种条件下,都充满着竞争,可以说,现代社会中,竞争无处不在。有竞争,相应就有胜败两种截然不同的结果,对于一个具备良好心理素质而又有着远大抱负和追求的人来讲,暂时的受挫和失败无论如何都要输得起,只有如此,成功才能最终属于自己。

第九章　大学生创造性思维的培养

思维方式是相对定型化的、人类认识的活动样式。人们在实践中获得大量信息,靠思维方式对这些信息加工处理得到理性认识,并根据这种认识指导实践。可见,思维方式在认识和改造世界的活动中,具有极为重要的作用。当代大学生肩负着全面建设小康社会的历史重任,改进自己的思维素质,提高思维能力是时代的需要。

第一节　大学生思维概述

一、思维的含义

思维是人脑对客观事物概括的、间接的反映,它反映的是事物的本质及其内部规律性。

思维和感觉、知觉一样都是对客观现实的反映。但感觉、知觉只能直接地反映事物外部的具体特征或直接联系;而思维却能够反映事物的本质属性和内在的规律性联系。例如,通过感知我们能反映自然界中各种具体的花草树木,而思维中"植物"的概念却舍弃了所有"花草树木"的具体特点,它概括出了它们共同的、本质的特征。因此,人的思维是认识的理性阶段,是更复杂更高级的认识过程。思维作为一种认识能力是人所特有的。

二、思维的特征

1. 概括性

所谓概括性,是指思维能够反映事物的一般特性或本质属性,以及事物之间的内在联系。例如,人们吃过的梨子、桃子、香蕉、苹果等,便把这些不同植物的果实称之为"水果","水果"这一概念反映了它们的共同本质。概括性的反映,促使着人们对客观事物的内在联系与规律性的认识,有助于人对现实环境的适应、控制和改造。

2. 间接性

所谓间接性,是指思维对感官所不能直接把握的或不在眼前的事物,借助于某些媒介物或头脑加工来反映。例如,医生可以根据体温、血压等检查结果及病人的自诉等做出疾病的诊断;教师可以根据心理学知识去推断学生的行为所意味的心理活动。思维的间接性打破了感官的束缚,超越了时间和空间限制,使人既可追述过去,也可探索未来。

思维的概括性和间接性是相互联系、相互促进的。人们首先在感觉、知觉提供的感性材料的基础上,概括地反映出事物的本质特征和规律性联系,接着就可以依据它们,通过推断,对不在眼前的或感觉知觉无法直接把握的事物进行间接的、更为深入的认识。尽管思维具有概括性、间接性,它超出了感觉、知觉的范围,但它仍然离不开感性认识。感性认识不仅是思维活动的源泉,而且是思维活动的依据。

三、思维的种类

(1)根据思维过程的抽象程度不同,可将思维分为:

第一,直观思维,是指依赖于事物的直接感知,以实际动作解决问题的思维,如3岁以前儿童的思维总是由感知引起的,并伴随一定的动作。这种思维一旦离开具体的刺激和实际动作就不能进行。

第二,形象思维,是指离开具体刺激而在头脑中运用事物的具体形象来进行的思维,如学龄前儿童在自己的判断、证明和解释中,通常不依赖一定的原理,而只列举个别的事例,其思维总是和一定的形象相联系。

第三,逻辑思维,是指能够摆脱具体事物和形象的遵循逻辑形式和逻辑规则的思维,它是以概念、判断、推理的形式进行的,如对数学定理的证明、论证某方案的可行性、心理活动的分析等。和这种思维相对应,上述直观思维、形象思维都叫作非逻辑思维,它们都不具有抽象的思维形式,也不遵循逻辑规则。

上述几种思维类型成人都具备,各种思维在活动中共同发挥作用,但逻辑思维起主导作用,至于机械师、艺术家的动作思维和形象思维,无论在水平上还是其作用上,都不低于一般的抽象思维,可以理解为更高层次的动作思维与形象思维。

(2)根据思维的创新程度,可以把思维分为常规性思维和创造性思维。

所谓常规性思维,也称为习惯性思维,是凭借知识、应用惯常的方法和固定程序来解决问题的思维。例如,我们解决日常问题固然离不开思维,但这种思维就属于常规性思维;再如学生运用掌握的知识,按老师讲授的方法来解决问题时所使用的思维也属此类。这种思维常常不需要更多的主观上的努力,但容易形成习惯性的思维定势,反而不利于特殊问题的解决。

第二节 大学生创造性思维的基本内容

创造思维是创新素质结构中最核心的心理要素之一。人们说,思维是地球上最美丽的花朵。"思维者的精神使人类的主观能动性衍射出一系列的光辉成就,这些成就不仅推动了当时的社会发展,而且也为未来的全新创造打下了一个升华的基础,我们今天本身就是处在前人思维的恩惠中,包括思维本身。"创造思维则是花朵中的花朵,它以其独特的、鲜活的英姿引领群芳,在人类的历史上导演出一幕幕创造的活剧来。

一、创造性思维的含义及特征

1. 创造性思维的含义

创造性思维也叫创新思维,它是一种以新颖独创的方法解决问题的思维,不仅能揭示事物的本质,而且能在此基础上提供新的具有社会价值的思维成果。创造性思维是人类思维的高级形式。通俗地说,创造性思维是多种思维形式特别是辩证思维与形象思维高度结合的结果。所谓创造性思维,是指突破过去知识经验的限制,应用全新的方法、程序来解决问题的思维。例如,科学家应用仿生学原理而创造的各种前所未有的仪器、仪表,艺术家构思出新的作品,学生独立地想出解题方法等。创造性思维的特点是具有鲜明的新颖性和独立性,并且其成果一般都具有一定的社会价值。创造性思维是构成创造力的第一要素,是创造力的核心。

创造性思维是一种复杂的高级思维过程,是多种思维形式有机结合的产物,既包括各种类的思维,也包括各类型的思维。思维的种类是以思维的本质属性为标准来划分的,一般把它分为动作思维、形象思维、形式思维和辩证思维四种。思维类型是以这种思维或那种思维方式在某人生活中占主导地位或绝对优势为标准来划分的,这样可以有不同的类型,如形象思维型、抽象思维型、分析思维型、综合思维型、求同思维型、求异思维型、创造性思维型及再造性思维型等。创造性思维是以多种思维种类和类型有机结合的过程,而且在不同的创造性思维活动中,总是以一种思维为主导而进行的。由此我们可以看出创造性思维的复杂性,同时可以看出它是一种高级思维,而决非脱离其他思维的一种什么特殊思维。

2. 创造性思维的主要特征

第一,积极的求异性。创造性思维是一种求异思维,这个特征贯穿于创造性思维的始终。它往往表现为对司空见惯的现象和已有的权威性理论持怀疑的、分析的和批判的态度,而不是轻信和盲从。求异思维在质与量、深度与广度上,要求集中性思维与发散性思维辩证统一。集中性思维是发散性思维的出发点与归宿;发散性思维以集中性思维为中心,扩及各个方面,通过不断的思想反馈,集中到解决问题的最佳方案上来。

第二,敏锐的洞察力。观察是知觉与思维相互渗透的复杂认识活动。在观察过程中,不断地将观察的事物与已有的知识或假设联系起来思考,把事物之间的相似性、特异性和重复现象进行比较,发现三者之间的必然联系。因此,进行创造性思维必须具备敏锐的洞察力。

第三,创造性的想象。创造性思维之中自始至终伴随着创造性想象。它不断改造旧的表象,创造新的表象,赋予抽象思维以独特的形式。诚然,想象不可避免地带有臆测、虚假和错误的成分,但它的确是由感性认识上升到理性认识不可或缺的环节。

第四,独特的知识结构。一切科学的新进展都是建筑在已有知识的基础上的,而创造性思维的成果又意味着对已有知识的突破和创新。因此,进行创造性思维与掌握的知识有密切的关系。一般来说,一个人掌握的知识越多越有利于创新,但知识多少与创造力又不是成正比例的。因为创造力构成因素很多,不只需要知识为其提供确定的内容,也需要知识上升为思想因素与智力因素。否则知识就会成为死板的、凝固的和束缚创造力的东西。

第五,活跃的灵感。在创造性思维活动达到高潮时,智力的跃进超出了平时能力的极限,新思想新形象突然呈现,这便是有了灵感。创造性思维活动中常有灵感的产生。

3. 影响创造性思维的主要因素

第一,智力因素与知识因素。高智商不一定代表高创造力,但高智商却是高创造力的必要条件。一般认为智商值在 120 分以上时才可能有高的创造力。另外,创造性也离不开相应的知识掌握,不存在超越知识的创造力,但物极必反,如果一味重视学习掌握知识而忽视运用,忽视创造力的培养,对学生创新也是有害的。

第二,心理环境与心理素质。创造性思维在良好的心理环境中才能有序渐进,不断深化。然而创造者并非居于真空之中,各种信息的干扰都可能影响高级神经网络系统,一方面造成新的信息的增加,另一方面造成各种无效的网络联系。一个创造型人才具有排弃各种干扰而收集储存各种有益信息的能力,而且在进行创造性思维的逼近期,必须使自己的大脑处于相对封闭的状态,即"心理排他状态",它将使网络的沟通流畅性良好,加之大脑处于这种相对的封闭状态,通过一个阶段的思维运转,往往能迸发出智慧的火花、灵感。

创造性思维还要求创造个体具备一定的心理素质,以建立自己的"内心自由"环境。"内心自由"环境主要有以下几个方面:不受冲击、畏惧、强迫、紧张刺激和信息泛滥的干扰;对周围人群的亲和能力;意志坚定,自强不息,富有较强的洞察力、预感力和强烈的好奇心。

第三,人格特征。良好的人格特征能有效促进创造力的发展。个性的独立少依赖,自信心强,有较好的理解洞察力,想象丰富、兴趣广泛、勤奋、意志坚强,这些都是具有创造性人的共同特点。他们常常颇有雄心,愿尝试困难、复杂的工作,纵然错误、失败远多于成功,也不愿回避,而是坚持努力,宽容,不偏执且善于吸取经验教训,使灵活新颖的思想如泉涌。

二、创造性思维的成分

创造性思维究竟应包括哪些成分呢?目前心理学界尚无一致看法,各种观点加以综合,可以将其构成概括为五组。

1.发散思维与聚合思维

发散思维与聚合思维是美国著名心理学家吉尔福特在"智力结构的三维模式"中明确提出并予以界定的两种思维类型。在此之前,发散思维的概念早已由伍德沃思于1918年提出,卡特尔也使用过这一概念。所谓发散思维,又称扩散思维、求异思维、辐射思维,是依据思维任务,利用已知信息沿着不同方向、不同角度、不同范围进行思考而获得大量的、独特的新信息的思维。发散思维是创造力的一个重要组成部分。这种思维方式是从一点引向四面八方,突破思维定式,重新组合已有的知识经验,找出许多新的、可能的答案。这是一种开放性思维,它没有固定的方向和范围,允许标新立异、异想天开,因而有助于问题的创造性解决。

发散思维具有三个重要特征或品质,即流畅性(短时间内表达出的观念和设想的数量)、变通性(多角度、多方向思考问题的灵活程度)和独创性(超乎寻常的新奇程度)。

聚合思维,又称收敛思维、求同思维、集中思维等,是指依据思维活动任务,从已知信息中产生逻辑结论,从现成资料中寻求正确答案的一种有方向、有范围、有条理的思维。人们运用发散思维进行多项尝试并寻求到多种答案后必须经过聚合思维的选择才能确定最佳方案或有实际意义的方案。

完整的创造性思维不仅包括发散思维,也必须包括聚合思维。发散思维是构成创造思维最重要的成分,以至一些心理学家用它来代表创造思维,或说在许多场合一些心理学家将其看成创造思维,甚至创造力的代名词。的确,当解决问题中受到某种固定偏见、定势束缚时,人们要战胜偏见,摆脱定势就必须依靠发散思维。有人认为第谷与开普勒的区别就在于前者缺乏发散思维,而后者富有发散思维。以至行星运动的三大定律被知识、技术远逊于第谷的开普勒所发现。但我们不能据此得出结论说创造思维等于发散思维。人们发现人类的创造活动不仅与发散思维有关,与聚合思维也有莫大的关系。人们认为,完整的创造性思维应包括发散思维和聚合思维两个方面。只有两者相互协调、相互补充才能产生高质量、高水平的创造性思维,才能保证顺利完成各种复杂的创造活动。不错,创造思维的确需要发散,但从哪儿发散,总得有一个明确的问题情境或目标,也就是说在发散前必须寻找到发散点。这个发散点很重要,它是否有意义、有价值,直接关系到创造成果的大小。而这个发散点要靠聚合思维,综合已知的各种信息才能得到。因此,在发散思维之前要经过聚合思维找到发散点,然后在此基础上进行发散,寻求多种设想、途径和方法。当人们运用发散思维经过艰苦的工作之后搜索到许多新设想、新途径、新方法,那么究竟哪些是最佳方案可以付诸实践并能取得最佳效果呢?此时还要借助聚合思维对发散思维所获得的多种答案进行选择和判断以确定其价值,然后加以实施。

2. 直觉思维与分析思维

根据思维结果是否经过明确思考步骤和主体对其思维过程有无清晰的意识,可将创造性思维分为直觉思维和分析思维。所谓直觉思维是指人脑基于有限的数据和事实,调动一切已有的知识经验,对客观事物的本质及其规律做出迅速地识别、敏锐的洞察,直接地理解和整体判断的思维。再进一步说,直觉思维是一种未经有意识的逻辑推理过程而对问题答案突然领悟或迅速做出合理的猜测、设想的思维。直觉思维是创造性思维的一种重要形式。随着创造心理学研究的日益深入,人们对思维的认识也越来越深刻,并把它作为创造性思维训练的一项重要内容。它的最大特点就是不依靠概念、判断、推理等逻辑思维过程而直接把握认识对象的内在性质和本质规律,具有直接性、无意识性和创造性。在科学发明和创造中,直觉思维起着十分重要的作用。著名科学家凯利洛夫曾说,直觉是"创造思维的一个重要组成部分","没有任何一个创造性行为能离开直觉活动"。著名物理学家玻恩也曾说:"实验物理的全部伟大发现都来源于一些人的直觉。"所以一些科学家认为:"想象力和直觉都是智慧本质上固有的能力。"据爱因斯坦本人自省,他创立相对论主要就是凭借想象和直觉。所以他认为,在科学创造活动中真正可贵的因素是直觉。他还直截了当地说："我相信直觉和灵感。"

分析思维则与此不同，它是阶梯式的，一次只前进一步，步骤明确，包含一系列严密、连续的归纳或演绎过程。对于分析思维和直觉思维的区分，布鲁纳在1959年主持召开的著名的伍兹霍尔会议及稍后出版的《教育过程》一书中有十分精彩的论述。布鲁纳认为，分析思维是以一次前进一步为其特征，步骤是明显的，而且常常能由思维者向别人作适当报道。在这类思维进行的过程中，人们能比较充分地意识到其所包含的知识和运算，它能包含仔细的演绎的推理，因它往往使用数学或逻辑及明显的进行计划，或者，它也可能包含逐步的归纳和试验过程，因为它利用了研究设计和统计分析的原理。直觉思维就不同了，布鲁纳认为，"它不是以仔细的、规定好的步骤前进为其特征的"。他认为，直觉思维总是以熟悉牵涉到的知识领域及其结构为根据，使思维者可能实行跃进、越级和采取捷径，多少需要以后用比较分析的方法——不论演绎法或归纳法，重新检验所用的结论。布鲁纳还认为，通过直觉"人们可以不必明显地依靠其分析技巧而掌握问题或情境的意义、重要性和结构"。法国著名作家巴尔扎克曾以自己亲身创作的经验意识到直觉思维与分析思维的不同。他说，在真正是思想家的诗人或作家身上出现一种不可理解的、非常的，连科学也难以明辨的精神现象，这是一种透视力。它帮助他们在任何可能出现的情况下测知真相；或者说得更确切些，是一种难以明言的，将他们送到应去或想去的地方的力量（参见《驴皮记》初版序言）。俄国的文艺理论家卢那察尔斯基则说得更直截了当：艺术家之所以可贵，正是由于他能提供新的东西，能运用全部直觉，深入到通常统计学和逻辑学所难以深入的领域中去。

直觉思维与分析思维是协调互补、相互促进的。直觉思维是创造性思维最重要的组成部分。特别是当信不足时，或对问题情境难以清晰把握时，唯一的办法就是凭直觉思维大胆提出假设或进行猜测。

3. 纵向思维与横向思维

根据创造性思维进行的方向可以将思维划分为横向思维与纵向思维。所谓纵向思维，是指在一种结构范围内，按照有顺序的、可预测的、程式化的方向进行的思维。纵向思维遵循由低到高，由浅入深，由始到终按照逻辑规律在同一知识领域或实践领域运用。学生学习某门功课所采用的大都是这种思维样式。所谓横向思维，是指突破问题的结构范围，从其他领域的事物、事实中得到启示而产生新设想的思维方式。横向思维不一定按某种顺序，同时也不能预测，不受范式的约束，甚至有意摆脱某种范式。中国古代《诗经》中的"他山之石，可以攻玉"，便是这种思维最准确、最生动的写照。

纵向思维与横向思维既具有不同作用又相互补充。横向思维可以改变解决问题的一般思路，常常从其他领域中得到解决问题的启示，因此，横向思维在创造活动中常常起着巨大作用，如文艺复兴时期意大利著名画家达·芬奇用数学知识表现绘画中的明暗向背，运用生物学解剖知识塑造马的形象，从而引起了西欧绘画史上的一场革命；又如英国著名物理学家麦克斯韦用数学方式表达物理学上的库仑定律、高斯定律、安培定律和法拉第定律。这些都可视为横向思维的杰作。难怪陆游语重心长地告诫自己的儿子："汝果欲学诗，工夫在诗外。"也表明了其深明横向思维的真谛。但我们却不能据此认为一个创造者只要具备横向思维就够了，而不必具备纵向思维。事实上，一个真正有创造性的人，往往是两种思维的有机结合。一方面，当纵向思维不能解决问题时应当尝试横向思维的方法；另一方面，纵向思维又可以对横向思维进行补充和完善。因此，横向思维与纵向思维的有机结合是创造性思维所必需的。

4. 正向思维与逆向思维

按照人们对某一问题思考的方向，可以将思维划分为正向思维和逆向思维。所谓正向思维是指人们在解决问题时沿特定的、习惯的方向所做的单向度的、简单的思维。所谓逆向思维，是指从与正向思维或传统的、习惯的思维相反的方向（从对立的、颠倒的角度）的双向度或多向度的思维。逆向思维常常从相反的视角如上-下、左-右、前-后、正-反等认识和解决问题，常常别开生面、独具一格取得突破性的思维成果。我国著名快速计算专家史丰收在小学二年级时，看着老师在黑板上演算，便想，对于数字的读写，大都是从左到右，从高位到低位，为什么运算时却偏偏从右向左，从低位到高位呢？他反其道而行之，从高位起进行运算，从而将读、写、看一致起来，终于发明了速算法。历史上传说的"司马光破缸救人"，军事上的"声东击西""欲擒故纵""空城计"，数学上的"反证法"都是逆向思维的具体表现。

总而言之，逆向思维与正向思维不可分，两者的有机结合就构成了创造性思维。

5. 潜意识思维与显意识思维

按照人们对自己思维的意识程度，可将创造性思维划分为潜意识思维与显意识思维。这实际上是根据弗洛伊德的精神分析学派的观点划分的。所谓显意识思维是指人们能够意识到的思维。按照弗洛伊德及精神分析学派的观点，显意识思维是思维者能够意识到的思维，它只是人整个精神活动处于心理表层的一个很小的部分。所谓潜意识思维是心理活动深层不被人意识到的思维。潜意识思维不像显意识思维那样遵循着正常的逻辑轨道，而是不断地、无规则地流动、跳跃、弥漫、渗透和交融。

现代思维科学研究表明,某些在显意识思维过程中不能组合加工的信息,都可能在潜意识思维中得以组合加工。因此,潜意识思维在创造活动中具有不可忽视的作用。创造过程的孕育阶段实际上就是潜意识思维在发生作用。按照弗洛伊德的观点,梦是潜意识与意识的通道。弗氏指出,在人类的精神生活里,有些直接发生的不受人控制的精神活动却在无意识地活动,它对我们的发明创造是有用的。梦是显示这种无意识活动的有力证明。特别是创造具有通过无意识活动满足自己的欲求,创造者可以通过创造活动,把无意识活动现实化。我们一般一夜做 1~5 次梦。梦在"眼动睡眠"期间,成人的眼动睡眠约占全部睡眠时间的 24%。因此,做梦常常能激发创造。德国化学家凯库勒就是在梦境中发现苯的环形结构的。1856 年冬天的一个夜晚,他在火炉前打瞌睡,很快就进入了有许多原子排成蛇形的队伍在跳舞的梦境中。突然间有一条蛇用口咬住自己的尾巴形成一个圆圈,在他面前旋转起来。凯库勒惊醒了,突然醒悟到:苯的分子化学结构式可能是一个圆形,接着,他由此继续研究,终于提出了苯分子的化学结构式。据有人对剑桥大学各类科学家的调查,有 70%的科学家认为他们都从梦中得到过启示。瑞士日内瓦大学的福类瑙爱教授对数学家也做过类似的调查。在被调查的 69 位数学家中,有 51 位数学家潜意识思维与显意识思维是协调互补的。潜意识思维的内容是在显意识状况下长期积累的结果,潜意识的成果一旦闪现,即表现为显意识,并通过显意识思维修正、补充和完善。因此,创造活动常常是潜意识思维与显意识思维交替作用完成的。美国著名发明家赫威想发明缝纫机,虽经多次试验,一直未获成功。有一天夜里,他进入了梦乡:国王向他发布一道命令,限他 24 小时之内造出缝纫机,否则就用长矛刺死他。当他看见刺向他的长矛的尖端有个小洞,长矛慢慢升起又慢慢降下,他立刻醒来,并立即顿悟到缝纫机的针眼要靠近针尖。经过试制,他终于发明了缝纫机。

第三节 大学生创造性思维教育的意义

科学的思维能力和较强的创新能力是知识经济时代人才必备的素质。但是,在传统思维习惯和知识型人才培养模式的影响下,只是重视理解表面的东西,而不注重怀疑求新;重逻辑推理,轻发散求异;重概念内涵,轻形象直观;重知识积累,轻思辨创新影响了学生思维能力和创新能力的提高。面对科技飞速发展的挑战,要实施科教兴国战略,思维素质教育势在必行。

一、创造性思维能力是大学生最佳智能结构的核心

所谓智能结构,是指一个人具有的知识技能和能力构成的多序列、多要素、多层次的动态综合体。作为未来科技人才的大学生,其最佳智能结构应包括以下内容:第一,科学正确的政治基本理论和知识。作为社会主义人才,必须掌握科学正确的政治基本理论,并用其基本观点、立场、方法去指导创造性活动。第二,宽厚扎实的基础知识。除具有一般基础知识和本专业基础知识及专业知识外,还应具有本专业相邻学科的基础知识,同时还应了解现代科学发展的特征和规律,认识新学科的生长点和有关学科的新进展。第三,较强的创造性思维能力。第四,熟练的基本技能。第五,知识、能力、技能的高层次协调。这是指面对不断变化的新情况和承担的新任务,能够及时有效地对自己的知识、技能和能力这三者进行有意识的调节,以达到动态平衡和最完备的结合。

从上述智能结构的内容可以看出,不但思维能力是大学生最佳智能结构的重要内容,而且其他构成成分的形成和发展也以良好的思维能力为基础,也就是说其中也包含着思维素质的内容。因此,可以说思维素质是大学生最佳智能结构的核心。

二、思维水平决定着学习的效果

学习是一种有组织有系统的思维。每一个阶梯都代表一种水平层次的思维,创造性思维是学习的最高级形式,个体的思维水平是学习的前提和结果。学习的低级形式是记忆和掌握知识,使人具有知识,主要依靠记忆,较少思维。但是知识经济时代必将是一个以知识为基础的学习型社会,我们学习不但要知道是什么,即关于事实方面的知识;还需要知道是为什么的知识,这是要掌握原理和规律,知道怎样做的知识。作为知识经济时代的建设人才,大学生要发展的是最高形式的主动学习,即不断自觉主动和创造性学习,不但要了解事实,更重要的是发展自己对各种事实及相关概念进行应用、评价和分析的能力。因此,要提高学习效果,就必须提高自己的思维水平,发展创造性思维。

第四节 发展大学生创造性思维的方法、途径

从前一部分创造性思维的特征和影响因素可知,要培养、发展个体的创造性思维能力,在思维素质教育中需要注意扩大知识面,培养良好的个性,创设良好的创造环境,需要有意识地削弱思维定式的作用、功能带来的不利影响,除此之外,还应开展一些具体的创新思维训练。

一、转变教育观念

传统的"应试教育"往往强调书面知识的传授和掌握,而忽视能力的培养和提高,忽视了人的全面发展,使学生思维趋于僵化。新时代需要包括创造性思维在内的人的全面发展,而创造性思维又是现代人才必备的素质。所以要发展学生的创造性思维,就必须树立素质教育观念。

1. 要求教师转变教学观念,实行创造性教学

教师要掌握创造性思维的有关理论,澄清模糊认识,在此基础上要明确培养创造性思维能力的目的和任务,选择科学的内容和方法,不断提高自身的创造性教学能力。具体地说可以从以下几个方面着手。

第一,把教学的中心转向学生的主体活动方面,把教学的主要目标由传授教材知识转向增长学生的经验和能力。这样,严格的课堂纪律和常规的教学氛围就会被生动活泼、注重探索的学习气氛所代替。

第二,发挥学生的主体能动性,让他们主动地参与到教学活动中去,在教师的指引下,大胆想象,积极思维,主动探索。

第三,确立新型师生关系,平等、宽容地对待学生。尊重学生提出的任何幼稚甚至荒唐的问题,欣赏学生表示出的具有想象与创造的观念,多鼓励学生提意见,避免对学生所做的事情给予否定的价值判断,对学生的意见有所批评时应解释理由。

第四,积极组织社会实践活动,使学生在亲身感受具体而丰富的客观世界、激发好奇心和求知欲的同时,锻炼他们的动手能力,培养他们的创造性品质。

2. 学生要转变学习观念,变被动接受为主动探索,把学习与创造紧密联系在一起

在应试教育模式中,学习以知识的积累和储备为最高目标,学习过程只是一个简单的接受—记忆的过程,学生只需被动地接受知识而不需要思考和创造,造成考

试考什么,教师就讲什么,学生也就学什么的恶性循环,学生思维僵化,极不利于其全面发展。素质教育要求学习不仅是信息的输入、知识的积累,更重要的是要打开大脑的各种储存渠道,通过创造性思维,寻找已有知识之间的内在联系,并从外部引入新的知识,由此来冲破原有知识圈的束缚,发展现有知识,创造新的知识。学习的过程实质上是研究知识、深入发掘知识的创造过程。因此,要从应试教育的枷锁中解放出来,转变学习观念,坚持创造性学习,始终把学习看成是一个创造性活动,在接受知识时进行创造知识的思考,把学习和创造紧密地联系在一起。

二、改变思维定式

所谓思维定式是一种思维模式,是存在于人们头脑中的认识框架。此外,某些流传久远的或者权威的观念、行为和处事箴言之类也容易被人们接受而成为思维定式的一部分。

思维定式一旦成型就难以改变,而且具有无比强大的惯性,使人们的一切思维都照此模式进行。这一方面使人在处理日常事务和一般性问题时,能驾轻就熟、得心应手;但另一方面,当我们面临新问题、新情况而需要开拓创新的时候,它就会变成思维枷锁,阻碍新观念的确立,同时也阻碍头脑对新知识的吸收。正如法国生物学家贝尔纳所说"妨碍我们学习的最大障碍并不是未知的知识,而是已知的知识"。所以我们要发展创造性思维就必须破除思维枷锁。总的来说,影响创造性思维的思维枷锁主要有从众定势、权威定势、唯经验定式、唯书本定势和自我中心定势等。

1. 从众定势就是服从众人随大流,人云亦云

要破除从众枷锁对思维的束缚,就要求我们在面对新情况进行创造性思维时,不必顾及多数人的意见,不必以众人的是非为是非,要相信真理往往掌握在少数人的手中,并做好"光荣孤独"的心理准备。这样才能打破封闭,开阔思路,获得新观念。

2. 权威定势就是人们对权威的毫无怀疑的无条件遵从

权威定势一方面为我们思维提供便利,另一方面也会成为扼杀我们独立思索的枷锁。因此,为了保持头脑的灵活和思维的创新,我们必须对自己认识的权威来一番审视,看他是不是真正的权威,是不是本专业的权威,是不是本地域的权威,是不是当今最新的权威,并且敢于向权威质疑。

3. 唯经验定势是指人们对经验过分依赖乃至崇拜,形成的固定的思维模式

经验一方面可以促进创造性思维能力的提高,另一方面总是在一定范围内产

生并适应于一定的范围,同时经验仅仅是思维个体常见的经历的东西,经验之外,还存在许多偶然的未经历的东西。因此,经验有其局限性,人们在思维中要借助经验但不要唯经验。

4. 唯书本定势就是唯书本是从

书本知识是千百年来人类经验和认识的结晶,人类认识的局限性决定了书本知识有其局限性。同时,书本知识往往是世界的理想状态,而不是实际存在的状态。如果唯书本,势必落得马谡的下场。

5. 自我中心定势就是以自己的立场、观点和眼光去思考整个世界

在这种思维定式的束缚下,个人思考以自我为中心,听不进别的不同意见和观点,阻碍思维广阔性的发挥。因此,我们在遇到新问题新情况时,要多站在不同的立场、观点和角度去思考,多听别人的意见和观点,这样才有利于新观念的产生。

三、培养优良的个性品质

一些研究成果表明,优良的个性品质可以使创造性思维得到更充分的发挥,如爱国主义情感、坚强的意志、浓厚的兴趣、强烈的好奇心、勤奋等。

(1)坚强的意志是创造性思维在心理上的保证力量和维持力量。坚强的意志会促进学生长期地对探索的问题开展创造性思维与创造性想象活动,即使遇到困难,遭受挫折,也不低头,愈挫愈奋,愈挫愈勇。

(2)浓厚的兴趣和强烈的好奇心、探索欲。浓厚的兴趣是从事创造性思维的内在动力。科学史上许多科学家取得卓越成就的原因之一,就是他们对从事的工作有浓厚的兴趣和强烈的探索欲。

(3)勤奋。勤奋是创造性思维进行和完善的必要心理条件。尽管国内研究和国外的成果关于影响创造性思维的个性特征在表述上有所差异,但是都表明创造性思维能力的高低与个性品质有关。有助于创新能力的这些品质,有些是属于先天的性格方面,但大部分是后天教育影响获得的。因此,要提高创新思维能力,就需要以科学的训练方式培养良好的个性品质。

四、创设良好的创造环境

所谓创造环境,也叫"创造气氛",是指有利于发挥创造精神,激励科学创造的各种因素和条件。一般说来,创造环境包括内环境和外环境两方面。内环境就是有利于发挥创造性思维的"心理环境"或者叫"心理状态"。此点已在破除心理枷锁和培养个性品质中有所论述,这里不再累述,重点谈谈外环境。

外环境主要包括社会大环境和个体的具体思维环境。社会大环境,即在社会营造一个有利于大学生发挥创造力的良好氛围。习近平同志在北京大学师生座谈会上的讲话中明确要求:"各级党委和政府要高度重视高校工作,始终关心和爱护学生成长,为他们放飞青春梦想、实现人生出彩搭建舞台。要全面深化改革,营造公平公正的社会环境,促进社会流动,不断激发广大青年的活力和创造力。要强化就业创业服务体系建设,支持帮助学生们迈好走向社会的第一步。"良好的社会气氛是激发大学生创造力的基本前提。现在我国已经有了充分调动人们从事科学创造积极性的坚实基础。党和国家已采取了一系列鼓励创造发明的有效措施,如在大学设立科技孵化园区、设立创新基金等,对科学创造嘉以重奖、科技发明保以专利等。

对于个体来说,创造性思维的运行需要在某种适合的场所和环境中运行。人们肯定会有这样的体会,在某种环境里,头脑特别灵光,新观念新办法层出不穷,而在另一些场合,则显得头脑麻木,像一张空白的纸,或者心乱如麻,理不出头绪。因此,每个人都应当选择并把握住自己的最佳思维环境。

中外历史上的许多思想家、发明家,常有适合他本人的独特的思维环境,如古希腊哲学家苏格拉底经常站在冰天雪地里思索哲学问题;法国的笛卡儿则喜欢在烧着壁炉的房间里裹着被子沉思;德国学者席勒的思维环境则更为奇特,他喜欢在写字台上摆满腐烂的苹果,据说那种"美妙的气味"有助于激发他的灵感;音乐家莫扎特则喜欢一边做体操一边构思旋律……外部环境能够影响创新思维的数量和质量,这是毫无疑问的。利用外物激发创新思维固然是个好办法,但是,如果过分依赖外部环境,离开了特定的思维环境就心乱如麻,这也是不好的习惯。良好的思维习惯应该是在各种环境中都能够进行有效的创新思维,都能利用身边的各种物体作为良性刺激物,激发思维创新。

五、积极投身社会实践

社会实践活动不但向人们提出创新的要求,激发创新意识,而且社会实践活动本身也是对思维的一种训练。关于一个人创造性思维能力的形成和发展,现代心理学家做了许多实验,结果表明,影响创造性思维程度的主要有三大因素:一是先天赋予的能力,二是生活实践的影响,三是科学的思维训练。"天赋能力"决不意味着不需要任何外界条件,它是一种资质、一种倾向,只有遇到合适的条件才能充分地发展。也就是说,"天赋能力"只有在积极的社会实践活动中才能充分发挥。宋朝王安石《伤仲永》里,天资聪慧的仲永在长期脱离社会实践后也"泯然众人矣",就是这个道理。思维训练从本质上说也是一种社会实践。因此,可以说,社会实践对个体创新思维能力的提高具有关键性的意义。

在社会现实生活中我们也经常能够看到"见过世面"的人往往对问题的理解更为深刻,更容易接受新事物,处理问题时思维敏捷、灵活、有创见。

因此,大学生要提高、发展自身创造性思维能力,就必须积极投身社会主义现代化建设的伟大实践,在社会实践活动中锻炼自己的思维能力。

六、系统进行思维训练,掌握创造性思维技巧

1. 发散思维训练

训练发散思维可以从以下两个方面做起。

第一,以集思广益的方式在一定时间内采用极为迅速的联想,刺激学生产生大量的主意。这种方法又叫"大脑激荡法",是纽约广告公司的创始人之一,1954年创造教育基金会创始人A·奥斯本提出的,它适合于以学习小组的形式进行团体训练。

第二,以材料、功能、结构、形态、组合、方法、因果关系等为"扩散点",尽可能地从不同角度和较大范围去灵活地思考问题,以提高思维的变通性和独创性。例如,常见的有回形针的可能用途;怎样才能达到照明的目的;尽可能多地划出包含"A"结构的东西;尽可能多地设想用红颜色可做什么、办什么;尽可能多地说出钥匙圈可以同哪些东西组合在一起;尽可能多地说出"吹"的方法可以解决哪些问题;尽可能多地说出你与社会各方面各种人物的关系——我是谁……通过诸如此类的训练,有助于消除思维定式和"功能固着(functional fixedness,人们把某种功能赋予某种物体的倾向)"等消极影响,对问题的实质有了更深刻的了解,开阔了思维,同时也培养了创新意识。

2. 形象思维训练

形象思维是运用已有表象进行思维的活动。它解决问题的过程是把思维形象化或建立一个新的形象体系,解决问题的方式是创造性的想象活动。形象思维在任何一项创造性活动中都占有重要地位。进行形象思维训练需要多读一些文学作品,同时,要利用各种机会到大自然中去,接触大自然中的各种事物,接受大自然对感官的形象陶冶,丰富和发展表象系统。

3. 立体思维训练

立体思维又叫球形旋绕性思维,它集发散思维和网络思维等思维方式的优点

于一体,极大地拓宽了思维的范围,具有多样性、系统性、整体性和预测性等特点,是一种指向整个空间的思维方式。

我们知道,客观事物都是一个有机的系统,其中包含着许多层次和多个子系统。从不同的角度、不同的层次去看待它,就会有不同的认识结果。当代大学生要适应社会的发展,就应当具有符合客观形势的新的思维方式,即立体思维方式。这就要求我们在学习中,对各种问题,尽可能地从问题自身所包含的各种属性出发,进行全面、综合、整体地分析研究,力求清晰地认识把握整体性问题的内在诸要素之间的错综复杂的关系网络,进而获得对问题的优质解决。

4.逆向思维训练

在通常情况下,人们的每一个思维过程都有一个与之逆向的思维过程。运用逆向思维可以突破习惯性思维的束缚,去进行与正向思维完全相反的探索:在顺推不行时考虑逆推,探讨可能性发生困难时,考虑其不可能性等。

从人们的认识规律不难发现,正向思维可以习惯地并牢牢地在学生头脑中扎根,而逆向思维不经系统训练很难形成。为了提高逆向思维能力,我们可以从以下三个方面着手:第一,遇到问题时反过来想一想;第二,掌握分析法,"由果寻因";第三,逆用概念、定义、公式和解题原则,如化繁为简或化简为繁。

第十章　大学生身体素质教育

作为我国素质教育四大组成部分之一的身体素质教育,其提出与发展既有一个长远的过去,也有一个短暂的现在。我们拟就它的发展历史、提出的根由、存在的意义,以及应注意的问题等做一番考察,以便大家对身体素质教育有个概括的印象。

第一节　从体育到身体素质教育

身体素质教育显然是从体育发展而来的,或者说,它是在体育的基础上提出来的。因此,在对身体素质教育的提出与发展进行考察时,简要地对体育及其与身体素质的关系做某些探索可能是必要的。

一、体育的内涵与任务

体育是身体教育的简称,它有广义和狭义之分。广义的体育是社会文化教育的组成部分,对体育运动而言,它是以各种专门项目的体能练习与锻炼为手段,有目的、有组织地增强体质,促进健康,提高运动技术水平,丰富社会文化生活。狭义的体育指学校体育,与德育、智育、美育一起,构成我国全面发展教育的组成部分。它也是有目的、有组织地向受教育者传授系统的体育运动和卫生保健知识,以增强学生体质,促进其身体各系统、器官的良好发育,从而提高学生以身心和谐为基础或核心的全面发展水平。

体育的目的与任务可归结为如下几个方面:学校体育的总体目的就是促进学生身体正常发育,结构、机能健康发展,从而为学生的全面发展提供必要的物质基础。具体任务之一是使学生具备体育运动的基础知识、锻炼身体的基本技能与良好习惯;具体任务之二是增强学生体质,促进其机体活动能力(如走、跑、跳跃、投掷、攀爬、通过障碍等)与素质(如速度、灵敏、力量、耐力、柔韧等)的多方面发展;具体任务之三是以锻炼坚强意志与养成热烈情感为基础,培养学生的优良品德与健全人格;具体任务之四是促使学生形成精神振作、外貌整洁与举止文明的行为方式与习惯。

二、身体素质教育与体育的关系

身体素质教育是体育的直接继承与发展。众所周知,自 20 世纪以来,体育就受到人们的重视。中外思想家、教育家几乎都对体育的理论与实践做出了不少的贡献,如我国古代伟大教育家孔子倡导以智、仁、勇、艺来培养学生,使他们成为君子或成人,其中的"勇"就与体育相当。古希腊的亚里士多德根据自己对人的"灵魂"的三分法,主张用体育来培育人的"植物灵魂"。18 世纪英国的洛克也将体育作为其"绅士教育"的一个组成部分。19 世纪英国的斯宾塞主张将体育与智育、德育并列为教育的三项基本内容。马克思主义较早提出的教育要素中,就包含有体育,并与智育、技术教育鼎立而生。我国进入近现代社会后,许多教育家如蔡元培、王国维等都莫不重视体育,如王国维即主张通过体育来促使人的"身体之能力"得到"调和之发达"。新中国成立以来,我国在马克思主义关于人的全面发展学说的指导下,一直推行着使受教育者在德、智、体几方面都得到发展的教育。必须指出,古今中外长期以来所实施的体育,实质上就是为了发展与提高人们(学生)的身体素质,只是没有明确地说出而已。在现代体育中,虽曾注意到素质培养问题,但却将它归结为体能素质,并具体地规定为速度、灵敏、力量、耐力、柔韧等五项,这大大窄化了身体素质的内涵与外延。

我国近十年来兴起的素质教育,将身体素质教育作为其中内容之一。而这里所谓的身体素质,既包含了五项体能素质,也把体育所要培养的内容都囊括了进去。不仅如此,为了适应时代的要求、合乎社会实践的需要,还进一步扩大了身体素质的外延,丰富了其内涵。由此看来,身体素质教育与体育既有联系,又有区别:一方面,体育的总体目的与四项任务,基本上适用于身体素质教育,后者是以前者为基础发展起来的;另一方面,身体素质教育又是时代的产物,从理论到实践、思想到行动都拥有不少新的内容。因此,如果把身体素质教育与体育视为一个东西固然是错误的,但如果将身体素质教育视为完全崭新的东西而与体育绝缘,则也是与事实不符的。我们应当否定这两种错误的观念。

第二节　大学生身体素质教育的基本要求

体育锻炼是促进人体发展的积极手段和重要方法。它对人们强健体魄、增强体质、提高力量、增进健康、延长人体的生命力都有着重要的作用和意义。

新陈代谢的同化和异化作用;运动生理上的超量恢复原理;生物进化论关于

"用进废退"的法则；人类遗传学的遗传与变异理论，都是进行体育锻炼有效促进人体发展的科学依据和理论基础。

一、体育锻炼

1. 体育锻炼对人体的主要作用

科学和实践都充分证明了体育锻炼对促进人体发展、增强体质具有重要作用。

第一，体育锻炼能改善和提高中枢神经系统的机能。体育锻炼一方面可以促使中枢神经系统及其主导部分大脑皮层的兴奋性增强，可以改善神经系统的平衡性和灵活性，提高大脑皮层的分析、综合能力，以保证机体对外界不断变化的环境有更大的适应能力。另一方面可以改善和提高中枢神经系统对身体内部器官的调节作用，从而使得对外界的各种刺激的反应速度比一般人快，强度较大的脑力劳动或体力劳动而引起的疲劳出现得晚、程度轻等，使各器官系统的活动更加灵活、协调，机体的工作能力也就普遍地得以提高。

第二，体育锻炼能促进人体的生长发育，提高运动系统的机能，改善和提高人的形态、机能和素质。通过体育锻炼，可以使骨骼更加结实，抗压性提高，增强骨的抗折、抗弯、抗扭转等性能。体育锻炼对肌肉的发展有明显的作用，体育锻炼时，肌肉工作加强，血液供应增加，蛋白质等营养物质的吸收和贮存能力增强，使体纤维变粗，因而肌肉也逐渐粗壮、结实，有力量。又由于肌肉中储存氧气的"肌红蛋白"增加了，储存的营养物质"肌糖原"也增多，肌肉的毛细血管的数量因此大大增多，从而使经常从事体育锻炼的人比一般人的肌肉有更多的物质储备。通过体育锻炼，还可提高神经系统对肌肉的控制能力，使动作的反应速度、准确性和协调性都有很大提高。另外，体育锻炼对增强关节的灵活性和牢固性有很大的作用，由于体育锻炼，使关节囊和韧带增厚，关节周围的肌肉力量增强，从而加强了关节的稳固性，又由于体育锻炼使关节、囊、韧带、关节周围肌肉的伸展性加大，因而也提高了关节的灵活性。

第三，体育锻炼可促进内脏器官的机能。从心血管系统来看，体育锻炼能提高神经中枢对心血管系统功能的调节，促使血液成分发生变化，提高心脏机能，使血液循环系统的结构发达，从而有助于提高学习、工作效率。从呼吸系统来看，体育锻炼能使呼吸器官的结构和机能得到改善和提高，能使呼吸机能增强，肺活量增大，从而可保证人体坚持长时间的体力和脑力劳动及体育锻炼。从消化系统来看，坚持体育锻炼，对提高消化器官的机能有良好的作用，它可使胃、肠的蠕动力增强，消化液的分泌增多，增加食欲和消化能力，有利于体质的增强。

第四,体育锻炼可以预防和治疗某些疾病,是推迟衰老和延长生命力的重要手段。

第五,体育锻炼还可以调节人的心理,丰富文化生活,消除疲劳和振奋精神,使人朝气蓬勃、精神愉快、精力充沛,从而更好地去从事学习和工作。

身体锻炼对人体发展的作用是多方面的,大量的事实证明,同一年龄的人,经常从事身体锻炼比不从事身体锻炼的人,体质要明显的好,身体明显更健康,更能抵抗疾病的产生。国际运动医学协会主席普罗科普还断言:"经常锻炼的人比不锻炼的人要年轻20~30岁。"这正是伏尔泰所说的"生命在于运动",达·芬奇所说的"运动是生命的源泉"。

2. 体育锻炼的基本原则

体育锻炼不是盲目的随意性的活动,而是有目的、有原则、有方法的一种人体的科学活动。我们已经知道体育锻炼的目的在于强健体魄,增强体质,提高力量,增进健康,延长人体的生命力,更好更长地从事学习和工作。那么怎样进行体育锻炼才能达到这一目的呢?这就要求我们必须首先掌握体育锻炼的基本原则。

第一,因人制宜,合理选择。锻炼身体的内容和方法很多,每个参加体育锻炼的人,应根据自己的实际情况,主要是身体状况,合理选择锻炼的内容和方法。参加锻炼的人有男有女,有老有少,各人的健康状况也不同,锻炼的基础也不一样,有的锻炼者是为了全面发展身体素质,有的是为了健美,有的是为了恢复健康,有的是为了延年益寿。因此,每个锻炼者,都要根据自己的生理特点,身体的健康状况,结合工作、学习、生活等实际情况和需要,选择适合自己的锻炼内容和方法,合理安排锻炼时间和运动量,以能收到良好的效果。

第二,循序渐进,持之以恒。进行体育锻炼,必须遵循人体机能活动的规律,循序渐进地锻炼身体。由于人体的各个器官系统的机能需要一个进步发展,不断提高的过程,如果不遵循这一规律,不仅不能增强体质,反而会损害身体的健康。进行体育锻炼,不仅需要循序渐进,而且还必须持之以恒,在锻炼内容和方法及运动负荷等方面,力求连续性和系统性。人的体质,只有在经常的体育锻炼中,才能得到增强,才能不断调节和促进人体的发展。如果"一曝十寒""三天打鱼,两天晒网"地去锻炼,是没有任何效果的,不能达到增强体质的目的。

第三,适宜的运动负荷。在体育锻炼中,运动负荷是否适宜,直接关系到锻炼的效果。实践证明,运动负荷过大,不仅不能增强体质,甚至还会损害健康的身体;运动负荷太小,锻炼效果不大。因此,选择适宜的运动负荷,才能有效地增进健康,增强体质。在安排适宜的运动负荷时,应该清楚,所谓适宜的运动负荷只是相对的,不是绝对的,应该因人、因时、因健康状态而异。要合理安排锻炼和间隔的时间,并且逐渐增加运动负荷。如果条件许可,可以通过医务监督,掌握适宜的运动负荷。

3.体育锻炼的内容

体育锻炼的内容是多种多样的,现将其主要内容简单介绍如下,以供锻炼者有目的、有计划的选用。

第一,健身运动。这是指为了一般健康增强体质而从事的体育锻炼。它主要是为了发展和增强人体内脏器官的功能,尤其是心血管系统和呼吸系统的功能,以及力量、耐力、速度、灵敏、柔韧等素质。一般来说,年轻人最好选择球类、田径、体操、游泳等来锻炼身体。

第二,健美运动。这是为了人体的健美所进行的体育锻炼。主要运动有举重、器械体操、技巧、舞蹈、韵律体操和健美操。健美运动越来越受人们欢迎,尤其是青年人更为广泛地选择这一运动。

第三,民族体育。它是指具有民族特点和民族传统的体育项目,包括武术、气功等内容。我国民族体育运动历史悠久,内容丰富多彩,深受人民喜爱,近年内,不仅在国内普及面较广,还引起国外广泛重视。

第四,医疗体育。这主要是为了治疗某些疾病而从事的体育锻炼,它包括散步、慢跑、太极拳、气功、矫正操、按摩、保健操等内容。

第五,娱乐体育。这是为了丰富文化生活、调节心理而进行的带有娱乐性的体育运动,包括滑冰、滑雪、爬山、钓鱼、下棋、踢毽子、游戏等内容。

身体锻炼的内容选择,要符合"因人制宜,合理选择"的原则,内容选择的恰当,锻炼的效果就比较好,否则,就会收效不大,或无效果,甚至还会产生相反效果。因此,选择锻炼内容时,应注意针对性(针对自己实际情况进行选择)、实效性(要选择锻炼价值大的内容,要少而精,讲究实效)、全面性(要考虑到全面锻炼身体)、季节性(要根据季节、气候和环境条件选择内容)。

二、卫生保健

体育锻炼必须与卫生保健相结合,才能增进人体健康,预防疾病,提高人体素质。如果只注意体育锻炼,不注意个人卫生,不进行医疗预防和卫生防疫,生病仍是难免的,这不仅影响继续坚持体育锻炼和身体健康,而且也必然影响学习、工作和生活。下面我们就从三个方面简要谈谈卫生保健。

1. 个人身体卫生

讲究个人身体卫生是保护和增进身体健康的必要措施，主要包括在饮食起居各方面建立符合生理要求的个人生活习惯、饮食卫生、皮肤卫生、口腔卫生等内容。

第一，养成良好的生活习惯。这就是要根据人体的生理要求，结合自己工作、学习、生活的实际情况和需要，制定科学合理的作息制度，并严格按照作息制度去工作、学习和休息，逐渐养成良好的生活习惯。英国有句谚语叫作"行动培养习惯，习惯形成性格，性格决定命运"。我们养成良好的生活习惯，按照客观的生理规律，保养和锻炼身体，积极工作和学习，必然获得很好的命运。科学理论和实践都充分地证明，有良好生活习惯的人总是比生活无规律或经常打乱生活规律的人健康长寿。因此，我们必须争取做到"定时起床定时睡，定时进餐定时排，定时工作定时息"，培养良好的生活习惯，保护和增进身体健康。

第二，注意饮食卫生和口腔卫生。我国有句古语，叫作"病从口入"，就是说如果不注意饮食卫生和口腔卫生，就很容易产生疾病。因此，我们必须做到定时定量就餐，不乱吃食物或吃不干净的食物，不吃没有经过卫生处理的生食，不吃没有熟透的熟食，不喝生水，适量饮水，不抽烟，少喝酒。另外饭后一小时以内不要进行剧烈运动，而活动后半小时以内不要进食。这是因为，一方面饭后在副交感神经支配下，血液集中在消化系统的各器官中，对食物进行消化和吸收，若饭后进行剧烈运动，肌肉皮肤同消化器官同时需要大量血液，血压会因血液不够分配而下降，大脑皮质和心脏所需的血液达不到满足，运动时容易出现晕倒，甚至有生命危险；另一方面饭后剧烈运动，交感神经起支配作用，血液流向运动四肢，对消化腺的分泌和消化活动起抑制作用，从而影响消化功能，容易产生消化不良症。

第三，注意皮肤卫生。皮肤包围在人体的外表面，直接与外界环境相接触，有保护、感觉、分泌、排泄等作用。皮肤虽然具有保护机体防止病菌侵入人体内的作用，但是由于它经常与外界接触，难免附着各种细菌，另外汗腺经常排出部分代谢的废物，而肤内的毛囊又是很容易受病的原体，如果不经常清洗，不仅容易产生皮肤病或疮疖，而且还会产生其他疾病。因此，保持皮肤清洁卫生，才能保证身体健康。

2. 工作、学习、生活环境卫生

第一，保持人类生存的大环境的卫生。人类生长在自然环境中，人体与环境是辩证统一的。大气、水、土壤、森林、草地、城乡规划建设和居住条件等自然和社会环境因素对人体健康的影响很大，要有目的地改善、控制和消除上述环境中的有害因素，充分利用其有利因素，以预防和消灭疾病，并创造有益于人类健康的生活环境。我们要积极呼吁,保护自然环境,防止其受到破坏,对造成环境污染的法人和个人,我们应该强烈谴责,努力和维护人类生存环境的卫生。

第二,保持我们周围的小环境卫生。我们工作、学习和生活的场所,是我们每天要接触的,它的卫生状况如何,与我们的身体健康状况有直接的联系。我们要自觉执行卫生规则,经常打扫工作、学习和生活的室内外卫生,保持室内清洁整齐,空气新鲜,室外干净利落,环境优雅。努力维护公共场所的卫生,培养自己良好的卫生习惯,保证身体健康。

3. 卫生防疫和医疗预防

我们经常进行体育锻炼,并努力搞好个人身体卫生和环境卫生,这并不是说就可以杜绝任何疾病的产生,这些只能起到增强体质、增进健康的作用。为了避免疾病产生,我们还必须进行卫生防疫,定期进行健康检查,运用医疗手段预防疾病产生,维护人体健康。

卫生防疫主要任务是调查研究自然和社会因素同人民健康的关系及传染病、寄生虫病的发生、发展和传播规律,并据此制订各种卫生措施,开展卫生防疫工作,我们必须积极参与爱国卫生运动,协助卫生保健部门做好卫生防疫工作,必须按照卫生部门的要求,做好卫生防疫。

医疗预防主要是通过定期进行健康检查手段来实现的。定期进行健康检查,可以了解身体健康状况,对疾病加以治疗,预防产生疾病,又可以使体育锻炼更有目的性,从而保证身体健康发展。

第三节 身体素质教育的意义

良好的身体素质是发展其他诸素质的物质基础。一个人只有具备健康的体魄,才有条件去认真学习科学文化知识和从事各项工作。毛泽东同志曾做出"健康第一"的指示,并把"身体好"放在"三好"之首。他还在《体育之研究》一文中指出:"体育于吾人实占第一之位置,体强壮而后学问道德之进修勇而收效远。"他的这番话是很有道理的。青少年是未来社会的主体,他们身体素质的好坏直接关系到中国的前途和命运。新中国成立以来,教育界一直十分重视加强学生的身体素质教育工作,这为今后全面提高学生身体素质提供了宝贵的经验。身体素质教育的意义是多方面的,以下仅就主要的几个方面作些分析。

一、身体素质教育既是素质教育的重要内容,又是素质教育的重要手段

素质教育是针对应试教育提出来的。所谓"应试教育",按照朱开轩同志的说

法,是指在我国教育实践中客观存在的偏离受教育者群体和社会发展的实际需要,单纯为应付考试、争取高分和片面追求升学率的一种倾向。而素质教育,从本质上来说,是以提高全民族素质为宗旨的教育。素质教育是为实现教育方针规定的目标,着眼于受教育者群体和社会长远发展的要求,以面向全体学生、全面提高学生的基本素质为根本目的,以注重开发受教育者的潜能,促进受教育者德、智、体诸方面生动活泼地发展为基本特征的教育。

素质教育到底要发展学生哪些素质呢?众说纷纭,但不管是谁,不管从哪个角度去研究素质教育,都离不开身心素质,而促进学生身心全面发展,提高学生的身体心理素质,正是学校身体素质教育的本质功能和首要目标。因此,素质教育决不能没有身体素质教育。

二、提高身体素质,有助于发展智力

身体素质教育对人的智力发展起促进作用,这早已被生理学、心理学等研究成果所证实。身体素质教育表面上看来是减少了学习和工作的时间,但实际上却是开发了人脑,提高了大脑的工作效率。十几年前,清华大学的学生曾从自己的体育锻炼实践中得出"8-1>8"的著名公式,即每天从用于学习的8小时中抽出1小时的时间用于身体锻炼以提高身体素质,结果发现7小时的学习效率远大于8小时。

那么,开展体育运动,提高身体素质有助于发展智力是否有科学根据呢?答案是肯定的。

第一,提高身体素质能增加大脑的重量和皮层的厚度。这样就为一个人保持旺盛的精力、提高学习和工作效率奠定了良好的物质基础,而不常参加锻炼的学生,由于身体羸弱,过多的脑力劳动之后,容易患失眠、健忘、神经衰弱等症状,这就妨碍了智力的发展,对学习效率必然会产生消极影响。

第二,提高身体素质能促进大脑的调节、反应功能。巴甫洛夫认为,高级神经活动有两个基本过程,即兴奋和抑制,而运动则能加快兴奋和抑制的交替。美国加州大学岑森教授认为,判断一个人思考问题的速度和智力水平,可以通过测定脑细胞的反应速度而得出。体育运动则是提高脑细胞反应的强度、灵活性与精确性的有效手段。

第三,提高身体素质能增加体内的血糖。人体内部的血糖浓度在120毫克/100毫升时,大脑反应最快,记忆力最强。在长时间的脑力劳动后,血糖浓度会持续下降,当降至50毫克/100毫升时,就会出现头昏脑涨现象。身体素质教育运动能使人体内的胰岛素正常工作,促使肝储备更多的肝糖原,以备大脑需要时补充血液。

三、提高身体素质,有助于保持心理健康

古罗马谚语云:健康的精神寓于健康的体魄。身体素质对心理健康影响是显而易见的。一个体格健壮的人与体弱多病的人相比,在认识、情感、意志、兴趣、性格等各方面会有很大差别。例如,身强力壮的人,无论遇到什么打击,都可能会表现出坚韧不拔、不屈不挠、不达目的誓不罢休的顽强意志;而体弱多病的人,一遇到挫折就可能一蹶不振,精神萎靡。就情绪而言,一个草木枯槁、天高云淡的秋日,体质良好者会感受到这是个美好的季节,并兴趣盎然地去参加各种活动;而在体质衰弱者的心里,感受到的可能只是索然寡味或肃杀悲凉。诸如此类,不一而足。

随着21世纪的到来,我们将进入一个充满激烈竞争的时代。科技的竞争、经济的竞争等归根结底都取决于人才的竞争。新时期对人才的要求,不仅要有健康的身体,还需要有健康的心理,然而,国内多次的调查研究都表明,当代青少年的心理健康状况是令人担忧的。要保持青少年健康的心理,加强身体素质教育锻炼以提高他们的身体素质,不失为一剂良药。

加强身体素质教育锻炼,提高身体素质能促进心理健康,这是研究者以不同观点加以解释而得出的共同结论。

第一,认知行为说。为提高身体素质而进行的锻炼,可诱发和加强积极的思维和情感,对焦虑、抑郁和苦恼等消极情绪状态具有消除作用。这种看法同班杜拉的理论是基本一致的。班杜拉认为,身体素质教育锻炼和身体素质的不同会引起每个人自我效能的差异。经常参加身体素质教育锻炼,提高了身体素质,就会产生一种成功的体验,提高自我效能,这有助于打破焦虑、忧郁等消极心境的恶性循环。

第二,社会交互作用观。在体育锻炼活动中,朋友、同事之间常相互交流,相互勉励,这种社会交往是令人愉快的,具有增进心理健康的效果。但许多证据表明,单独参加体育运动和集体参加身体素质教育锻炼一样能促进心理健康。

第三,分泌内啡肽说。这种假说认为,体育锻炼能促使大脑分泌一种内啡肽的化学物质,该物质能削弱忧郁、苦闷、焦虑等消极情绪,增强积极情感。

以上三种学说企图从心理和生化角度来解释体育锻炼与心理健康的关系,然而他们都只从某一个方面来进行探讨,目前尚无一种令人满意的全面解释。但不管解释如何,参加体育锻炼,提高身体素质,对于保持健康心理具有很大作用的事实是毋庸置疑的。

四、提高身体素质有助于学生的社会化

在身体锻炼提高身体素质的过程中,应该对学生的行为规范提出要求,并使学生与群体自发产生的规范协调起来,使其转化为对学生有约束力的集体规范,尽可能借助舆论去保持集体的一致性,增强团结的凝聚力而又防止互相盲目地从众。在身体锻炼的过程中,学生间的相互作用产生了具有可感知到的相互支持和认同关系后,所产生的潜在积极结果有一般社会化,未来心理健康,防止发生反课堂、反社会的问题和行为,掌握和控制冲动,角色的认同,透视力的培养,学习志向和运动成绩的提高等。

参考文献

[1] 孙绍斌.铸魂育警:大学生思想政治工作的理论与实践[M].北京:中国文史出版社,2015.

[2] 刘丽红.当代大学生思想政治教育工作探索[M].北京:中国文史出版社,2015.

[3] 李大健.多维审视与理性涵育——大学生社会主义核心价值体系教育研究[M].北京:人民出版社,2015.

[4] 邹勇,范建明.大学生思想政治理论课实践教学实用教程[M].北京:科学出版社,2015.

[5] 徐亮.融合与创新:大学生思想政治教育的提升与探索[M].北京:中国文史出版社,2015.

[6] 玉素萍.至善之道与大学生思想政治教育[M].北京:科学出版社,2015.

[7] 艾四林.中国梦与大学生思想政治教育[M].北京:中国文史出版社,2015.

[8] 石书臣.主导论:多元文化背景下的高校德育主导性研究[M].北京:人民出版社,2011.

[9] 教育部思想政治工作司.思想政治教育原理与方法[M].北京:高等教育出版社,2010.

[10] 江滨,杨胜松,赖雪梅.高校思想政治理论课程教学论[M].北京:大众文艺出版社,2007.

[11] 乔万敏,刑亮.大学生思想政治教育质量提升模式研究[M].北京:人民出版社,2013.

[12] 袁志香,罗蕾,闫军秀.新时期高校思想政治理论课教学研究[M].长春:吉林大学出版社,2012.

[13] 陈万柏.思想政治教育原理[M].北京:中国人民大学出版社,2012.

[14] 郝文清.现代思想政治教育学[M].合肥:合肥工业大学出版社,2008.

[15] 陈福生,方益权,牟德刚.大学生思想政治教育新论[M].杭州:浙江大学出版社,2008.

本书配有智能阅读助手，帮你实现

本书具有让你"时间花得少，阅读效果好"的方法

▶ 建议配合二维码一起使用本书 ◀

我们为本书特配了智能阅读助手，他可以为你提供本书配套的读者权益，帮助你提高阅读效率，提升阅读体验。

针对本书，你可能会获得以下读者权益：

配套资源获取步骤

- 微信扫描二维码

第二步 根据提示关注出版社公众号

第三步 点击你想要的服务获取并使用

阅读本书时，您可扫描二维码进行线上反馈，将关于本书的想法与建议告诉我们，我们会在听取意见后会尽快处理并反馈。

阅读助手， 助你高效阅读本书， 让读书事半功倍！